AS **50** MELHORES IDEIAS DE NEGÓCIOS DOS ÚLTIMOS **50** ANOS

organizado por **Ian Wallis**

AS **50** MELHORES IDEIAS DE NEGÓCIOS DOS ÚLTIMOS **50** ANOS

1ª edição

Tradução
Bruno Casotti

best business

Rio de Janeiro | 2013

CIP-BRASIL. CATALOGAÇÃO-NA-FONTE
SINDICATO NACIONAL DOS EDITORES DE LIVROS, RJ

Wallis, Ian

C517   As 50 melhores ideias de negócios dos últimos 50 anos/ Ian Wallis, organizador; tradução: Bruno Casotti – Rio de Janeiro: Best Business, 2013.

Tradução de: 50 best business ideas of the last 50 years
ISBN 978-85-7684-561-4

1. Negócios. 2. Criatividade nos negócios. 3. Sucesso nos negócios. I. Wallis, Ian. II. Título: As cinquentas melhores ideias de negócios dos últimos cinquenta anos.

12-9272.   CDD: 658.4
                                                 CDU: 658.011.4

Texto revisado segundo o novo Acordo Ortográfico da Língua Portuguesa.

Título original norte-americano
50 best business ideas of the last 50 years
Copyright © 2011 by Ian Wallis, Crimson Publishing
Copyright da tradução © 2013 by Editora Best Seller Ltda.

Capa: Sergio Carvalho | Periscópio
Editoração eletrônica: Abreu's System

Direitos exclusivos de publicação em língua portuguesa para o Brasil adquiridos pela
Editora Best Business um selo da Editora Best Seller Ltda.
Rua Argentina, 171, parte, São Cristóvão
Rio de Janeiro, RJ – 20921-380
que se reserva a propriedade literária desta tradução

Impresso no Brasil

ISBN 978-85-7684-561-4

Sumário

Agradecimentos

Introdução

Anos 1960 ———————————————

  1. A pílula   17
  2. A fralda descartável   25
  3. Lentes de contato   31
  4. Televisão por satélite   38
  5. Biometria   47
  6. Intercâmbio eletrônico de dados (EDI)   54
  7. O anel para abrir latas   60
  8. O telefone com discagem por tom   65
  9. A política de oportunidades iguais   72
10. Videoconferência   80
11. A máquina de fax   87
12. A sacola plástica   94
13. O forno de micro-ondas   100
14. O alarme de fumaça   106
15. Kevlar   112
16. O desodorante em aerosol   119
17. O desenho auxiliado por computador (CAD)   126
18. A internet   134

Anos 1970 ———————————————

19. A calculadora de bolso   147
20. Companhias aéreas econômicas   153
21. E-mail   161
22. O caixa eletrônico   169
23. O videogame   176

24. Produção just-in-time — 183

25. O exame de ressonância magnética — 189

26. O videocassete — 195

27. O código de barras — 204

28. O software de vendas EPOS — 211

29. O Sistema de Posicionamento Global (GPS) — 218

30. A fibra ótica — 224

31. A planilha eletrônica — 231

32. O walkman — 237

Anos 1980

33. O computador pessoal (PC) — 249

34. O controle remoto infravermelho — 256

35. O post-it — 262

36. O CD — 267

37. A regra 20-70-10 — 275

38. A câmera digital — 280

39. Os sistemas de acesso remoto sem chave (RKE) — 286

40. O aspirador de pó dyson (dual cyclone) — 291

41. Os computadores tablets — 298

Anos 1990

42. Os serviços de entrega internacional em 24 horas — 305

43. O smartphone — 311

44. Os mecanismos de busca — 321

45. Os anúncios pay-per-click — 330

46. O cartão de pagamento com radiofrequência — 339

47. O carro híbrido — 347

48. O MP3 — 353

Anos 2000

49. Os 20% de tempo para inovação do Google — 363

50. O e-reader — 369

Agradecimentos

As 50 melhores ideias de negócios dos últimos 50 anos é, certamente, um esforço colaborativo. Tendo sido concebido em 2010 por David Lester, o livro só pôde chegar a ser publicado graças à contribuição de muitas pessoas.

No início, um *brainstorm* de David forneceu uma lista de ideias que serviu como esqueleto. Esta lista foi enriquecida por professores de economia, investidores e empreendedores de sucesso, bem como por membros da equipe editorial de negócios da Crimson. Eu gostaria também de estender meus agradecimentos a Kamal Ahmed, editor de negócios do *Sunday Telegraph*, por sua valiosa contribuição.

Sara Rizk acompanhou as instruções iniciais à risca para criar um capítulo modelo sobre o modesto post-it e, junto comigo, encomendou alguns dos primeiros capítulos. Outras pessoas da Crimson – em especial Stephanie Welstead, Gareth Platt e Georgina-Kate Adams – trabalharam incansavelmente nas últimas fases para que as histórias deixassem de ser narrativas resumidas e se tornassem interessantes e úteis aos amantes dos negócios e das grandes ideias.

Muitos jornalistas contribuíram para os capítulos, em especial Gareth Platt (Capítulo 8), John O'Hanlon (Capítulo 8), Ryan Platt (Capítulo 8), Jon Card (Capítulo 6), Emma Haslett (Capítulo 3), Georgina-Kate Adams (Capítulo 2), Henrietta Walsh (Capítulo 2), Hannah Prevett (Capítulo 2), Nicole Farrell (Capítulo 2), Hugh Jordan (Capítulo 2), Sara Rizk, Peter Crush, Carys Matthews, Trevor Clawson, Mark Shaw e Martin James.

A pesquisa de imagens para *As 50 melhores ideias de negócios dos últimos 50 anos* foi coordenada por Beth Bishop e Lucy Elizabeth Smith, sendo grande parte da demorada e obstinada pesquisa realizada por Lucy, Abigail Van-West e Francesca Jaconelli. Elas descobriram imagens incríveis e valiosas dos primeiros produtos que chegaram ao mercado, e seu entusiasmo e esforço merecem agradecimento. Da mesma forma, Samantha Harper checou meticulosamente as informações de cada capítulo.

Gostaria de agradecer também a várias outras pessoas da Crimson que ajudaram a assegurar que este livro passasse pelas fases finais: Lucy Smith, Gemma Garner, Clare Blanchfield e, especialmente, Jonathan Young no marketing e Dawn Wilkinson na produção. A paciência de Dawn, em particular, vale um agradecimento extra. Colegas versados como Hugh Brune, Trudi Knight e Kevin Paul realizaram algumas verificações de sentido cruciais nos esboços iniciais dos capítulos. E, finalmente, gostaria de agradecer a minha esposa e meus três filhos, que me deram um apoio incrível durante todo o tempo.

Introdução

Durante milhares de anos, mentes criativas enfrentaram os enigmas do mundo, desesperadas por soluções capazes de fazer uma diferença tangível no modo como vivemos e trabalhamos.

Este livro celebra as maiores sacadas de negócios dos últimos 50 anos. Na última metade de século, surgiram algumas ideias e inovações altamente influentes que tiveram um grande impacto sobre os negócios e a sociedade. Por que os últimos 50 anos? Este período rivaliza com a revolução industrial em termos de avanço econômico. A "era do computador" permitiu o acesso imediato à informação e ao conhecimento. Os processos de miniaturização e digitalização tornaram a tecnologia avançada mais portátil. E a globalização e a transformação de bens e serviços em mercadorias aumentaram dramaticamente o potencial comercial de qualquer inovação do mercado.

Cada uma dessas ideias foi inegavelmente transformadora. Muitas permanecem no centro de nossa existência diária: o computador, a internet, a TV por satélite e o código de barras, para citar algumas. Outras são controversas: a fralda descartável, a pílula anticoncepcional, o desodorante em aerosol e as sacolas plásticas causaram um enorme impacto, independente da pressão negativa que têm sofrido. E há ideias cuja influência já diminuiu, como a máquina de fax, o post-it, o walkman e a calculadora de bolso, tendo sido superados por versões digitais, mas se mantendo cruciais como marcos da evolução.

Ao identificar e aclamar os indivíduos e as empresas que mudaram o mundo, saudamos o incrível poder de antevisão das pessoas que tiveram a semente de uma ideia e começaram a desenvolvê-la.

Ótimas histórias

Este livro tem algumas histórias fantásticas. Algumas delas você pode já ter ouvido falar, mas muitas vão surpreendê-lo e cativá-lo pela maneira casual como essas grandes contribuições ao mundo surgiram. Por exemplo: a invenção do Kevlar, do alarme de fumaça, do forno de micro-ondas e do post-it, conforme conhecemos agora, tiveram um elemento de acaso. Só aconteceram porque experiências científicas deram errado. O Kevlar – polímero usado no colete à prova de balas e que tem inúmeras outras aplicações por ser impenetrável – foi descoberto sem querer, quando a cientista Stephanie Kwolek, da DuPont, decidiu não jogar fora uma substância turva e líquida e, em vez disso, transformá-la em uma fibra para ver no que dava. Acontece que essa fibra era mais forte do que qualquer outra já criada, e agora é responsável pelo faturamento anual de muitos bilhões de dólares da DuPont, dona da patente.

De maneira semelhante, o alarme de fumaça foi criado quando um detector de gases venenosos deixou de produzir a resposta desejada. Quando o físico suíço Walter Jaeger resolveu fazer um intervalo no trabalho para fumar um cigarro, notou que a fumaça acionou os sensores. Embora não tenha sido ele o criador do detector de fumaça doméstico que conhecemos hoje, o tempo para criar uma versão comercialmente viável do produto teria sido muito mais longo sem sua descoberta. Já o post-it surgiu porque um adesivo feito pelo Dr. Spencer Silver não colava completamente em outras superfícies. Quando seu colega Art Fry usou aquela cola fraca para fixar pedacinhos de papel usados como marcadores em seu livro de cânticos religiosos foi que o post-it efetivamente nasceu.

A ideia de puxar um anel para abrir latas de alimentos e bebidas surgiu na mente de Ermal Fraze quando ele se esqueceu de levar seu abridor de latas de cerveja para um piquenique, em 1959. Foram necessários alguns anos e um pouco de esforço, mas quando a pequena aba com anel foi lançada, o sucesso foi imediato, e tem tido um impacto fundamental sobre o consumo de alimentos e bebidas no mundo inteiro.

Outra invenção relacionada a comida, o forno de micro-ondas só existe por causa de uma barra de chocolate com amendoim parcialmente derretida. O Dr. Percy Spencer, da empreiteira de defesa Raytheon, estava ao lado de um sistema de magnéton durante um teste, em 1944, e descobriu que sua barra de chocolate havia sido inadvertidamente aquecida durante o experimento. A empresa patenteou a ideia de usar micro-ondas no processo de cozinhar em 1945, e inventou um forno desajeitado alguns anos depois. Só em 1965, porém, foi criado um produto respeitável para uso doméstico.

No caso da invenção da fibra ótica, é impressionante que a primeira apresentação sugerindo que a luz podia ser usada como meio de transmissão tenha provocado risadas entre engenheiros. Isso não impediu que (o hoje Sir) Charles Kao perseguisse um sonho tão improvável. Num exemplo de perseverança semelhante, o videocassete só chegou ao mercado porque dois funcionários da JVC continuaram trabalhando num projeto que não era prioridade. E a maioria de nós já ouviu falar dos mais de 5 mil protótipos que (o hoje Sir) James Dyson fez antes de lançar seu aspirador de pó Dual Cyclone.

Para aqueles que gostam de histórias de conflito, tem aquela das três equipes científicas que entraram em guerra pelo direito de se declarar inventora do exame de ressonância magnética. E há o germano-brasileiro Andreas Pavel, que durante vinte anos lutou contra a Sony pelo direito de ser reconhecido como o inventor de um aparelho parecido com o walkman – uma batalha que o conglomerado japonês resolveu fora dos tribunais. Pavel acumulou uma conta judicial de 3,5 milhões de dólares e quase foi à falência pelo reconhecimento que achava que merecia. Sem dúvida, você encontrará intrigas, inspiração e quantidades consideráveis de informação em cada história.

Metodologia

Nossas 50 finalistas não têm paralelo. Consultamos mentes influentes dos campos acadêmico, dos negócios e das finanças, que deram contribuições valiosas e discutiram o projeto a fundo. Identificamos momentos que podem ser considerados como realmente embrionários, em vez de precursores que tiveram um impacto comercial insignificante. Assim, embora as primeiras formas de máquina de fax tenham sido utilizadas nos anos 1920 e tentativas de criar um alarme sensível a fumaça tenham sido feitas nos anos 1890, decidimos incluí-las porque não foram esses primeiros momentos os revolucionários, catalisadores ou que mudaram o jogo.

Na maioria dos casos, exemplos como esses não foram além do galpão dos fundos ou do laboratório. As mentes febris que pensaram no impacto que suas criações teriam no mundo muitas vezes sucumbiram à marcha inexorável do tempo e a uma incapacidade de apresentar algo que o resto do planeta apreciasse. Assim, antes que cada casa ou escritório pudesse se beneficiar de suas ideias loucas, o bastão foi passado para outros, culminando, por meio de repetidas inovações, no que hoje conhecemos e usamos.

Há escolhas subjetivas pelas quais não apresentamos qualquer pedido de desculpas. Sabemos que a pílula comemorou 50 anos no ano passado, mas, o que é crucial é que ela só foi comercializada como contraceptivo no ano seguinte. Há ainda outras escolhas que alguns poderão argumentar que preexistiam ao nosso corte. Mas procure provas de que a sociedade havia adotado os conceitos, de que o dinheiro estava fluindo para os cofres dos inventores, e você encontrará muito poucas. Elas não passam no teste de viabilidade comercial que aplicamos e descrevemos em cada capítulo.

Como no caso do aspirador de pó, não é sempre o inventor que recebe todo o crédito; muitas vezes são os inovadores que vêm depois e fazem uma diferença material no conceito inicial. Ajustando, desconstruindo e reconstruindo, testando e interferindo, essas pessoas e empresas revolucionaram coisas que eram, na melhor das hipóteses, satisfatórias. Por isso, este livro reconhece pioneiros específicos, como o walkman, o aspirador de pó Dyson e os "20% de tempo para inovação" do Google, bem como ideias exploradas simultaneamente por uma multidão de atores principais.

Por outro lado, reconhecemos momentos-chave que aconteceram anos, e até décadas, antes da explosão comercial de um produto. A internet é um bom exemplo disso. Embora milhões de pessoas considerem (o hoje Sir) Tim Berners-Lee o "pai da internet", por seu trabalho científico no fim dos anos 1980 e início dos anos 1990, o momento decisivo aconteceu bem antes, quando a Arpanet – uma rede de computadores criada nos Estados Unidos, nos anos 1960, para uso do Pentágono – foi empregada pela primeira vez. Sem a World Wide Web de Berners-Lee e sua linguagem de marcação de hipertexto (HTML na sigla em inglês), a Arpanet não teria gerado bilhões para os fundadores do Google e do Facebook, nem os trocados que os usuários do e-Bay aproveitam. Mas esta invenção exigiu a espinha dorsal da Arpanet para ter um significado real.

Há listas dentro de listas, como as ideias que, de forma argumentável, tornaram o mundo mais seguro (o alarme de fumaça, o Kevlar, a biometria e os sistemas de acesso remoto sem chave); mais divertido (o aparelho de MP3, os videogames, a televisão por satélite e o videocassete); mais eficiente (o código de barras, a planilha eletrônica, a máquina de fax, a videoconferência, o e-mail, a fibra ótica, o desenho auxiliado por computador [CAD], o computador pessoal, a calculadora de bolso, a administração de estoque just-in-time, a tecnologia de pontos de venda eletrônicos, o smartphone, o computador tablet, a tecnologia do cartão com radiofrequência, os mecanismos de busca, o GPS e o caixa eletrônico); mais simpático ao consumidor (o anel para abrir latas, o e-reader, o aspirador de pó Dyson, o telefone com discagem por tom, o controle remoto infravermelho, a câmera digital, o CD e o forno de micro-ondas); que tornaram os negócios mais incomuns (a regra 20-70-10, os "20% de tempo para inovação do Google" e os anúncios pay-per-click); e mais justo (a política de oportunidades iguais e as empresas aéreas econômicas).

Inevitavelmente, há algumas que aparentemente não se encaixam em nenhuma dessas categorias, como o carro híbrido; e muitas que você poderia afirmar que se encaixam em várias delas. E também há aquelas que ficaram de fora; aquelas que teriam fortes argumentos para alegar serem tão importantes quanto qualquer uma que selecionamos. O microchip (também conhecido como circuito integrado) é apenas uma injustiça dessa lista, assim como o laser (o primeiro laser a funcionar foi operado em 1960, para nosso constrangimento).

Enfim, esta é uma leitura única e fascinante. Estas páginas contêm histórias definitivas sobre as ideias que moldaram a última metade de século. Os precursores, as personalidades, as patentes, os protótipos, as longas batalhas judiciais e os resultados lucrativos do sangue, do suor e das lágrimas que fizeram parte de cada uma dessas ideias estão todos aqui.

Este livro se coloca na berlinda e, portanto, nossa lista tem a intenção de ser debatida longa e duramente, e incentivamos essa discussão. Divirta-se.

Anos **19 60**

1

A pílula

Quando: 1961

Onde: Estados Unidos

Por que: A invenção da pílula anticoncepcional deu a mulheres do mundo inteiro o controle sobre sua sexualidade e foi um passo importante para o planejamento familiar

Como: Muitas pesquisas anteriores sobre hormônios visavam a melhora da fertilidade, mas a combinação de estrogênio e progestina produziu um contraceptivo eficiente

Quem: Carl Djerassi e Frank Colton

Fato: No Reino Unido, um quarto das mulheres de 16 a 49 anos toma a pílula anticoncepcional, disponível em 32 formas diferentes

Desde que a pílula anticoncepcional foi lançada, há meio século, a ela tem sido atribuída muita coisa: desde desencadear a anarquia sexual e minar os valores familiares até transformar os locais de trabalho, por permitir que mulheres assumissem pela primeira vez cargos de nível executivo em corporações. Alguns acreditam que a pílula aumenta o risco de uma mulher contrair câncer; já outros acreditam que ela proporciona uma defesa crucial contra a doença.

Todo mundo, ao que parece, tem uma opinião diferente sobre o impacto social da pílula. Não há dúvida, porém, de sua importância como ideia comercial. O número de pessoas que tomaram pílula é maior do que o das que tomaram qualquer outro medicamento vendido sob prescrição médica; hoje, mais de 100 milhões de mulheres utilizam a pílula regularmente. Em 2010, o mercado de pílulas anticoncepcionais valia mais de 5 bilhões de dólares, e este número pode aumentar ainda mais à medida que a pílula do dia seguinte ganha força no mundo em desenvolvimento.

Muitos especialistas acreditam que, apesar de todos os avanços revolucionários feitos pela pílula até agora, seu pleno potencial comercial e social ainda não foi percebido. Em 2010, uma influente comentarista disse que o fornecimento de contraceptivos orais no mundo em desenvolvimento poderia salvar as vidas de 150 mil mulheres e 640 mil recém-nascidos. Com pesquisadores fazendo excelentes progressos no desenvolvimento da pílula anticoncepcional masculina, é seguro supor que o mercado desse produto mudará muito nos próximos anos.

Os antecedentes

Foi nos anos 1930 que pesquisadores de hormônios observaram pela primeira vez que o estrogênio e a progesterona inibiam a ovulação da mulher. O desenvolvimento de um medicamento prático baseado em terapia hormonal demorou devido ao alto custo de obtenção dessas substâncias químicas. Assim, um dos principais objetivos era encontrar uma maneira de sintetizá-los de modo que pudessem ser fabricados em grande escala.

Durante a Segunda Guerra Mundial, Russell Marker, um químico orgânico da Universidade do Estado da Pensilvânia, fundou a Syntex, na Cidade do México, para explorar sua descoberta de que inhames mexicanos podiam ser usados para sintetizar progesterona. A Syntex se tornou o foco do desenvolvimento comercial de materiais crus essenciais para a contracepção farmacêutica, atraindo três das mais significativas figuras da história da pílula.

A primeira delas foi George Rosenkrantz, que assumiu o lugar de Marker em 1945 e refez as etapas do processo deste. Ele teve a ajuda de Carl Djerassi, um químico, romancista e dramaturgo que ingressou na Syntex em 1949, e do professor de química mexicano Luis Miramontes, que ingressou no ano seguinte. Embora às vezes Djerassi seja chamado de pai da pílula anticoncepcional, foi preciso um esforço de equipe – juntamente com Rosenkrantz e Miramontes – para, sintetizar a primeira progestina noretindrona ativa oralmente em 1951.

> **Durante a Segunda Guerra Mundial, Russell Marker, um químico orgânico da Universidade do Estado da Pensilvânia, fundou a Syntex [...] para explorar sua descoberta de que inhames mexicanos podiam ser usados para sintetizar progesterona.**

Isso aconteceu dez anos antes do lançamento do Enovid por D. G. Searle. Frank Colton havia se juntado a Searle como químico pesquisador graduado em 1951; no ano seguinte, sintetizou a progestina noretinodrel, um isômero da noretindrona, que combinou com o estrogênio mestranol. A droga resultante, o Enovid, foi aprovada pela Food and Drug Administration (FDA) americana em 1956, para distúrbios menstruais, e recebeu mais um endosso em 1960 como o primeiro contraceptivo oral do mundo, depois de testes iniciados em 1956 pelo Dr. Gregory Pincus e supervisionados pelo Dr. Edris Rice-Wray, em Porto Rico. É difícil determinar se Colton ou a equipe da Syntex deveriam receber o crédito pela invenção da pílula anticoncepcional, mas os esforços de

Colton lhe renderam sua introdução no Hall da Fama dos Inventores Nacionais dos Estados Unidos, em 1988.

Nos Estados Unidos e no Reino Unido, a comercialização da pílula teve início em 1961. O contraceptivo oral combinado, bem como muitos outros métodos de controle de natalidade, foram legalizados no Canadá em 1969. O mercado estava pronto para adotar essa nova tecnologia libertadora. Nos anos 1960, as mulheres gostaram da pílula porque esta representava um método de controle de natalidade reversível que era – e ainda é – quase 100% eficiente quando tomada de acordo com a orientação.

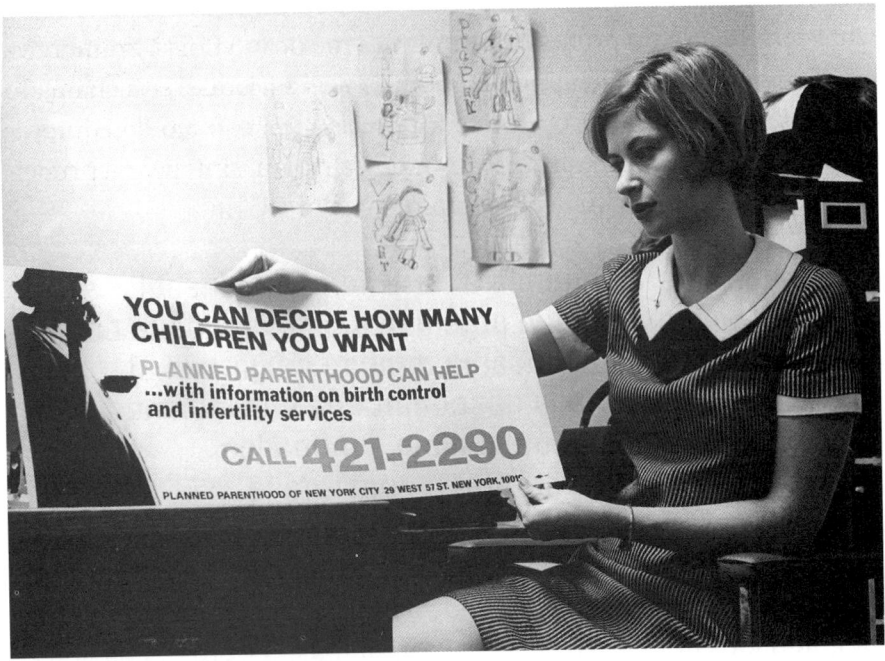

Marcia Goldstein, diretora de publicidade da "Planned Parenthood", examina seu material de marketing para controle de natalidade.

Getty Images

Impacto comercial

Depois de obter aprovação da FDA, em 1960, a pílula rapidamente ganhou força no mercado americano. Em 1964, 6,5 milhões de mulheres americanas estavam tomando o medicamento; e este número havia quase dobrado em 1968. Embora as autoridades inicialmente tenham tentado conter a disseminação dos contraceptivos orais, permitindo o acesso apenas a mulheres casadas, o resultado foi a criação de um próspero mercado negro. Longe de serem impedidas, mulheres jovens e solteiras passaram a ver a pílula como sedutoramente moderna, e o contraceptivo oral logo se tornou um acessório essencial para mulheres atraídas pelo hedonismo de meados dos anos 1960. Enquanto isso, na Grã-Bretanha, a história era parecida: o número de mulheres britânicas que usavam a pílula subiu de 50 mil, em 1962, para mais de um milhão em 1969, enquanto a revolução da juventude liderada pelos Beatles se consolidava.

> **Em 1964, 6,5 milhões de mulheres americanas estavam tomando o medicamento; e esse número havia quase dobrado em 1968 [...] o número de mulheres britânicas que usavam a pílula subiu de 50 mil, em 1962, para mais de um milhão em 1969.**

Outros países relutaram mais em adotar o contraceptivo oral. No Japão, por exemplo, a associação médica do país impediu a aprovação da pílula durante quase 40 anos, citando preocupações com a saúde. A população católica do mundo permaneceu reticente por motivos religiosos – isso talvez seja mais claramente evidente na Itália, onde apenas 20% das mulheres de 15 a 55 anos usam algum tipo de método contraceptivo. Porém, apesar desses redutos de resistência, o mercado da contracepção do dia seguinte continuou a se expandir firmemente. Hoje, a pílula é a pedra angular do mercado global de contraceptivos, o qual, de acordo com analistas, está crescendo a um índice anual de 4%.

O crescimento da pílula de controle da natalidade com certeza mudou o formato da indústria contraceptiva, com vários produtos alternativos sofrendo uma queda em sua participação no mercado como resultado. O diafragma foi uma das primeiras vítimas dessa tendência: em 1940, um em cada três casais americanos usava o diafragma para contracepção, enquanto em 1965 este índice havia caído para apenas

10%, continuando a despencar depois. Em 2002, era de apenas 0,2%. A mudança para a contracepção oral também teve sérias repercussões para a indústria de preservativos. Embora na Grã-Bretanha os preservativos continuem sendo a forma mais popular de contracepção, devido à sua proteção contra DSTs, as vendas no mundo vêm caindo aos poucos: na Índia, por exemplo, o uso de preservativo diminuiu muito nos últimos anos, em grande parte porque os jovens do país acham que a pílula oferece maior conveniência e uma melhor experiência sexual.

Uma consequência da repercussão muito maior da pílula tem sido o aumento das oportunidades para as mulheres na educação e nos negócios. O fato de que a contracepção deu às mulheres mais controle sobre quando ter filhos, permitindo a elas planejar carreiras de alto nível antes de se casarem e se tornarem mães é amplamente reconhecido. De acordo com um estudo de 2002, realizado pela Universidade de Harvard, o número de mulheres formadas que entraram em programas profissionais aumentou substancialmente logo depois de 1970, e a idade na qual as mulheres se casavam pela primeira vez também começou a aumentar mais ou menos no mesmo ano. O progresso permaneceu constante desde então; na verdade, a proporção de mulheres em diretorias de empresas europeias importantes aumentou de 8%, em 2004, para 12%, em 2010. Se o índice de crescimento atual se mantiver, a paridade entre os dois sexos poderá ser atingida em 2026.

> **Uma consequência da repercussão muito maior da pílula tem sido o aumento das oportunidades para as mulheres na educação e nos negócios [...] De acordo com um estudo de 2002 [...] o número de mulheres formadas que entraram em programas profissionais aumentou substancialmente logo depois de 1970.**

É difícil estimar um valor financeiro ao impacto das mulheres nos locais de trabalho. Porém, ninguém pode negar que elas revigoraram o mundo dos negócios com talento, entusiasmo e uma nova perspectiva.

Em 2006, a *Economist* afirmou que as mulheres haviam contribuído mais para o crescimento global do PIB ao longo dos vinte anos anteriores do que qualquer nova tecnologia ou do que as novas superpotências econômicas, China e Índia. Considerando que algumas das principais empresas do mundo – como Yahoo!, Pepsi, Kraft Foods e DuPont – têm hoje CEOs mulheres, é fácil entender por que elas têm tido tanto impacto.

O que aconteceu em seguida?

Atualmente, a paisagem do mercado de pílulas anticoncepcionais está mudando tremendamente. Enquanto patentes começam a prescrever, os três maiores nomes – Bayer, Johnson & Johnson e Warner Chilcott – estão tendo seu domínio minado pelo surgimento de contraceptivos novos e genéricos. A Bayer continua a liderar o mercado, tendo alcançado vendas superiores a 1,5 bilhão de dólares no ano passado. Porém, as patentes da Bayer na Europa e nos Estados Unidos expiraram recentemente, e a empresa está envolvida num dispendioso processo judicial por monopolização nos Estados Unidos – um claro sinal de que seu domínio está ameaçado.

> Com a superpopulação se tornando cada vez mais problemática em países do Terceiro Mundo, o uso da pílula anticoncepcional parece pronto para crescer ainda mais.

Além disso, o mercado continua a expandir, com cada vez mais mulheres nos países em desenvolvimento recorrendo à pílula para evitar uma gravidez indesejada. Em 1960, menos de 10% das mulheres não casadas nesses países usavam contracepção; este índice havia aumentado para 60% em 2000, e a pílula estava firmemente posicionada como o mais popular método contraceptivo. Com a superpopulação se tornando cada vez mais problemática em países do Terceiro Mundo, o uso da pílula anticoncepcional parece pronto para crescer ainda mais.

Esse crescimento com certeza traz controvérsias. De fato, tem sido sugerido que o maior assassino do mundo – o HIV/Aids – tem se disseminado mais rapidamente como resultado direto de programas de contracepção oral nos países onde a doença é endêmica. O Population Research Institute diz que, até agora, mais de 50 estudos médicos investigaram a associação entre o uso de contraceptivos hormonais e a infecção pelo HIV/Aids. Esses estudos mostram que os contraceptivos hormonais aumentam quase todos os fatores de risco conhecidos para o HIV, consequentemente aumentando o risco de infecção na mulher, a reprodução do vírus HIV e acelerando a progressão debilitante e mortal da doença. Uma experiência médica publicada na revista *AIDS* em 2009, e que monitorou a progressão do HIV de acordo com a necessidade de drogas antirretrovirais (ARV), afirmou: "O risco de se tornar habilitado para as ARV era quase 70% maior em mulheres que tomavam pílulas (anticoncepcionais)."

Além disso, a ligação entre as pílulas anticoncepcionais e o aborto continua sendo motivo de discussão. O senso comum sustenta que o aumento do uso da pílula levou a uma queda nos índices de aborto; porém, muitos estudos contemporâneos contestam isso. Um estudo realizado na Espanha, e publicado em janeiro de 2011, descobriu que o uso de métodos contraceptivos aumentou mais de 30% de 1997 a 2007, e que o índice de aborto opcional mais do que dobrou no mesmo período. Isso lança novas dúvidas sobre a capacidade da pílula de controlar a reprodução e evitar a gravidez indesejada.

Entretanto, parece que essas discussões não servirão muito para reduzir a popularidade da pílula. Acredita-se que pesquisadores estão prestes a revelar uma nova pílula masculina, que funcionará inibindo a produção de espermatozoides a ponto de causar uma infertilidade temporária. De fato, em julho de 2011, pesquisadores da Universidade de Colúmbia, nos EUA, declararam que tinham encontrado uma solução que imita a deficiência de vitamina A, uma causa comum de esterilidade. O desenvolvimento do contraceptivo masculino tem espalhado preocupações, com muitos especialistas levantando a possibilidade de reações negativas ao álcool; mas parece que o produto chegará ao mercado num futuro não muito distante.

2

A fralda descartável

Quando: 1961

Onde: Reino Unido

Por que: Uma ideia de pura conveniência, da qual milhões de pais no mundo optam por não abrir mão

Como: Um engenheiro químico da Procter & Gamble se apropriou de um projeto não patenteado e o transformou numa das indústrias mais bem-sucedidas do mundo

Quem: Vic Mills

Fato: Aproximadamente 8 milhões de fraldas descartáveis são usadas no Reino Unido todos os dias

Não há dúvida de que existem inovações mais glamourosas do que a fralda descartável, mas poucas podem ter tido mais impacto na rotina doméstica. De uma só vez, a fralda descartável resolveu o antigo problema de como manter as crianças limpas sem a necessidade de lavar e trocar suas roupas constantemente – um fardo para a humanidade desde o início dos tempos.

Como muitas grandes ideias, a fralda descartável foi motivo de risos quando entrou em cena. Porém, um gerente perspicaz da Procter & Gamble enxergou seus benefícios e a usou como base de uma das ideias de negócios mais duradouras e comercialmente bem-sucedidas do século XX.

A fralda descartável não está livre de detratores – grupos ambientalistas alegam que são necessárias pelo menos 4 árvores e meia para manter um único bebê com fraldas descartáveis antes de ele estar treinado a usar o vaso sanitário, enquanto críticos também observam que o contribuinte britânico paga 40 milhões de libras esterlinas por ano para descartar todas as fraldas usadas no país. Porém, pesquisas também mostram que devido ao nível de energia necessário para lavar fraldas de pano, o equivalente de CO_2 é na verdade mais alto para elas do que para as descartáveis. Além disso, como as fraldas de pano são menos absorventes e têm uma probabilidade maior de causar desconforto e assaduras, de acordo com pesquisas científicas, elas têm que ser trocadas com maior frequência. Mesmo alguns usuários engajados trocam-nas pelas descartáveis à noite.

Poucos podem negar que a fralda descartável tornou a vida das novas mamães mais cômoda, com menos perda de tempo e bem mais higiênica do que antes.

Os antecedentes

Pais usam roupas protetoras em seus filhos ainda não treinados para ir ao banheiro desde tempos imemoriais – mas não era algo bonito de se ver. Nossos ancestrais usavam de tudo para enfaixar seus bebês, de folhas a peles de animais – a palavra *diaper* (fralda em inglês) deriva de um material usado em roupas infantis na Idade Média. No fim do século XIX, os americanos começaram a usar fraldas de pano, enquanto os britânicos usavam uma peça semelhante, conhecida como *terry nappy*; essas peças podiam ser reutilizadas e lavadas várias vezes, e eram mantidas no lugar por um alfinete.

Pais usam roupas protetoras em seus filhos ainda não treinados para ir ao banheiro desde tempos imemoriais – mas não era algo bonito de se ver.

Um grande avanço na tecnologia de fraldas descartáveis aconteceu logo depois da Segunda Guerra Mundial, quando uma dona de casa americana chamada Marion Donovan inventou a "Boater", uma fralda com botões de pressão para prendê-la e um invólucro impermeável. Em 1949, essa invenção foi lançada pela Saks Fifth Avenue, em Nova York, e teve um sucesso comercial imediato.

Mas Donovan teve menos sucesso ao tentar convencer varejistas a comprar sua outra grande ideia: uma fralda descartável. Nenhuma das grandes empresas de Nova York enxergou o valor, ou a viabilidade, de uma fralda descartável, então Donovan decidiu se concentrar em sua versão impermeável – terminando por vender a patente à Keko, especializada em roupas infantis, em 1961.

Porém, desde o fim dos anos 1950, outro visionário já estava trabalhando para levar adiante a ideia da fralda descartável. Em 1957, Vic Mills, um lendário engenheiro químico da Procter & Gamble – que já transformara o processo de produção do sabonete Ivory e abrira caminho para as batatas Pringles – recebeu a tarefa de criar uma nova linha de produtos para um negócio de papéis adquirido pouco tempo antes pela empresa em Green Bay, Wisconsin. Valendo-se de sua própria experiência de avô, Mills resolveu aprimorar e adaptar o sonho descartável de Donovan.

A Procter & Gamble introduziu a Pampers, a primeira fralda descartável com preço acessível bem-sucedida.

Procter & Gamble

Usando uma boneca em cuja boca se derramava água, para ser secretada na outra extremidade, Mills e sua equipe começaram a trabalhar. Pondo a boneca para funcionar continuamente, os pesquisadores testaram diversos materiais para criar a fralda descartável perfeita. Em 1961, eles tinham um design: uma fralda retangular, simples, feita de raiom, papel absorvente e plástico, e mantida presa por alfinetes. Tudo isso precisava de um nome. Então, Alfred Goldman, diretor de criação da agência de propaganda Benton and Bowles, pensou em "Pampers", nome que foi rapidamente adotado.

Impacto comercial

A procura pelas novas fraldas descartáveis aumentou continuamente, enquanto as pessoas se habituavam aos benefícios que elas ofereciam. Logo, concorrentes começaram a entrar no mercado, em especial a Huggies, colocada no mercado pela Kimberly-Clark, uma importante empresa de bens de consumo.

O impacto comercial foi visível – as fraldas descartáveis logo se tornaram a maior marca da Procter & Gamble, com um crescimento de venda anual que chegava a 25%. Em pouco tempo, a indústria estava valendo 3 bilhões de dólares por ano.

> **O ritmo de inovações no mercado de fraldas descartáveis correspondia à velocidade do seu crescimento.**

A Procter & Gamble agora tinha que enfrentar a Kimberly-Clark, a Johnson & Johnson e algumas outras empresas para manter sua participação no mercado. Enquanto isso, nos bastidores, o primeiro design de fralda descartável estava sendo modificado para a criação de um produto mais leve, simples e de fácil utilização.

Entre as inovações cruciais que se seguiram estava a introdução de um "terceiro tamanho" da Pampers, em 1969. Um ano depois, a fita para prender a fralda foi acrescentada ao design. Depois, nos anos 1980, foram desenvolvidos polímeros superabsorventes, que reduziram em aproximadamente 50% o peso da fralda.

O ritmo de inovações no mercado de fraldas descartáveis correspondia à velocidade do seu crescimento. Em 2008, a Global Industry Analysts estimou que a venda de fraldas descartáveis no mundo chegaria a 26,6 bilhões de dólares em 2012 – e a 29 bilhões de dólares em 2015, com um crescimento maior sendo estimulado pelo rápido crescimento populacional na região da Ásia e do Pacífico.

A Grã-Bretanha continua sendo um consumidor importante de fraldas descartáveis, e no ano passado estimou-se que a participação da Pampers no mercado britânico era de 480 milhões de libras. Em 2004, a Pampers se tornou a primeira marca da Procter & Gamble a atingir um movimento de vendas superior a 5 bilhões de dólares, e em 2010, foi identificada como a marca de maior confiança no Reino Unido, numa pesquisa produzida pela Milward Brown e pela Futures Company.

O que aconteceu em seguida?

A invenção da Pampers foi a última grande conquista na lendária carreira criativa de Vic Mills, que acabou se acomodando numa aposentadoria no Arizona, onde viveu até os 100 anos. Quanto a Marion Donovan, ela voltou para a universidade e se formou em arquitetura em Vail, Colorado, no ano de 1958. Continuou trabalhando e obteve mais de uma dúzia de patentes.

Olhando para frente, a posição das fraldas descartáveis no mercado parece firme. Porém, à medida que questões éticas se tornam um tema de discussão mais amplo, as fraldas descartáveis enfrentam uma disputa com alguns concorrentes mais favoráveis ao planeta. As fraldas de pano reutilizáveis, que podem ser lavadas depois de utilizadas, voltaram a ser uma preferência.

Além disso, muitas regiões oferecem serviços de lavanderia de fraldas, que toda semana apanham as fraldas de pano para lavá-las e as substituem por outras, limpas. Este serviço pode ser oferecido hoje pelo mesmo preço de um suprimento semanal de fraldas descartáveis. Entretanto, para a maioria dos pais, a conveniência das fraldas descartáveis continua sendo uma prioridade. Portanto, as fraldas biodegradáveis parecem ser a inovação melhor posicionada para conduzir as fraldas descartáveis pelo século XXI.

3

Lentes de contato

Quando: 1961

Onde: Praga, República Tcheca

Por que: As lentes de contato macias proporcionaram uma visão confortável e flexível a milhares de pessoas no mundo

Como: Um protótipo de uma máquina de centrifugação, feito com brinquedos de montar infantis e peças de uma bicicleta, forneceu o mecanismo para fabricar as primeiras lentes de contato gelatinosas a serem vendidas

Quem: Otto Wichterle

Fato: 125 milhões de pessoas usam lentes de contato no mundo

Toda manhã, 125 milhões de pessoas no mundo metem os dedos nos olhos. Embora isso talvez faça você se encolher de medo, para os usuários de lentes de contato os benefícios de mais conforto e flexibilidade são significativos o bastante para escolherem essa opção, em vez de usar óculos.

Há muitos motivos para as pessoas usarem lentes – para algumas delas, é uma questão de aparência, mas muitas consideram a praticidade, principalmente ao realizar atividades esportivas. Além disso, diferentemente dos óculos, as lentes normalmente não são afetadas por chuvas, não embaçam e proporcionam um campo de visão maior.

Embora as lentes de contato sejam fabricadas desde a primeira década do século XIX, foi somente com a introdução das lentes de contato gelatinosas foi que o mercado realmente cresceu. O lançamento das lentes descartáveis, em 1988, criou um produto renovável, que pode gerar uma renda sustentável para os varejistas – marcando a posição das lentes de contato como uma inovação de negócios significativa.

Os antecedentes

O conceito das lentes de contato pode ser retrocedido até Leonardo da Vinci. Em 1508, no ensaio "Codex do olho, manual D", Da Vinci descreveu um método de alterar o poder da córnea mergulhando o olho numa tigela de água. Porém, só no fim dos anos 1950 houve um avanço significativo na concepção das lentes de contato gelatinosas. O professor Otto Wichterle, um químico de polímeros tcheco, e o Dr. Drahoslav Lim, seu assistente, desenvolveram um plástico de hidrogel transparente chamado hidroxietilmetacrilato. Este era composto em grande parte por água e ficava macio e flexível quando molhado, mas era capaz de secar e endurecer.

Embora Wichterle fosse diretor da Academia de Ciências Tchecoslovaca (CSAS), na época o Instituto de Química Macromolecular ainda estava sendo construído, portanto, as primeiras experiências foram realizadas na casa dele. Os cientistas publicaram a pesquisa que fizeram, "Géis hidrofílicos para uso biológico", na revista *Nature*, em 1960, mas o projeto ainda não estava pronto para o mercado.

Embora a fibra macia e permeável de Wichterle fosse confortável de usar, seu elevado conteúdo de água tornava difícil manipulá-la. Além disso, ela oferecia uma qualidade ótica ruim, e surgiram debates sobre seu potencial para absorver bactérias infecciosas. Wichterle continuou sua pesquisa e, em 1961, construiu um protótipo de uma máquina de centrifugação usando peças de um brinquedo de montar de seu filho e partes de uma bicicleta. Esse procedimento de fundição em centrífuga abriu um novo caminho para fabricar lentes, permitindo que o produto finalmente entrasse no mercado.

Porém, sem o conhecimento de Wichterle, a CSAS vendeu os direitos de patente à Corporação Nacional de Desenvolvimento de Patentes dos Estados Unidos. Dessa forma, foi nos Estados Unidos que o material das lentes de contato feitas por centrifugação obteve aprovação pela primeira vez, dada pela Food and Drug Administration (FDA). Em 1971, a Bausch & Lomb fez as primeiras lentes gelatinosas, de hidrogel, disponibilizadas comercialmente nos Estados Unidos. Um ano depois, o optometrista britânico Rishi Agarwal propôs a ideia das lentes de contato gelatinosas descartáveis, no entanto, esse produto só foi lançado no mercado britânico em 1988.

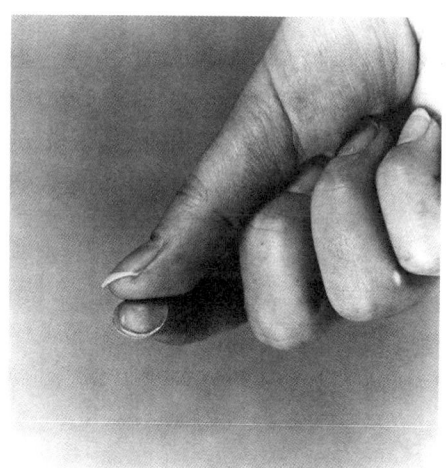

As lentes de contato de hidrogel, em 1971.

Bausch and Lomb Corporate Archive

33

> Wichterle continuou sua pesquisa e, em 1961, construiu um protótipo de uma máquina de centrifugação [...] Esse procedimento de fundição em centrífuga abriu um novo caminho para fabricar lentes.

Impacto comercial

A introdução de lentes gelatinosas na óptica desencadeou um avanço significativo das lentes de contato em toda parte. O maior conforto e a versatilidade levaram-nas rapidamente a tomar o lugar de sua antecessora rígida. Hoje, apenas 2% das lentes de contato vendidas nos Estados Unidos são rígidas (embora 16% do mercado americano usem lentes duras permeáveis a gás – uma inovação de 1979 que permite ao oxigênio chegar à córnea, assim como faz a lente gelatinosa). Em 2010, o mercado americano de lentes gelatinosas teve seu valor estimado em 2,1 bilhões de dólares, enquanto o mercado geral de lentes de contato teria um valor mundial de 6,1 bilhões de dólares. De acordo com a Global Industry Analysts Inc., se o mercado continuar a crescer conforme o previsto, esse número poderá quase dobrar em 2015, o que daria ao mercado global de lentes de contato um valor de 11,7 bilhões de dólares. As principais empresas do mercado incluem a Johnson & Johnson – que, segundo estimativa da Baird & Co, controla mais de 40% do mercado –, a Ciba Vision, a CooperVision e a Bausch & Lomb entre outros nomes importantes.

O número de empresas que vendem lentes de contato e oferecem serviços de optometria disparou, enquanto novos varejistas tentam obter uma parcela desse mercado em expansão. As óticas e lojas para lentes de contato da Specsavers, com sede em Guernsey, no Reino Unido, entraram no setor relativamente tarde, em 1984. Entretanto, a empresa cresceu rapidamente por meio de um sistema de franquia gerando um faturamento de 1,02 bilhão de libras em 2008/2009. Atualmente, tem 1.390 pontos de venda no mundo – incluindo lojas no Reino Unido

(1 em cada 3 usuários de lente de contato no Reino Unido escolhe a Specsavers), Ilha do Canal (Califórnia), Irlanda, Holanda, Escandinávia, Espanha, Austrália e Nova Zelândia – e emprega mais de 26.500 pessoas. Mas isso é apenas a ponta do iceberg. O Conselho Mundial de Optometria reconhece 250 mil optometristas em 49 países – um número tão alto que eles são representados no mundo por 96 organizações de associados.

As óticas estão mais bem-posicionadas para lucrar com o mercado de lentes de contato porque podem oferecer o produto aos clientes enquanto analisam sua receita médica e os ajudam em qualquer assunto relacionado. Assim, muitas começaram a vender suas próprias marcas de lente. Entretanto, alguns fabricantes de lentes de contato, como a Acuvue, usavam beneficamente seu estoque em cirurgias de optometria.

Mas não foram apenas os varejistas que se beneficiaram do boom das lentes de contato gelatinosas. À medida que a procura aumentou, também aumentou o nível de investimentos em inovações em lentes. Os polímeros a partir dos quais são produzidas as lentes gelatinosas continuaram a ser aprimorados, enquanto fabricantes alteravam os ingredientes para aumentar a permeabilidade ao oxigênio. Em 1980, as primeiras lentes coloridas chegaram ao mercado. Eram azuis-claras, para serem mais facilmente vistas pelos usuários caso eles as deixassem cair.

As inovações que se seguiram foram muitas e rápidas. Em 1981, foram introduzidas as lentes de contato que podiam ser usadas sete dias seguidos, sem que fosse preciso retirá-las à noite. No ano seguinte, as lentes bifocais foram lançadas. Porém, foi em 1987 que ocorreu a inovação mais significativa. A fabricação da primeira lente de contato descartável criou um novo mercado, no qual as lentes de contato passaram a ser uma mercadoria renovável, dando aos varejistas uma excelente oportunidade de obter um faturamento sustentável por meio das vendas repetidas e da lealdade do cliente. Algumas óticas, como a Specsavers, assinaram contratos com clientes para débito direto em conta, por meio dos quais fazem entregas periódicas de lentes descartáveis em domicílio.

A principal diferença entre a lente de contato comum e a descartável é que, enquanto a primeira precisa ser retirada (geralmente toda noite) para ser limpa e embebida em solução salina, a outra pode ser jogada fora depois de usada. As lentes "descartadas diariamente", lançadas em 1995, detêm hoje 57% do mercado britânico, enquanto o ano de 2001 foi marcado pelo surgimento das lentes gelatinosas de uso prolongado, que podem ser usadas continuamente durante trinta dias antes de serem retiradas e descartadas.

A fabricação da primeira lente de contato descartável criou um novo mercado, no qual as lentes de contato passaram a ser uma mercadoria renovável, dando aos varejistas uma excelente oportunidade de obter um faturamento sustentável por meio das vendas repetidas e da lealdade do cliente.

Entretanto, nos anos de 1990 e 2000, o setor de lentes de contato gelatinosas descartáveis foi atingido por uma polêmica, depois de se afirmar que as lentes diárias e de uso prolongado eram o mesmo produto vendido em embalagens diferentes. O custo diário das lentes de contato de longa vida – como aquelas com duração de sete a trinta dias – podia ser até cinco vezes maior do que o das lentes diárias, o que deixou muitos clientes com a sensação de que haviam sido enganados.

Vários casos judiciais importantes se seguiram e a Bausch & Lomb foi obrigada a pagar 68 milhões de dólares – em dinheiro e cupons – a 1,5 milhão de clientes. De maneira semelhante, em 2001, a Johnson & Johnson (dona da Acuvue) enfrentou uma batalha judicial nos Estados Unidos e acabou oferecendo uma compensação substancial a clientes que pagaram mais pelas lentes de vida longa acreditando equivocadamente que os dois produtos tinham recomendações médicas diferentes.

Em 2005, o *Daily Mail*, afirmou que os usuários de lente de contato britânicos podiam estar pagando 250 milhões de libras a mais por ano como resultado da fraude. Porém, as lentes de contato gelatinosas descartáveis continuaram populares, mostrando que os consumidores do século XXI veem as lentes de contato não como uma compra de luxo, mas como uma necessidade.

O que aconteceu em seguida?

A popularidade das lentes de contato gelatinosas continua grande e o mercado expandiu para além das pessoas que têm realmente dificuldade de visão. Com a introdução das lentes coloridas e sem necessidade de receita, estas se tornaram um acessório da moda, permitindo aos clientes mudar a cor dos olhos assim como pintam os cabelos. No entanto, há preocupações com o efeito do uso de lentes cosméticas para a saúde dos olhos, já que estas podem ser compradas facilmente na internet, sem consulta a um oftalmologista. Isso é parte de um mercado maior de varejistas que só vendem lentes de contato pela internet, onde empresas brigam para oferecer o menor preço e ficam com uma parcela da renda que, de outro modo, as óticas com lojas físicas receberiam.

Porém, a maior ameaça à indústria das lentes de contato gelatinosas é a disponibilidade da cirurgia de olho a laser. Esta tem o potencial de eliminar o mercado das lentes, e mesmo o dos óculos, por corrigir dificuldades de visão, tornando esses objetos desnecessários. Mas isso não parece provável a curto prazo, porque ainda é grande o debate sobre a segurança do procedimento e seus resultados a longo prazo. Além disso, o custo alto da cirurgia deixa muitos consumidores fora do mercado. Em contraste, as lentes de contato continuam sendo um produto flexível a um preço acessível às massas.

4

Televisão por satélite

Quando: 1962

Onde: Estados Unidos e Europa

Por que: A TV por satélite permite uma ampla distribuição de programas sem a necessidade de uma infraestrutura cara

Como: Avanços rápidos na tecnologia de satélite tornaram a ficção científica uma realidade

Quem: A Nasa e os consórcios privados

Fato: De longe o maior provedor de TV por satélite na Europa, a Sky está em 36% das casas britânicas

Caminhe por qualquer rua do Reino Unido e, se você não encontrar pelo menos algumas das características antenas montadas ao lado das casas, seria justo dizer que está faltando alguma coisa. Com o potencial de levar uma experiência completa de assistir à televisão até mesmo aos cantos mais obscuros do planeta, e permitindo transmissões ao vivo instantâneas de maneira que antes se pensava impossível, o satélite mudou a maneira como pensamos em televisão.

Os antecedentes

A primeira pessoa a sugerir a ideia de usar satélites para transmitir informações foi o escritor de ficção científica Arthur C. Clarke, em 1945, 12 anos antes de o primeiro satélite ser enviado para ficar em órbita. Em seu texto intitulado "Transmissões Extraterrestres", ele sugeriu que a informação podia ser emitida para estações espaciais em órbita e dispersada sobre uma área ampla, permitindo a comunicação mundial instantânea. O artigo era puramente especulativo – mas impressionantemente semelhante ao modo como a televisão por satélite acabaria funcionando.

Time do JPL (departamento da NASA) trabalha no Complexo Explorer 1.

Cortesia de Nasa/JPL-Caltech

O primeiro satélite orbital, o Sputinik I, foi lançado pelos soviéticos em 1957, seguido de perto pelo Explorer I, dos Estados Unidos, em 1958. Quase imediatamente, cientistas começaram a explorar o conceito de usar esses corpos celestiais para transmitir dados para uma área grande, usando os satélites como um "espelho" para refletir raios focados enviados da Terra e dispersá-los pelo planeta.

Alguns anos depois, em 1962, o conceito se tornou realidade com a primeira transmissão de um sinal de televisão por satélite a partir da Europa, atravessando o Atlântico por meio do satélite Telstar, pertencente à AT&T. Ao mesmo tempo, a Nasa estava fazendo experiências com o conceito de satélites "geossíncronos" – satélites que se moveriam na mesma velocidade da rotação da Terra, podendo "pairar" sobre o planeta e enviar uma comunicação constante e ininterrupta a uma área específica. O primeiro satélite desse tipo, o Syncom 2, foi lançado um ano depois, em 1963.

Logo depois dessas primeiras experiências vieram os próximos avanços rápidos em direção à televisão comercial: o lançamento do primeiro satélite de comunicação comercial (IntelSat I) em 1965, seguido da primeira rede de televisão nacional baseada em satélite, em 1967 (a soviética Orbita), e do primeiro satélite de televisão comercial lançado da América do Norte (o canadense Anik I, em 1972).

As primeiras televisões por satélite dependiam do único modelo disponível na época – transmitiam diretamente para estações receptoras com base na Terra e pertencentes a empresas de cabo, que então distribuiriam as imagens por meio do sistema de cabo mais antigo a seus assinantes. A primeira transmissão de satélite para cabo aconteceu no ano histórico de 1976, quando o canal Home Box Office (HBO) transmitiu uma disputa de boxe peso-pesado entre (Joe) Frazier e (Muhammad) Ali, a "Thrilla in Manila", para assinantes de todos os Estados Unidos.

> **A primeira transmissão de satélite para cabo aconteceu no ano histórico de 1976, quando o canal Home Box Office (HBO) transmitiu uma disputa de boxe peso-pesado entre (Joe) Frazier e (Muhammad) Ali, a "Thrilla in Manila", para assinantes de todos os Estados Unidos.**

Mas este ano foi histórico por outro motivo: marcou o início da transmissão diretamente para casa (DTH, na sigla em inglês), uma maneira fundamentalmente diferente de oferecer televisão aos consumidores, e a base do modelo atual de televisão por satélite. Essa transmissão veio de um lugar improvável: a garagem de H. Taylor Howard, professor de Stanford e ex-cientista da Nasa. Enquanto fazia experiências de transmissões para vídeo, Howard criou para si mesmo uma grande antena receptora feita de peças usadas de micro-ondas. Ele descobriu que a antena era capaz de captar sinais de satélite enviados para empresas de cabo e usou sua nova invenção para assistir de graça ao serviço a cabo da HBO. Howard tentou reembolsá-los enviando um cheque de 100 dólares para pagar pelos filmes aos quais assistira – mas teve seu cheque devolvido e foi informado que a HBO estava preocupada apenas com grandes empresas de cabo e não estava buscando remuneração.

O primeiro Satélite geossíncrono.

Nasa

Essa inócua refutação provou ser uma enorme oportunidade perdida para as redes de televisão, uma vez que os anos seguintes testemunharam a explosão da televisão grátis por satélite, um modelo que as deixou completamente de fora. Em 1980, H. Taylor Howard fundou a Chapparal Communications com o engenheiro Bob Taggart, para vender suas antenas domésticas receptoras de satélite. Quando eles começaram, as antenas que vendiam eram muito caras, custando mais de 10 mil de dólares. Mas seis anos depois, o preço médio de uma antena havia caído para aproximadamente 3 mil dólares, o mercado de televisão por satélite grátis estava estourando e a Chapparal valia 50 milhões. Para os clientes, as vantagens da televisão a cabo eram simples: o custo inicial podia ser muito mais alto, mas em troca o cliente podia receber mais de 100 canais de fornecedores diferentes, aparentemente para sempre e sem custo algum – e a remoção do serviço de cabo intermediário também representava uma qualidade de imagem significativamente melhor.

Tudo isso, é claro, horrorizou as redes de TV, furiosas porque o serviço que forneciam a um custo alto estava sendo visto por milhões de pessoas que não lhes davam um centavo sequer. As redes começaram a tentar reclamar esses lucros perdidos fazendo pressão junto aos governos e, em 1984, receberam permissão para codificar seus sinais por meio da Lei do Cabo americana. Começando pela HBO, em 1986, este foi o princípio do fim das antenas para satélites capazes de transmitir os canais de televisão pagos de graça. Isso, juntamente com uma ofensiva contra os decodificadores ilegais, levou o mercado dos sistemas por satélite a despencar nos quatro anos seguintes, enquanto o cabo ressurgia.

Em 1990, porém, com a televisão por satélite grátis completamente morta, estava armado o palco para as empresas fornecerem sua própria marca de televisão por satélite diretamente ao consumidor e autorizada: o Satélite de Transmissão Direta (DBS, na sigla em inglês). O DBS usava satélites mais poderosos, o que significava que eram necessárias antenas muito menores – de apenas pouco mais de 45 cm de diâmetro, em oposição aos gigantes de 2 m por 5 m necessários para receber o DTH de Taylor. A miniantena ficava ligada a uma caixa que era posta em cima da TV e decodificava os sinais, geralmente por meio de um cartão conectado ao aparelho, pago normalmente com uma taxa de assinatura. Começando pela Primestar, o serviço inaugural dos Estados Unidos, isso marcou o momento em que a televisão por satélite se tornou um grande sucesso comercial para seus fornecedores.

Impacto comercial

A história da televisão por satélite para o consumidor nos Estados Unidos é contada por meio de várias empresas: inicialmente, a Primestar foi pioneira no serviço, mas esta perdeu espaço em meados dos anos 1990 para a DirectTV e outras.

No Reino Unido, porém, a televisão por satélite comercial tem sido dominada, desde que surgiu, por um único nome: British Sky Broadcasting (BSkyB), a corporação que continua a ser líder do mercado no setor com alguma folga. A Sky Television Pic, pertencente à News Corporation de Rupert Murdoch, dono da Fox nos Estados Unidos, iniciou seu serviço de DBS em 1989, transmitindo quatro canais gratuitos a partir do satélite Astra. Mas o serviço não era popular e não conseguiu um retorno lucrativo. Um ano depois, numa tentativa de melhorar suas finanças, a Sky decidiu juntar forças com sua colega British Satellite Broadcasting. A fusão foi um sucesso e muito provavelmente recuperou a sorte das duas empresas: embora as despesas da Sky fossem muito mais baixas – porque não possuía, nem mantinha seu satélite e tinha como base um Estado industrial –, faltava-lhe uma renda com anúncios, algo que a British Satellite pôde fornecer com seus contatos de maior prestígio. Os satélites da BSB foram desativados, o serviço foi transferido para a Astra e surgiu a BSkyB.

Em 1992, a Sky fez uma grande jogada ao obter os direitos exclusivos de transmissão ao vivo da primeira FA Premier League, num acordo de 340 milhões de libras.

Os anos que se seguiram tiveram mudanças e uma fase rápida de crescimento para a BSkyB, claramente auxiliada por injeções substanciais de dinheiro da News Corporation. Em 1991, o canal Sky Movies se tornou o primeiro a usar a tecnologia de codificação para funcionar num modelo de assinatura, com outros logo o seguindo. Em 1992, a Sky fez uma grande jogada ao obter os direitos exclusivos de transmissão ao vivo da primeira FA Premier League, num acordo de 340 milhões de libras; isso representou um poder de barganha significativo (que Murdoch descreveu como um "aríete") para atrair assinantes. O ano de 1992 também marcou uma virada da empresa, que começou a ter lucro operacional. Uma indicação do quanto a Sky havia crescido em apenas seis anos veio em 1996, quando mais de meio milhão de assinantes sintonizaram na luta de boxe peso-pesado entre (Frank) Bruno e (Mike) Tyson, transmitida em pay-per-view.

Outro marco foi o ano de 1998, quando o satélite Astra 2A foi lançado numa nova posição orbital. Isso permitiu à Sky começar a transformar seu serviço antes analógico na Sky Digital, uma nova maneira de transmissão com potencial para distribuir muitas centenas de canais de vídeo e áudio para os consumidores; e abrir o caminho para as futuras transmissões em alta definição. Um ano depois, a empresa aumentou as vendas com um negócio grátis de miniantena e conversor de sinal digital. E em 2003 ultrapassou a marca extraordinária de 7 milhões de assinantes.

Firmemente estabelecida como líder, a Sky começou a se concentrar em maiores inovações em seus produtos: a Sky+, lançada em 2001, permitiu aos assinantes pausar, retroceder e gravar a TV ao vivo, uma vantagem que hoje figura como padrão em muitos pacotes de TV paga; e em 2004, a Sky foi a primeira no Reino Unido a introduzir a transmissão em alta definição. Em 2010, foi também a primeira a lançar um serviço em 3D.

O que aconteceu em seguida?

A British Sky Broadcasting ainda está crescendo e continua a liderar o mercado. Em 2010, ultrapassou os 10 milhões de assinantes, sendo a primeira e atualmente única empresa da Europa a fazer isso. E está hoje em mais de um terço das casas do Reino Unido. Em junho de 2010, comprou a rival Virgin Media Broadcasting por uma quantia estimada em 160 milhões de libras, consolidando ainda mais sua vantagem sobre as concorrentes. Naquele mesmo ano, relatou uma receita de quase 6 bilhões de libras, dos quais 855 milhões eram lucro.

De fato, o domínio da Sky é tal que surgiram preocupações com a saúde da indústria. Em 2010, um relatório do Ofcom* exigiu a venda no atacado de seus canais exclusivos de esportes e filmes a outros fornecedores, como a ITV e a Virgin, depois de descobrir que havia um perigo de desenvolvimento de monopólio. Surgiram outras questões sobre uma proposta do proprietário majoritário, Rupert Murdoch, de arquitetar uma tomada de controle total da empresa, retirando-a do mercado de ações; diversos grupos de mídia fizeram pressão junto ao governo sobre essa questão, descrevendo a venda potencial como uma séria ameaça à pluralidade da mídia.

E não é apenas o poder da Sky que é motivo de preocupação com a indústria de TV por satélite. Mais da metade das residências do Reino Unido têm satélite, e há temores de que a demanda possa chegar a uma paralisação, com o crescimento de assinantes diminuindo na Europa. Depois que os países completarem sua alteração para o sistema digital, as pessoas poderão assistir a uma seleção maior de canais do que aquela que é oferecida pela TV por satélite terrestre, e poderão não sentir necessidade de trocar para o satélite.

O modelo tradicional de pagamento de assinatura de TV por satélite também poderá passar por uma mudança nos próximos anos, com a volta do modelo do início dos anos 1980 no "Freesat", um serviço fornecido pela BBC e pela ITV que permite aos clientes receber canais por satélite de graça, depois de pagar pela antena e pelo receptor (a Sky também tem um serviço semelhante). Embora qualquer ameaça prolongada à TV por satélite paga do "Freesat" ainda seja incipiente – já que pouco mais de 1% das residências o utilizam –, pode ser que o valor oferecido por esses serviços acabe minando o modelo de assinatura paga.

A verdadeira ameaça à TV por satélite vem do crescimento da internet. Antes, naturalmente, os clientes estavam restritos a assistir à

---

* Office of Communications; órgão regulador das indústrias de comunicação no Reino Unido. (*N. do T.*)

televisão em seu aparelho de TV e simplesmente escolhiam entre transmissão terrestre, a cabo ou satélite. Mas com a BT e a Virgin implementando linhas de fibra ótica de alta velocidade no país, a televisão distribuída via internet está se tornando uma realidade; a Sky já permite a todos os seus assinantes no Reino Unido assistir a uma seleção de canais ao vivo on-line, e as principais redes operam hoje serviços on-line on-demand, nos quais os telespectadores podem assistir aos programas quando quiserem. Para muitas pessoas, pode ser que, no futuro por já estar em muitas casas, a internet, venha a ser uma escolha inteligente para assistir televisão, diminuindo a influência do satélite.

> O modelo tradicional de pagamento de assinatura de TV por satélite também poderá passar por uma mudança nos próximos anos, com a volta do modelo do início dos anos 1980 no Freesat [...] que permite aos clientes receber canais por satélite de graça, depois de pagar pela antena e pelo receptor.

A apresentação da internet de alta velocidade através da também marca o início de um novo desafio ao satélite televisão por fibra ótica. A tecnologia tira vantagem da largura da banda oferecida para proporcionar maior interatividade do que o satélite pode oferecer, dando mais controle ao cliente. Atualmente, temos poucas operadoras de fibra ótica, e mais uma vez a tecnologia está apenas começando a ser usada, portanto, ainda é preciso ver se a mudança no jogo será séria; mas o conceito de oferecer internet, telefone e TV através de uma porta simples, sem a necessidade de instalação de uma antena, pode se tornar atraente para muitas pessoas.

Diante disso tudo, uma coisa parece clara: a adaptabilidade e a contínua inovação da BSkyB deverão continuar a ter uma forte presença no futuro. Quanto à TV por satélite em si, continua sendo a opção mais popular de televisão, mas só o tempo dirá se irá resistir a inxurrada de novas tecnologias nos próximos anos.

5

Biometria

Quando: 1962-1963

Onde: Laboratórios e institutos de pesquisa no mundo

Por que: O uso da correspondência exata ao corpo oferece um nível de segurança sem igual a negócios de todos os tamanhos

Como: Movidos pela necessidade de órgãos de segurança, pesquisadores têm trabalhado em uma série de métodos para identificar e autenticar indivíduos por meio de características únicas

Quem: Vários

Fato: A biometria é amplamente usada em segurança e pode ser aproveitada na internet e no mobile-commerce

A identificação e a autenticação estão na base da economia moderna. Quando você se conecta a uma rede de computador ou passa seu cartão de débito numa máquina de pagamento, o programa começa fazendo duas perguntas cruciais. Quem é você? E você é realmente quem diz ser? A biometria – ciência de identificar indivíduos por meio de características únicas – proporciona um meio automatizado de responder a essas perguntas.

Os antecedentes

As ferramentas mais comuns para estabelecer e autenticar uma identidade – notadamente senhas, números de identificação pessoal (PINs) e cartões magnéticos – são altamente falíveis. As senhas são comumente compartilhadas ou escritas em papéis para todos verem, enquanto os PINs e os cartões magnéticos podem ser facilmente roubados. Durante grande parte do século XX, na Inglaterra, o passaporte ou a carteira de motorista eram exigidos quando você queria pagar por mercadorias sem dinheiro; a primeira opção era extremamente inconveniente e deixava o portador vulnerável a furtos, e a segunda era impossível para aqueles que não dirigiam.

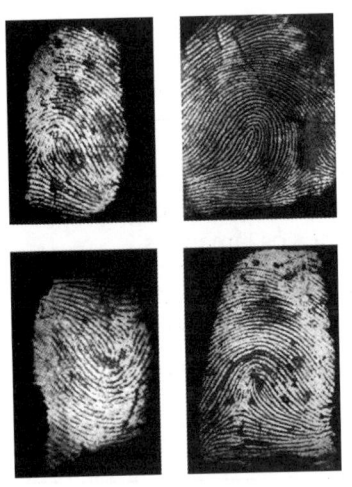

Impressões digitais se tornam visíveis com tinta.

Science Photo Museum

Teoricamente, a biometria proporciona uma maneira muito mais precisa de identificar e autenticar. Todas as tecnologias biométricas se baseiam no princípio de que podemos estabelecer a identidade de indivíduos medindo características físicas (ou mesmo comportamentais) específicas e comparando essas medições com uma base de dados. Obviamente este não é um conceito novo. A invenção do registro de impressões digitais nos anos 1890 foi um dos primeiros exemplos modernos de identificação biométrica sistemática. Em tempos mais recentes, a ciência da biometria floresceu.

Hoje, existem sistemas criados para reconhecer pessoas por impressões digitais, padrões da íris, vasos sanguíneos da retina, características faciais, características da voz e DNA. A tecnologia tem sido usada de maneira cada vez mais ampla desde os anos 1960; o catalisador tem sido o rápido aumento do poder de processamento e da capacidade de memória dos computadores que testemunhamos nas últimas quatro décadas. Esse poder computacional significa que tecnologias como o reconhecimento facial e a leitura da íris se tornaram uma realidade.

A invenção do registro de impressões digitais nos anos 1890 foi um dos primeiros exemplos modernos de identificação biométrica sistemática.

Os primeiros exemplos da tecnologia biométrica foram impulsionados por necessidades de segurança. O antropólogo francês Alphonse Bertillon desenvolveu um sistema de medição do corpo que foi usado por forças policiais para identificar suspeitos. O sistema deixou de ser aceito quando se tornou evidente que essas medições não eram de modo algum únicas em cada indivíduo. Veio, então, Richard Edward Henry, da Scotland Yard, que apareceu com o sistema muito mais eficiente de registro de impressões digitais. Durante os trinta ou quarenta anos seguintes, o registro de impressões digitais foi a única opção disponível, até que, em 1936, o técnico em oftalmologia Frank Burch propôs o uso de padrões da íris como um meio alternativo para estabelecer e autenticar identidades.

Avance para os anos 1960 e a procura de soluções biométricas estava se intensificando. Em 1962, Woodrow W. Bledsoe desenvolveu um sistema semiautomático de reconhecimento de face para o governo dos Estados Unidos. Um ano depois, os Hughes Research Laboratories publicaram um artigo sobre automação do registro de impressões digitais, uma ideia que o FBI estava defendendo no fim da década.

Os anos que se seguiram testemunharam a introdução de uma série de novas tecnologias. Os marcos incluíram a concessão de patentes americanas para os sistemas de reconhecimento da íris, da fala e da impressão digital da mão, nos anos 1980. Na década seguinte, a tecnologia biométrica havia surgido do laboratório e estava começando a ter um impacto no mundo real. Num dos exemplos de maior destaque, um sistema de geometria da mão foi introduzido para controlar o acesso à Vila Olímpica em Atlanta, em 1996. Outra aplicação em evento esportivo ocorreu no Tampa Super Bowl em 2001, durante o qual a polícia usou o sistema de reconhecimento de face para identificar criminosos tentando entrar no estádio.

Em 2003, o Conselho Nacional de Ciência e Tecnologia, apoiado pelo governo dos Estados Unidos, estabeleceu uma subcomissão para coordenar as pesquisas, o desenvolvimento e a colaboração em níveis nacional e internacional. A União Europeia também estabeleceu um fórum de biomoetria, com o objetivo de tornar o continente um líder mundial no assunto.

E logo ficou claro que a biometria teria um impacto na vida de todos nós. Na Grã-Bretanha, por exemplo, as carteiras de identidade compulsórias planejadas pelo governo trabalhista teriam um chip biométrico para impedir o roubo de identidade. Em 2005, o governo iniciou uma campanha nacional para explicar por que o uso da biometria era uma coisa boa. Os motivos incluíam proteção de identidade, redução de fraudes e segurança na fronteira.

Enquanto isso, o governo dos Estados Unidos disse que exigiria informações biométricas nos passaportes de visitantes estrangeiros que buscavam o sistema de isenção de visto ao entrar no país. O resultado foi que todos os passaportes emitidos subsequentemente na Grã-Bretanha continham um chip biométrico simples. E embora o programa nacional de identidade tenha sido abandonado, milhões de ingleses se tornaram parte da revolução biométrica cada vez que apanhavam seus passaportes e seguiam para o aeroporto.

Impacto comercial

À medida que a tecnologia biométrica se torna mais barata, o mercado parece começar a ganhar força. Um relatório da Research and Markets prevê que a indústria biométrica crescerá a um índice de 22% ao ano até 2014. Empresas de biometria prosperam principalmente no Japão; um relatório de 2008 mostrou que a indústria valia cerca de 60 milhões de dólares, com algumas tecnologias crescendo até 200%.

O rápido desenvolvimento da tecnologia biométrica tem afetado os negócios de maneiras diversas. Antes de tudo, o crescente interesse dos governos por essa ciência está propiciando uma enorme quantidade de recursos para universidades e pequenas empresas privadas – como a Digital Signal Corporation, uma empresa de reconhecimento facial em 3D, com sede nos EUA, que chegou a um investimento de 15 milhões de dólares em 2011.

Dessa forma, grande parte da procura pela biometria até agora vem dos governos, especificamente seus órgãos de segurança e policiamento – por exemplo, relatou-se que, nos Estados Unidos, o Pentágono destinou 3,5 bilhões de dólares para a tecnologia biométrica entre 2007 e 2016.

Mas o potencial dos sistemas biométricos vai muito além das preocupações dos governos com a segurança e o policiamento. A autenticação e identificação perfeita e precisa tem muitas aplicações úteis a negócios do setor privado.

> **Com os leitores de impressões digitais USB hoje disponíveis no Reino Unido por apenas 50 libras, praticamente qualquer um pode proteger seu PC com essa tecnologia que antes era cara.**

No setor público, a segurança é um motivador crucial. Para a maioria de nós, o sistema nome do usuário/senha é a chave que tanto permite entrar em redes de computador quanto define a informação que temos permissão para ver. Mas as senhas são apenas tão seguras quanto as pessoas que as usam querem que sejam. Uma pesquisa da Microsoft sugere que o trabalhador britânico médio tem de guardar aproximadamente vinte configurações de senhas e nome de usuário para uso pessoal e profissional, portanto, dificilmente é uma surpresa que um número significativo de pessoas os anote e muitas vezes os deixe complemente à vista em público. Uma solução muito mais simples é substituir por sistemas biométricos como o reconhecimento de impressão digital. É mais fácil para o indivíduo – não há muita coisa para lembrar – e muito mais seguro para as empresas.

A biometria é particularmente atraente para empresas que atuam em setores onde os dados são críticos e confidenciais. Os exemplos incluem o gigante bancário HSBC, que está hoje implementando um sistema de reconhecimento facial para identificar funcionários e fornecedores em seus centros de dados. No Japão, 60 mil caixas eletrônicos foram adaptados para a tecnologia biométrica por veias – que usa as veias do corpo da pessoa para verificar sua identidade.

A proteção biométrica não é apenas para grandes empresas. Com os leitores de impressões digitais USB hoje disponíveis no Reino Unido por apenas 50 libras, praticamente qualquer um pode proteger seu computador com essa tecnologia que antes era cara. Enquanto isso, na esfera móvel, os aplicativos de reconhecimento facial estão disponíveis como alternativa às senhas.

As aplicações da biometria vão além da segurança. Já estamos vendo exemplos de sistemas biométricos sustentando o comércio eletrônico. O sistema Parent Pay é um exemplo disso. Usado em escolas do Reino Unido, permite aos pais criar contas para seus filhos que podem receber dinheiro por meio de cartão de débito ou crédito. Com dinheiro na conta, os filhos podem pagar por compras – como refeições na escola – pondo seus dedos em leitores de impressão digital.

Quando a identidade do aluno é determinada, qualquer compra feita durante o período escolar é debitada da conta ativa. Há uma série de vantagens no sistema, notadamente o fato de que nem a escola, nem o aluno precisam lidar com dinheiro diariamente. Se o esquema fosse baseado em digitar senhas ou PINs, provavelmente haveria muito mais resistência dos alunos, que poderiam achar muito mais fácil pagar em dinheiro. Da maneira como funciona, o sistema propicia uma maneira conveniente de comprar alimentos.

O que aconteceu em seguida?

À medida que a tecnologia vai se firmando, certamente vemos mais variações sobre o tema comércio eletrônico. Nick Ogden, o empreendedor que estabeleceu o sistema Worldpay – que permite até mesmo a varejistas bem pequenos receber pagamentos em cartões de crédito e débito –, por exemplo, lançou recentemente o Voice Pay. Como o nome diz, a tecnologia identifica as pessoas por meio de seus padrões de voz, com o processo de autenticação facilitando o comércio via telefone celular.

Mas a tecnologia biométrica não é perfeita. Mudanças no corte de cabelo, nos pelos faciais e no peso, bem como o uso de maquiagem, podem enganar sistemas de reconhecimento da face, e testes têm mostrado que leitores de impressão digital podem ser burlados por dedos falsos. Mesmo os padrões da íris podem ser modificados por algum tipo de acidente traumático. Como resultado, defeitos na biometria podem exigir sistemas com muitos testes envolvendo mais de um identificador. Atualmente, isso significa com frequência a combinação da biometria com um item não biométrico para reduzir o risco de fraude. Por exemplo, os passaportes (não biométricos) têm agora chips biométricos incluídos.

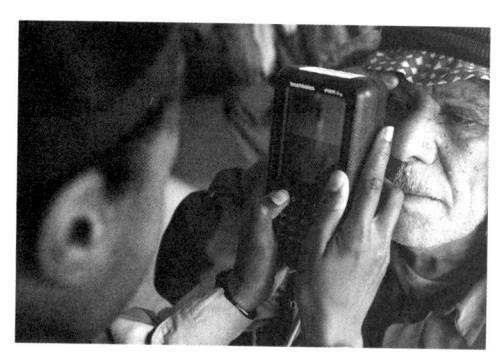

O sargento A. C. Wilson, do Corpo de Fuzileiros Navais dos EUA, usa um leitor de retina para identificar um membro da câmara municipal de Bagdá antes de uma reunião com chefes tribais, xeques, líderes comunitários e militares americanos posicionados com o Time-7 de Combate Regimental, no Iraque, em 10 de janeiro de 2007. Wilson está agregado ao 4º Grupo de Assuntos Civis.

Foto do Departamento de Defesa dos EUA feita pelo sargento da artilharia Michael Q. Retana, Corpo de Fuzileiros Navais dos EUA

Enquanto a tecnologia avança para o Santo Graal dos 100% de precisão, provavelmente veremos mais aplicações para a biometria, particularmente na área do comércio eletrônico. No momento, porém, governos e grandes organizações são os usuários mais entusiasmados.

6

Intercâmbio eletrônico de dados (EDI)

Quando: Anos 1960

Onde: Estados Unidos

Por que: As transações totalmente automatizadas revolucionaram a prática de negócios

Como: O uso de códigos em mensagens significou que computadores podiam interpretá-los sem a necessidade de intervenção humana

Quem: Edward A. Guilbert

Fato: O uso do termo "mala direta" para descrever arquivos de dados transferidos pelo EDI vem dos tempos em que empresas enviavam pedidos de compra pelo correio

O Intercâmbio Eletrônico de Dados, ou EDI (na sigla em inglês), pode ser descrito de forma sucinta como a substituição do intercâmbio de documentos de negócios em papel por equivalentes eletrônicos automatizados. É amplamente utilizado hoje em dia por grandes varejistas como método preferido para emitir pedidos de compra para fornecedores.

O desenvolvimento gradual desse conceito simples tem transformado a maneira como as empresas fazem negócios entre si; ao eliminar processos contábeis lentos e cansativos, o processo de realizar uma transação comercial melhorou enormemente.

O EDI não revolucionou apenas as transações de negócios: a invenção também levou ao comércio eletrônico, um enorme salto nas operações de varejo.

Os antecedentes

Embora o EDI seja visto como uma invenção moderna, sua raízes podem ser buscadas nos anos 1840, quando a invenção do telégrafo permitiu a comunicação quase instantânea pela primeira vez. O sistema rapidamente foi posto em uso pelas ferrovias americanas, que utilizaram a tecnologia para transmitir informações sobre o gerenciamento de operações. Nos anos 1870, as grandes empresas ferroviárias haviam desenvolvido sistemas únicos de código em mensagens telegráficas para permitir comunicações mais rápidas e impedir escutas clandestinas de concorrentes – criando a base para as comunicações em código usadas hoje no EDI.

O primeiro exemplo de uso de uma forma de intercâmbio eletrônico veio no fim dos anos 1940, quando as forças armadas americanas criaram um sistema eletrônico para suprir aviões de abastecimento em Berlim usando telex, rádio-teletipo ou telefone. No início dos anos 1960, quando trabalhava para a empresa química americana DuPont, o sargento Edward A. Guilbert, oficial de logística do exército dos Estados Unidos envolvido no sistema usado em Berlim, desenvolveu um sistema para envio de mensagens eletrônicas entre a empresa e a Chemical Leahman Tank Lines.

Apesar desse esboço inicial, quando o uso de computadores em grandes negócios se tornou disseminado, nos anos 1960, a maioria dos sistemas de transação civis ainda estava presa na era analógica. Empresas se comunicavam umas com as outras por meios testados e comprovados, como correio, teletipo e (mais tarde) fax, com os dados sendo cuidadosamente inseridos a mão em computadores dos dois lados – longe da facilidade de uso oferecida hoje pelos sistemas EDI. Esse processo lento e cansativo na verdade aumentou o tempo gasto com a administração e aumentou o potencial de erro humano.

As raízes do EDI podem ser buscadas nos anos 1840, quando a invenção do telégrafo permitiu a comunicação quase instantânea pela primeira vez.

No fim dos anos 1960, muitas empresas envolvidas em transporte por trem, estrada, mar e ar usavam manifestos eletrônicos semelhantes àqueles desenvolvidos por Guilbert. Outros dos primeiros grandes usuários do que hoje é chamado de sistemas EDI foram grandes organizações de compra, como supermercados, redes de lojas e serviços de saúde que, independente uns dos outros, desenvolveram sistemas próprios para a comunicação de informações de negócios entre computadores numa Rede de Valor Agregado (uma precursora da internet que usa linhas de telefone alugadas para permitir a comunicação entre parceiros comerciais), no início dos anos 1970. Essas grandes empresas, como a Sears, tinham força financeira para influenciar seus fornecedores a adotar esses padrões, e os benefícios logo se tornaram evidentes para os dois lados: a velocidade e a precisão das transações com base em computador eram inigualáveis, e as empresas também podiam poupar papel e postagem.

Além disso, as cobranças baseadas em volume feitas através das Redes de Valor Agregado significavam que os negócios enfatizavam a concisão, desenvolvendo sistemas de dados codificados para seus sistemas EDI, assim como faziam as empresas ferroviárias nos anos 1870.

Isso não apenas poupava dinheiro. A capacidade dos computadores de interpretar códigos significava que as transações podiam ser processadas sem a necessidade da presença de uma pessoa, aumentando muito a eficiência. Em meados dos anos 1980, um sistema desse tipo, o EPOS, da K-Mart, estava sendo usado por mais de 500 fornecedores nos Estados Unidos.

Mas o fato de que cada grande empresa havia desenvolvido um sistema separado para suas transações digitais significava que o EDI estava longe de ser uma ferramenta de negócios realmente disseminada. Os sistemas eram incompatíveis entre eles, o que significava que as transações entre empresas eram muitas vezes impossíveis, e se você fosse fornecedor de muitas empresas, tinha que adotar vários sistemas de transação digital. O custo incrivelmente alto dos computadores na época significava que isso com frequência era praticamente impossível.

Era preciso um padrão internacional, e em 1979 o Instituto Nacional de Padrões dos Estados Unidos começou a desenvolver um sistema uniforme para transações digitais, o padrão ASC X12 (também conhecido como ANSI ASC X12), usado ainda hoje. Seguiram-se outros padrões, e mais cedo ou mais tarde a maioria dos negócios deixariam de usar padrões internos, substituindo-os por um dos padrões nacionais ou internacionais, como o protocolo EDI-FACT, da ONU, o padrão mais utilizado fora dos Estados Unidos.

Porém, o custo alto e a pouca sofisticação dos computadores ainda eram obstáculos à adoção geral do EDI, e só no fim dos anos 1980, quando os computadores pessoais se tornaram mais comuns, foi que o uso de sistemas EDI de tornou disseminado.

O empreendedor Michael Aldrich concebeu a ideia do comércio eletrônico.

ROCC Computers Ltd.

Impacto comercial

O fato de que nenhuma intervenção humana é necessária num sistema EDI levou a uma revolução na prática entre empresas, melhorando incrivelmente a velocidade e eficiência das transações e a manutenção de registros, bem como reduzindo o custo das transações, tanto em termos de postagem e empacotamentos quanto em assistência humana. À medida que os computadores se tornaram mais sofisticados, mais inovações surgiram, permitindo novos desenvolvimentos, como planejar e antecipar demandas e administrar complicadas operações na cadeia de abastecimento – ações que nunca seriam possíveis em intercâmbios em papel. Em 1991, só no Reino Unido, 12 mil empresas estavam usando alguma forma de sistema EDI.

Nos anos 1990, o advento da internet permitiu novos aprimoramentos na tecnologia. Com um meio de comunicação universal, as linhas alugadas necessárias às comunicações em Rede de Valor Agregado podem ser retiradas da equação, permitindo àqueles que desenvolvem programas de EDI concentrar-se na melhoria da conectividade e da utilidade dos sistemas. Dito isso, um número cada vez menor de empresas ainda usa padrões de Rede de Valor Agregado, por conta do suporte e da infraestrutura ainda existentes.

> O fato de que nenhuma intervenção humana
> é necessária num sistema EDI levou a
> uma revolução na prática entre empresas,
> melhorando incrivelmente a velocidade
> e eficiência das transações e a manutenção
> de registros.

O que aconteceu em seguida?

Os sistemas EDI são hoje praticamente onipresentes, de uma forma ou de outra, em intercâmbios entre empresas, e os avanços nesse campo levaram ao comércio eletrônico, com base na internet – uma tecnologia que revolucionou a interação entre empresa e consumidor.

Concebidos originalmente em 1979 pelo empreendedor britânico Michael Aldrich, os sistemas de comércio eletrônico foram construídos com base nas inovações dos sistemas EDI e EFT (Transferência Eletrônica de Fundos) para permitir aos consumidores interagir diretamente com empresas usando sistemas automatizados. Visto de forma limitada nos anos 1980 em caixas eletrônicos e serviços bancários por telefone, o comércio eletrônico decolou em meados dos anos 1990 com a introdução do protocolo de internet de alta velocidade e a chegada de negócios on-line pioneiros, como o e-Bay e a Amazon.

Depois do crash das empresas ponto com em 2001, em que muitas empresas do comércio eletrônico faliram devido a modelos de negócios não realistas, muitos varejistas com forte presença fora da internet entraram no setor e o comércio eletrônico atualmente é um grande filão – em 2010, consumidores on-line compraram mais de 590 bilhões de libras em mercadorias.

O EDI em sua forma original de linha concedida, está aos poucos sendo substituído pelos sistemas baseados em internet, mas a revolução que ele causou nos negócios está aqui para ficar, e sua influência será percebida durante muito tempo.

Em 1991, a Data Interchange Standards Association criou o Edward A. Guilbert e-Business Professional Award, uma homenagem a uma conquista para a vida inteira, concedida todos os anos em reconhecimento a uma demonstração de "liderança de destaque no campo de padrões de comércio eletrônico".

7

O anel para abrir latas

Quando: 1963

Onde: Dayton, Ohio

Por que: Permitiu um grande crescimento do mercado de refrigerantes

Como: A ideia do anel de puxar surgiu quando Ermal Cleon Fraze estava fazendo um piquenique e não conseguiu abrir sua lata de cerveja, porque tinha esquecido o abridor

Quem: Ermal Cleon Fraze

Fato: Depois de a Iron City Brewing Company, de Pittsburgh, comprar a licença para o design do novo anel de latas, em 1963, as vendas da empresa aumentaram 233% em um ano

É fácil esquecer a enorme diferença que uma invenção simples como o anel de latas fez na vida diária. Antes de sua existência, as pessoas tinham que carregar abridores especiais cada vez que queriam abrir uma lata de cerveja ou de coca-cola – o que às vezes era muito inconveniente. Embora os alimentos e bebidas em lata já fossem populares, o acesso ao conteúdo delas não era tão fácil. A invenção de Fraze revolucionou a indústria de alimentos e bebidas, em particular a venda de cerveja e refrigerantes, acrescentando mais um nível de conveniência a um mercado já altamente acessível.

Os antecedentes

A ideia de puxar uma argolinha para abrir latas surgiu da necessidade. Antes dessa invenção, as latas eram abertas com um instrumento, o abridor. Porém, quando as pessoas se viam inevitavelmente sem ele, não conseguiam abrir uma lata. Em 1959, quando estava fazendo um piquenique, Ermal Fraze, de Dayton, Ohio, viu-se incapaz de abrir uma lata de cerveja. Ele decidiu que tinha de haver uma solução para esse dilema e começou a projetar um abridor na própria lata. Fraze tinha alguma experiência em trabalho com metais, inclusive alumínio, o que ajudou um bocado. Porém, ainda assim ele encontrou problemas ao longo do caminho. Teve que imaginar como fazer uma abertura no topo de uma lata que fosse fácil de remover mas ao mesmo tempo robusta o bastante para resistir à pressão interna. Depois de passar algum tempo desenhando e testando modelos diferentes, a solução aparentemente lhe veio durante uma noite sem dormir: usar o material da própria tampa para formar um rebite que mantivesse a argola no lugar.

O cartaz fazia parte da campanha publicitária de introdução do dispositivo, em 1963.

Cortesia de imagens de arquivos da Pittsburgh Brewing Company

A ideia de puxar uma argolinha para abrir latas surgiu da necessidade.

O anel de puxar foi tão importante para os lucros da cervejaria Iron City de Pittsburgh que apareceu nessa capa de relatório anual para acionistas, de 1963.

Cortesia de imagens de arquivos da Pittsburgh Brewing Company

A primeira versão de Fraze tinha uma alavanca que furava um buraco na lata, mas que resultava em extremidades afiadas e às vezes perigosas, o que levou a muitas reclamações de clientes que haviam cortado dedos e lábios no dispositivo. Então, ele começou a criar a versão com a aba, tendo um anel preso ao rebite para ser puxada e abrir a lata completamente. O design foi patenteado em 1963 e vendido à produtora de alumínio Alcoa, sendo licenciado pela primeira vez para a Iron City Brewing Company, em Pittsburgh.

O primeiro anel de lata saía facilmente, o que provocou um debate sobre sua segurança. Havia também cada vez mais protestos ambientais contra as partes de cima das latas retiradas, que estavam sendo jogadas fora. Daniel F. Cudzik, da Reynold Metals, cuidou dessa falha no design em 1975, desenvolvendo abas firmes. Seu design reduziu os ferimentos e também diminuiu o problema do lixo na beira da estrada formado pelas argolas removíveis. O dispositivo de Cudzik usava um anel separado, preso à superfície de cima como uma alavanca para soltar a parte marcada da tampa, dobrando-o no topo da lata e fora do caminho da abertura.

Impacto comercial

Como resultado do design original de Fraze, as vendas da Iron City aumentaram 233% em um ano. Outro gigante nacional dos Estados Unidos, a Schlitz também adotou as novas tampas. Os anéis de lata acrescentaram de um a cinco centavos de dólar ao custo de cada embalagem com 6 latas para o produtor, o que talvez tenha sido um motivo para a relutância em usá-las. Embora sejam hoje um sustentáculo da indústria de bebidas, muita gente achou que eram apenas mais uma moda efêmera.

Porém, logo ficou evidente que a invenção não era um artifício passageiro, uma vez que outras empresas de cerveja e refrigerantes começaram a demonstrar interesse pelos anéis de puxar. Em junho de 1963, 40 marcas estavam usando as argolinhas, e em 1965 estas haviam sido adotadas por 75% das cervejarias americanas. Começaram também a ser usadas em algumas latas de óleo, bem como em latas de sopa e de ração para animais de estimação.

Era fácil usar as argolinhas. Uma mulher de unhas pintadas abre uma lata sem danificá-las.

Cortesia de imagens de arquivos da Pittsburgh Brewing Company

Apesar de toda a sua conveniência, os anéis criaram muita polêmica, em especial por seu impacto ambiental. Durante dez anos, as pessoas abriram as latas arrancando as abas e jogando-as fora. As abas descartadas eram um perigo para os animais silvestres, que morriam por ingestão de pedaços de metal. Havia casos também de pessoas engasgando com o anel por deixá-lo cair sem querer dentro da bebida. O anel fixo resolveu o problema e é o dispositivo de abertura que conhecemos hoje.

Logo ficou evidente que a invenção não era um artifício passageiro, uma vez que mais empresas de cerveja e refrigerantes começaram a demonstrar interesse pelos anéis de puxar. Em junho de 1963, 40 marcas estavam usando as argolinhas, e em 1965 estas haviam sido adotadas por 75% das cervejarias americanas.

Marcas como a Coca-Cola aderiram ao anel de puxar com grande entusiasmo. O gigante de refrigerantes distribui por dia atualmente 1,6 bilhão de unidades de bebida no mundo, a maioria delas latas e garrafas. O anel transformou a distribuição da Coca-Cola e de outras empresas de bebidas – incluindo a maioria das marcas de cerveja –, oferecendo aos consumidores uma maneira de abrir latas sem incômodo.

O que aconteceu em seguida?

Com o crescente debate sobre os danos ambientais causados pelas embalagens de alimentos e bebidas, e a proliferação da reciclagem, você seria perdoado por expressar preocupação com o futuro das latas de bebida, que são o hospedeiro mais comum do anel de puxar. O alumínio é, entretanto, o metal mais abundante na crosta terrestre, e a lata de bebida de alumínio é a embalagem mais reciclada no mundo. Tendo isso em mente, o anel de puxar parece pronto para dominar a indústria de bebidas nos próximos anos.

Desde o aperfeiçoamento, em 1975, para um anel fixo, seu design mudou muito pouco, e fabricantes e consumidores permanecem igualmente satisfeitos com o modelo. Um número cada vez maior de latas de alimentos é produzido atualmente com anéis de puxar, permitindo às pessoas um acesso mais fácil ao conteúdo. E hoje o dispositivo é usado em outros recipientes, como os tubos de bolas de tênis. Apesar de seu tamanho reduzido, a invenção de Frazer revolucionou a indústria comercial de alimentos e bebidas de maneira permanente.

8

O telefone com discagem por tom

Quando: 1963

Onde: Estados Unidos

Por que: Os telefones com discagem por tom mudaram a maneira como o serviço ao cliente é distribuído no mundo e abriram o caminho para tecnologias como a telefonia através de conexão pela internet (Voice over Internet Protocol – VoIP) e o telefone celular

Como: A Bell Laboratories criou uma nova maneira de conectar chamadas combinando dois tons separados para cada número

Quem: Técnicos da Bell Labs

Fato: O telefone com discagem por tom reduziu o tempo mínimo para discar um número de dez dígitos de 11,3 segundos para menos de um segundo

O telefone com discagem por tom foi introduzido como uma maneira mais rápida e conveniente de fazer chamadas, mas seu impacto se estende além desse objetivo: a tecnologia de discagem por tom revolucionou o mundo dos negócios e criou a base para a telefonia celular.

Os antecedentes

Antes do telefone com discagem por tom, um sistema chamado "discagem por pulso" era usado para conectar os clientes, tendo sido elaborado para os telefones com discos. Quando um número era discado nesse sistema, ele era representado por uma série de "cliques" feitos pela rápida interrupção do tom contínuo, e esses cliques informavam à rede o número que estava sendo discado.

Embora extremamente confiável, a discagem por pulso tinha alguns defeitos frustrantes. Os telefones com disco eram muitas vezes volumosos e incômodos, e discar um número era uma ação lenta e trabalhosa, porque o usuário precisava esperar que o disco voltasse à posição inicial antes de discar um novo número. Além disso, os telefonemas de longa distância exigiam um operador para auxiliar o autor da chamada, pois a distorção telegráfica significava que os "cliques" ficavam misturados.

Levando isso em consideração, os pesquisadores da Bell Laboratories (o braço de pesquisa e desenvolvimento da empresa de telecomunicações americana AT&T) começaram a procurar um novo padrão que eliminasse esses problemas e permitisse que as conexões fossem feitas com mais rapidez, melhorando também a discagem. Por volta de 1960, eles iniciaram os primeiros testes com o sistema de discagem de multifrequência de tom duplo, o DTMF (Dual-Tone Multi-Frequency).

Os telefones com disco eram muitas vezes volumosos e incômodos, e discar um número era uma ação lenta e trabalhosa, porque o usuário precisava esperar que o disco voltasse à posição inicial antes de discar um novo número.

O sistema, baseado numa tecnologia semelhante à que é usada pelos operadores da AT&T para conectar clientes em ligações de longa distância, representava cada número com um tom que compreendia uma combinação de duas frequências diferentes. Isso significava que as conexões podiam ser feitas muito mais rapidamente, e permitia aos autores das chamadas conectar-se sozinhos em chamadas de longa distân-

O aparelho de discagem por tom 2500 Set. Dez botões substituem o disco convencional no novo telefone com discagem por tom da Bell Telephone Systems.

Reimpresso com permissão da Alcatel-Lucent USA Inc.

cia pela primeira vez. Isso também significava que a Bells Labs podia finalmente completar outra invenção: o telefone com teclas, que usava números separados em vez de um disco; a Bells Labs começara a pesquisar o telefone com teclado nos anos 1950, mas lhe faltava o protocolo para fazê-lo funcionar.

A Bells Labs e a Western Electric apresentaram o telefone com discagem por tom pela primeira vez na World's Fair, em Seattle, em 1962, e o demonstraram pedindo aos visitantes para discar um número num telefone com disco e depois discá-lo novamente no teclado por tom para verificar quantos segundos eles poupavam. Em 1963, o primeiro telefone com discagem por tom foi posto à venda ao público em Carnegie e Greenberg, na Pensilvânia. O Western Electric 1500 tinha dez teclas e exigia uma pequena bateria extra para se conectar ao sistema DTMF. Logo depois, foi lançado um modelo com 12 botões, contendo as teclas estrela (*) e cerquilha (#) para proporcionar mais funcionalidade, dando ao teclado a forma que mantém até hoje.

Impacto comercial

O mundo dos negócios rapidamente esquentou com a facilidade de uso, e a rapidez da nova tecnologia e a capacidade de armazenar números e trocar de ligação ao toque de um botão. Ao mesmo tempo, usuários domésticos descobriram várias vantagens nos telefones com discagem por tom – incluindo a secretária eletrônica, que nunca havia sido possível com os antigos telefones de disco.

Em 1979, os telefones com discagem por tom substituíram os telefones com disco como escolha da maioria dos usuários no mundo, e nos anos 1980 a AT&T fabricou seus últimos telefones com disco giratório. Em meados dos anos 1990, estes haviam se tornado raridades, e uma escolha de apenas alguns tradicionalistas que se recusavam a se submeter à força das mudanças. Apenas dois anos depois de a indústria de telefones dos Estudos Unidos ser desregulamentada, em 1984, todas as casas do país tinham um telefone com discagem por tom.

A tecnologia de discagem por tom facilitou o surgimento de vários novos tipos de telefone, notadamente o telefone sem fio. De início, parecia que o aparelho sem fio não passaria de uma moda passageira – as vendas nos Estados Unidos dispararam para 850 milhões de dólares em 1983 e caíram para 325 milhões de dólares em 1984. Mas aos poucos, o mercado se firmou e a procura começou a aumentar. De acordo com dados de uma pesquisa da ABI,* a venda de telefones sem fio gerou 5,2 bilhões de dólares em 2009, valor que terá uma queda de 20% em 2014. A instituição de pesquisa concluiu que o mercado global de telefones sem fio retrairá e valerá aproximadamente 1 bilhão de dólares em 2014; e acrescentou que os novos telefones sem fio digitais, propícios a banda larga, vão estancar o lento e contínuo declínio de algum modo, enquanto os celulares e o crescimento dos smartphones vão morder sua fatia do mercado.

---

*ABI Research é uma empresa especializada em pesquisas de marketing. Não confundir com a homônima do Brasil, a Associação Brasileira de Imprensa. (*N. do E.*)

Usuários domésticos descobriram várias vantagens nos telefones com discagem por tom – incluindo a secretária eletrônica, que nunca havia sido possível com os antigos telefones de disco.

Além disso, o desenvolvimento do teclado para discagem por tom, com sua combinação de teclas que economizou espaço, foi uma etapa necessária para o desenvolvimento do telefone celular. Embora os aparelhos móveis só tenham alcançado uma posição comercial significativa nos anos 1980, o mercado cresceu de maneira desproporcional desde então – especialistas previram que as vendas globais chegariam a 1,7 bilhão de unidades em 2011.

Mais recentemente, a tecnologia de discagem por tom acelerou o desenvolvimento da tecnologia Voice over Internet Protocol (VoIP) – um sistema para telefonar por meio de conexão de internet de banda larga, surgido em 2004. Os sistemas VoIP copiaram o teclado da discagem por tom, e a tecnologia VoIP é compatível com todos os aparelhos de discagem por tom. A VoIP é extremamente atraente para os negócios, porque oferece taxas de ligação baratas e facilita as teleconferências; além disso, serve de base para a tecnologia utilizada nos serviços de videoconferência, como o Skype. De acordo com dados do In-Sat, os gastos globais com a VoIP móvel vão ultrapassar os 6 bilhões de dólares em 2015 – uma prova do enorme potencial desse mercado.

Embora a VoIP seja uma inovação bastante recente, empresas em todo o mundo têm se beneficiado da tecnologia de discagem por tom desde que esta surgiu, nos anos 1980 – do serviço que oferece ao cliente. O sistema de discagem por tom, baseado na frequência, permite ao autor da chamada comunicar-se diretamente com um computador usando o teclado, o que significa que a seleção automática do menu durante as chamadas tornou-se possível. Isso permite aos clientes discar em ramais ou realizar funções básicas sozinhos, sem a assistência de um telefonista ou atendente. As empresas descobriram que substituindo funcionários dedicados por esses "atendentes automatizados" conseguem economizar enormes quantias por meio do serviço ao cliente, permitido pela discagem por tom. Ao mesmo tempo são capazes de lidar com um volume maior de chamadas.

À medida que os computadores ficaram mais sofisticados, os serviços bancários por telefone – em que os clientes realizam operações como checar o saldo e transferir dinheiro sem a assistência de uma pessoa presente tornavam-se possíveis. Juntamente com inovações como a Transferência Eletrônica de Fundos, isso significou que o banco 24 horas finalmente se tornou uma realidade, aumentando muito a eficiência dos negócios.

Seria de se supor que, como os telefones com discagem por tom realizam muitas funções de chamadas antes cumpridas por recepcionistas e secretárias, milhares de pessoas desse campo de trabalho perderiam seus empregos. Mas até agora parece que isso não aconteceu; na verdade, um relatório da Associação Nacional de Recepcionistas dos Estados Unidos afirmou que o número de recepcionistas empregados no país aumentou de 851 mil, em 1980, para 900 mil uma década depois. O número de recepcionistas nos EUA ultrapassa hoje 1 milhão; isso é uma prova de que, apesar do impacto comercial da tecnologia da discagem por tom, esta não prejudicou um dos maiores setores de emprego no mundo.

O que aconteceu em seguida?

A discagem por tom ainda é a tecnologia dominante usada para realizar chamadas, e tem permitido diretamente outros saltos na tecnologia das comunicações, sendo, talvez, o mais importante deles a invenção do telefone celular. Há anos o telefone de disco se tornou um símbolo de antiguidade, enquanto o teclado se tornou onipresente nos aparelhos de comunicação.

A discagem por tom sempre receberá o crédito de ter simplificado a forma como todos nos comunicamos.

Mas a hegemonia enfrenta o desafio permanente do crescimento da internet, que para muitas pessoas substitui hoje o telefone como principal método de comunicação. O e-mail, as mensagens instantâneas e a mídia social parecem ser parcialmente responsáveis pelo tradicional declínio constante das linhas fixas nos últimos tempos, com a utilização caindo aproximadamente 6% ao ano nos Estados Unidos desde 2000 e tendências semelhantes sendo observadas na Europa. Na verdade, surgiram tecnologias que usam as cada vez mais redundantes tomadas de telefone fixo, como uma luminária que utiliza a eletricidade que corre na tomada para funcionar.

Os próprios telefones celulares podem se tornar uma ameaça ao sistema DTMF de conectar ligações; a crescente conectividade dos smartphones com a internet está tornando o protocolo menos essencial, uma vez que as chamadas e mensagens podem ser conectadas a redes de internet móvel; o Skype lançou um smartphone com VoIP em 2008 e muitos outros modelos hoje incluem aplicativos de VoIP, em concorrência direta com protocolos mais antigos.

Se as novas tecnologias provarão ser o anúncio de morte dos sistemas de discagem por tom ainda não se sabe, mas precisamos apenas observar o fim gradual dos telefones com disco giratório para saber que mesmo uma tecnologia arraigada pode rapidamente se tornar obsoleta. Entretanto, a discagem por tom receberá sempre o crédito de ter simplificado a forma como todos nós nos comunicamos.

9

A política de oportunidades iguais

Quando: 1964, com a aprovação da Lei de Direitos Civis

Onde: Estados Unidos

Por que: a política de oportunidades iguais ajudou grupos de minorias a obter oportunidades e representatividade em seus locais de trabalho

Como: Movimentos sociais e políticos

Quem: Todos, de Martin Luther King à greve de trabalhadores da Ford em Dagenham

Fato: Em média, as mulheres ganham apenas 80% do salário recebido pelos homens

Foi Charles de Montesquieu quem observou que "todos os homens nascem iguais, mas não conseguem permanecer nessa igualdade. A sociedade os faz perdê-la." Sua premissa – de que a desigualdade faz parte da vida diária e é uma consequência inevitável do sistema social, econômico e político que os seres humanos criam – foi uma ideia popular que permaneceu obstinadamente vigente durante mais de 2 mil anos – e alguns diriam que existe até hoje.

Mas pessoas mais sensatas aceitam hoje que a desigualdade não tem que ser uma consequência "normal" da vida, e que se ela continuar existindo (especialmente em locais de trabalho), vai se tornar cada vez mais inaceitável. Originalmente associado à igualdade feminina, o conceito de igualdade cobre hoje uma série de circunstâncias e características, incluindo idade, deficiências, gênero sexual, raça, religião e crença, orientação sexual e direitos humanos.

Os antecedentes

Em meados do século XX, o mundo ainda era um lugar bastante desigual – e em nenhum lugar a desigualdade e a discriminação eram mais comuns do que nos Estados Unidos. O país lutara uma guerra civil pela questão da escravidão negra quase cem anos antes, mas, embora os abolicionistas a tivessem vencido, e os escravos tivessem sido libertados, a segregação continuava sendo corriqueira em escolas, hospitais, hotéis e restaurantes de todo o país.

A discriminação sexual era quase tão desenfreada quanto a racial. As mulheres americanas só haviam ganhado o direito de voto em 1920, e a grande maioria da população feminina não trabalhava. Aquelas que trabalhavam eram grosseiramente subvalorizadas; para cada dólar ganho por um homem, uma típica trabalhadora mulher recebia 60 centavos.

Nos anos 1950, a maré finalmente começou a virar. Em 1954, o governo dos Estados Unidos derrubou uma decisão judicial de 1896 que legitimava a segregação racial "separada, porém igual". Em 1955, Rosa Parks, uma mulher negra de Montgomery, Alabama, foi presa por se recusar a ceder seu assento no ônibus para uma pessoa branca; em resposta, a comunidade local, liderada pelo reverendo Martin Luther King Jr., lançou um boicote aos ônibus. King se tornou uma figura-chave no movimento por direitos civis nos Estados Unidos, orquestrando uma série de protestos perturbadores, porém pacíficos, contra a desigualdade endêmica no país.

Os esforços de King e de seus seguidores foram recompensados em 1964, quando o Congresso aprovou a Lei de Direitos Civis – uma parte revolucionária da legislação cujo efeito propagador seria sentido no mundo inteiro. Originalmente encabeçada pelo presidente John F. Kennedy e complementada por seu sucessor, Lyndon Johnson, a lei tornou a discriminação no trabalho – baseada em sexo, raça ou etnia – ilegal em empresas com mais de 15 funcionários, pondo fim à segregação racial nos locais de trabalho. Apenas um ano antes, o Congresso aprovara a Lei de Igualdade de Pagamento, que proibiu diferenças salariais com base no gênero sexual; na questão da igualdade, os Estados Unidos eram naquela época um líder mundial.

> **Em 1964, [...] o Congresso aprovou a Lei de Direitos Civis – uma parte revolucionária da legislação cujo efeito propagador seria sentido no mundo inteiro.**

Mas o resto do mundo logo seguiu o exemplo. No Reino Unido, a primeira grande lei foi a Lei de Igualdade de Pagamento, de 1970, aprovada imediatamente após a greve das costureiras da Ford, que explodiu em 1968 (recentemente lembrada no filme *Revolução em Dagenham*), quando as trabalhadoras descobriram que estavam ganhando 15% menos que os homens na mesma função. A greve na Ford levou à formação da Comissão Nacional de Ação Conjunta para os Direitos Iguais das Mulheres, que realizou uma manifestação por salários iguais na Trafalgar Square, em 1969.

A Lei de Igualdade de Pagamento entrou em vigor em 1975, no mesmo ano em que foi aprovada a Lei de Discriminação Sexual, que tornou ilegal a discriminação com base em sexo ou status conjugal em contratações, promoções e treinamentos. A essa altura, a Grã-Bretanha já ingressara na União Europeia (em 1973). Portanto, já era obrigada a observar o Artigo 119 do Tratado de Roma, de 1957, que estabelecera que homens e mulheres deveriam receber pagamentos iguais por trabalhos iguais. Mas a Grã-Bretanha estava determinada a mostrar que isso teria consequências nos negócios e que podia tomar grandes decisões sem a orientação da Europa. Assim, o governo conservador criou a Comissão de Oportunidades Iguais (EOC, na sigla em inglês), cujo papel principal era impedir a discriminação sexual e promover a igualdade entre os sexos.

O estabelecimento da EOC foi o precursor de uma série de leis que consolidaram a noção de que a igualdade de oportunidades deveria, no futuro, ser uma norma para o povo britânico. Primeiro veio a Lei das Relações Raciais, que tornou ilegal a discriminação com base em raça, cor, nacionalidade ou origem étnica ou nacional. Depois veio a

A pouco conhecida greve das costureiras da Ford, em 1968.

Getty Images

Lei de Igualdade de Pagamento, de 1983, que retificou a lei de 1970 introduzindo o conceito de "valor igual". A Lei de Discriminação por Deficiência, de 1995, continha provisões semelhantes às das leis de discriminação anteriores, mas também exigia que os empregadores fizessem "ajustes razoáveis" em premissas ou práticas de trabalho para permitir que uma pessoa deficiente fosse empregada. Mais recentemente, a Lei da Igualdade, de 2010 – que consolidou toda a legislação antidiscriminação existente no Reino Unido –, abriu o caminho para a abolição de uma idade pré-determinada para a aposentadoria, o que significa que trabalhadores não podem ser forçados a se aposentar por terem chegado a uma idade avançada.

Impacto comercial

Graças em grande parte à série de leis de igualdade recentes, o número de mulheres empregadas em horário integral no Reino Unido aumentou mais de um terço nos últimos 25 anos, e a história é semelhante em outros lugares; nos Estados Unidos, por exemplo, quase 60% das pessoas empregadas são mulheres.

Muitos argumentariam que o aumento do número de mulheres trouxe benefícios consideráveis para os negócios. O relatório de uma pesquisa da Comissão Europeia de 2003, intitulado "Os Custos e Benefícios da Diversidade", afirmou que 58% das empresas que implementaram programas de diversidade testemunharam uma melhoria na motivação dos funcionários. Além disso, 57% se beneficiaram de uma satisfação maior dos clientes e 69% melhoraram a imagem de suas marcas.

Embora seja difícil mensurar o benefício financeiro resultante da presença de mulheres em locais de trabalho, vários estudos acadêmicos e profissionais apresentaram provas claras. Por exemplo, um relatório de 2004 da empresa de pesquisas Catalyst, baseado no exame de políticas de diversidade em 353 das quinhentas maiores empresas relacionadas pela *Fortune* apontou que o melhor desempenho financeiro era diretamente proporcional ao número de mulheres empregadas em funções importantes de tomada de decisões. Além disso, estatísticas divulgadas em 2006 mostraram que o aumento do número de trabalhadoras contribuiu mais para o crescimento do PIB global nos anos 1980 e 1990 do que novas tecnologias ou do que o surgimento dos gigantes globais China e Índia.

As mulheres não são as únicas a se beneficiar das recentes leis de igualdade; trabalhadores mais velhos também se beneficiaram. De acordo com um relatório publicado em março de 2011, o número de pessoas com mais de 65 anos que trabalham dobrou na última década. E, assim como as mulheres que entraram no mercado, os funcionários mais velhos que continuaram trabalhando proporcionaram ganhos financeiros genuínos; o mesmo relatório afirmou que os trabalhadores com mais de 65 anos deram uma contribuição líquida de 40 bilhões de libras à economia britânica em 2010, e que esse valor deve chegar a 77 bilhões de libras em 2030.

> **Um relatório de 2004 [...] baseado no exame de políticas de diversidade em 353 das quinhentas maiores empresas relacionadas pela *Fortune* apontou que o melhor desempenho financeiro era diretamente proporcional ao número de mulheres empregadas em funções importantes de tomada de decisões.**

Porém, outros grupos de minorias foram menos beneficiados pela legislação de igualdade introduzida nas últimas décadas. Muitos acreditam que a comunidade negra, cuja luta por um tratamento justo catalisou o movimento por direitos civis há cinquenta anos, ainda precisa assegurar uma paridade genuína. Esse sentimento parece advir de estatísticas sobre emprego; em janeiro de 2010, o Instituto para Pesquisas de Política Pública revelou que quase metade da população negra da Grã-Bretanha com idade entre 16 e 24 anos estava desempregada.

Além disso, muitos líderes empresariais britânicos acreditam que as atuais leis antidiscriminação representam um fardo excessivo sobre as empresas numa época em que muitos estão lutando para sair do redemoinho da recessão. De fato, uma pesquisa do próprio governo, divulgada em 2010, antes da Lei da Igualdade, mostrou que o custo de apenas ajudar as empresas britânicas a entender a nova legislação seria de 190 milhões de libras.

Fora isso, centenas de empresas e organizações têm visto seus lucros sendo consumidos pelo custo legal resultante de casos de discriminação. Esse custo continua a aumentar à medida que a pauta da igualdade alcança novas áreas. Em 2009, por exemplo, a varejista de moda Abercrombie & Fitch foi levada ao tribunal quando a vendedora Riam Dean, de 22 anos, alegou que havia sido banida para o estoque depois de seus chefes descobrirem que ela tinha um braço protético que não combinava com a política da marca de contratar apenas "pessoas bonitas". Dean, que basicamente estava alegando discriminação baseada em aparência física, ganhou o caso e foi indenizada em um total de 9.014 libras, incluindo 136 libras por danos, 7.800 libras por ofensa a seus sentimentos e 1.007 libras por perda de salário.

O que aconteceu em seguida?

Claramente, ainda há muito trabalho a ser feito antes que a questão da igualdade seja resolvida para satisfação de todos. Embora a força de trabalho feminina tenha aumentado consideravelmente nos últimos anos, o salário médio da mulher ainda corresponde a apenas 80% do salário do homem médio; na indústria financeira, a distância salarial entre os sexos chega a enormes 60%. Além disso, parece que as mulheres ainda são mal representadas nas diretorias – em 2010, apenas 12,5% dos cargos de diretoria nas empresas do FTSE 100* eram ocupados por mulheres.

A situação parece ainda mais desigual para outros grupos de minoria. Os deficientes, por exemplo, parecem estar ainda a uma certa distância de um tratamento justo. A instituição de caridade Leonard Cheshire afirmou recentemente que, considerando as 10 milhões de

---

* Índice do FSTE (junção do grupo Financial Times com a London Stock Exchange) que reúne as 100 maiores empresas de capitalização volátil da Bolsa de Londres.

pessoas do Reino Unido que têm algum tipo de deficiência, candidatos a empregos sem deficiência tinham o dobro de chances em relação a candidatos deficientes de serem chamados para uma entrevista de emprego. A discriminação com base na orientação sexual continua sendo uma questão igualmente delicada; em julho de 2011, um porta-voz do London Gay and Lesbian Switchboard declarou que o tratamento injusto e a perseguição ainda eram uma realidade da vida profissional "em todos os níveis".

Claramente, ainda há muito trabalho a ser feito antes que a questão da igualdade seja resolvida para satisfação de todos.

Por outro lado, empresas continuam a fazer pressão afirmando que a lei agora passou a ser injusta em relação à capacidade delas de escolher as pessoas que desejam. Em particular, elas citam os regulamentos da Europa – como os Regulamentos de Igualdade (de idade) no Emprego, que passaram a vigorar em 2006, determinando que empregadores não podem usar palavras como "dinâmico" em seus anúncios de contratação pois seria discriminação, proibindo os empregadores de perguntar a idade dos candidatos e proibindo-os também de especificar um nível de "experiência" pois poderia discriminar candidatos mais jovens.

Muitos empregadores se queixam de não poder perguntar se um candidato a um emprego é deficiente antes de entrevistá-lo, mesmo que, na prática, a candidatura seja totalmente inapropriada. Por exemplo, mesmo com todas as "adaptações razoáveis" do mundo, seria muito improvável que um bombeiro, por exemplo, pudesse ter problemas de visão ou de mobilidade.

Portanto, o caminho para a igualdade continua longo e penoso. Mas se considerarmos onde estávamos há 50 anos, fica claro que enormes passos foram dados desde a aprovação da Lei de Direitos Civis, e poucas pessoas argumentariam contra a afirmação de que as mudanças proporcionaram consideráveis benefícios gerais aos negócios – e à sociedade como um todo.

10

Videoconferência

Quando: 1964	
Onde: Estados Unidos	
Por que: As ferramentas para conferência instantânea significaram que executivos já não precisavam voar pelo mundo para ir a uma reunião	
Como: A AT&T usou a World's Fair como plataforma para revelar um tipo revolucionário de telefone que podia mostrar imagens	
Quem: AT&T	
Fato: Especialistas preveem que o valor da indústria de videoconferência aumentará mais de 5% ao ano entre 2010 e 2016	

Quando visitantes da World's Fair de 1964 entraram no pavilhão da AT&T, devem ter sentido como se estivessem chegando ao futuro. Os participantes eram convidados a experimentar o Picturephone, um estranho e novo tipo de telefone que mostrava uma imagem em vídeo da pessoa do outro lado da linha. Considerando que muitas casas ainda não tinham televisão em meados dos anos 1960, isso era um salto incrível.

O público já havia usado durante décadas linhas de extensão, em que mais de duas pessoas podiam participar de uma chamada telefônica, mas ver a pessoa com a qual você estava falando numa tela era um conceito estranho. O Picturephone abriu uma nova fronteira na indústria das comunicações, e seu legado sobrevive nas ferramentas de videoconferência que hoje competem – e complementam – com a moderna conferência por telefone e as ferramentas de vídeo em tempo real da tecnologia Voice over Internet Protocol (VoIP), como o Skype.

Os antecedentes

Para a maioria do público em geral, o conceito de um telefone que podia mostrar imagens em vídeo teria parecido fantasioso antes de 1964. Porém, a tecnologia estava sendo desenvolvida há mais de 40 anos. A Bell Laboratories, braço de pesquisa da AT&T, começou a trabalhar a tecnologia para enviar imagens com telefonemas nos anos 1920. Em 1927, a Bell Labs usou linhas de telefone para transmitir imagens de televisão ao vivo do secretário do Comércio Americano, Herbert Hoover de Washington para Nova York. Os Estados

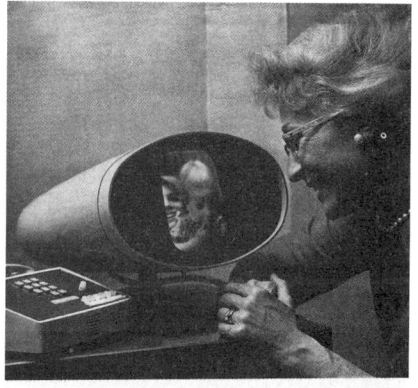

O Picturephone da Bell, revelado em 1964.

Advertising Archives

Unidos não foram o único país a "pôr o dedo na água": no fim dos anos 1930, os correios alemães desenvolveram um sistema rudimentar que consistia de dois sistemas de televisão em circuito fechado ligados por cabo ou rádio.

Porém, só nos anos 1950, depois da invenção do transistor e da queda do preço das câmeras e dos tubos de imagem foi que o conceito da tecnologia em vídeo tornou-se viável e o desenvolvimento começou de fato. Em 23 de agosto de 1955, dois prefeitos no estado da Califórnia, a 1.600 m de distância um do outro, conversaram via videofone. No ano seguinte, a Bell Laboratories concluiu seu primeiro sistema de videoconferência bilateral, o Picturephone.

Mas essa versão inicial era repleta de defeitos; transmitia apenas uma imagem a cada dois minutos e excedia mais de trezentas vezes a largura típica da banda de um telefone. A Bell e a AT&T precisaram de mais oito anos de ajustes e aprimoramentos para que o aparelho, conhecido como Mod1, estivesse pronto para uso. O projeto final consistia de um tubo de imagem de raios catódicos, um tubo de câmera vidicon, dispositivos para varredura e sincronização e um alto-falante.

Qualquer esperança que a AT&T tinha de lançar o Picturephone foi descartada devido a seu custo exorbitante; uma ligação de três minutos de Washington para Nova York custava 16 dólares.

No início dos anos 1960, os Estados Unidos já estavam acordando para o potencial das campanhas de marketing ostensivas e combinadas, e quando o Picturephone finalmente foi revelado, em 1964, a AT&T o divulgou e o promoveu com tudo o que podia. A empresa realizou uma cerimônia grandiosa de lançamento em Washington, com a primeira-dama, Lady Bird Johnson, fazendo a primeira chamada para um cientista da Bell Labs em Nova York.

Depois veio o estande na World's Fair: a AT&T ligou o Picturephone em seu pavilhão de exposição e criou uma cabine semelhante na Disneyworld, na Califórnia. Os participantes da World's Fair eram convidados a fazer uma videochamada para outro lugar do país e depois eram entrevistados por profissionais de marketing sobre a experiência.

Os problemas ficaram aparentes logo que os voluntários da World's Fair apresentaram suas respostas; eles disseram que os controles eram instáveis e que a imagem não era grande o bastante. Além disso, qualquer esperança que a AT&T tinha de lançar o Picturephone foi descartada devido a seu custo exorbitante; uma ligação de três minutos de Washington para Nova York custava 16 dólares.

Em 1970, a AT&T lançou o Picturephone de novo, desta vez com testes entre várias cidades. A nova versão, o Mod II, tinha uma tela maior e os controles eram supostamente mais simpáticos ao usuário. Além disso, havia um "recurso de zoom" e um telefone de discagem por tom com 12 botões. Mas ainda era caro: 125 dólares por mês, mais 21 dólares por cada minuto. Novamente o produto fracassou.

Ainda assim, a AT&T foi em frente. Em 1972, profissionais de marketing da empresa estavam sonhando em vender 3 milhões de unidades e obter 5 bilhões de dólares em faturamento nos anos 1980, números citados na revista de telefone da Bell Labs. Mas logo ficou claro que isso não se concretizaria. No fim dos anos 1970, a AT&T empurrou para o mercado um novo nome, o Picturephone Meeting Service – garantindo uma sigla bastante infeliz (PMS, sigla em inglês, para tensão pré-mestrual). A equipe de marketing da AT&T lançou o produto para clientes empresariais, que teoricamente teriam mais dinheiro do que os consumidores comuns; mas ainda assim o produto estava além do alcance financeiro das massas.

A PictureTel Corp lançou um sistema de videoconferência nos anos 1980, quando a ISDN (sigla em inglês para Rede Integrada de Serviços digitais) tornou possível a telefonia digital. Depois, em 1992, a AT&T produziu o VideoPhone2500, o primeiro videofone a cores do mundo capaz de usar linhas telefônicas domésticas. Custando a "pequena" quantia de 1.500 dólares, o produto foi recolhido três anos depois, por falta de venda.

Impacto comercial

Hoje, a indústria da videoconferência é um dos mercados de tecnologia de informação e comunicação que cresce mais rápido no mundo. Estima-se que existam mais de 1 milhão de terminais de telepresença e videoconferência instalados no mundo – e cada vez mais –, cobrindo de tudo: de instituições financeiras a hospitais.

Cada vez mais as empresas estão buscando maneiras mais sofisticadas de se comunicar com colegas, clientes e parceiros, e os problemas econômicos globais dos últimos anos só fizeram aumentar o interesse pela videoconferência e o seu uso como solução para economizar o dinheiro gasto em viagens e melhorar o equilíbrio da vida profissional dos trabalhadores. A videoconferência também criou a possibilidade de negócios virtuais, com diretores geograficamente dispersos e interagindo por meio de uma variedade de tecnologias de comunicação.

> **Hoje, a indústria da videoconferência é um dos mercados de tecnologia da informação e comunicação que cresce mais rápido no mundo.**

E há também os supostos benefícios ambientais da videoconferência em relação às viagens, como a emissão de carbono. O "SMART 2020: Enabling the Low Carbon Economy in the Information Age", um relatório de 2008 da organização independente e sem fins lucrativos The Climate Group em favor da Iniciativa de e-Sustentabilidade Global (GeSI) estimou que a tecnologia de informação e comunicação reduziria as emissões globais de carbono em 15%.

Esses benefícios para os negócios têm tido um enorme impacto no tamanho e no valor do mercado. O faturamento global com os sistemas de videoconferência e telepresença cresceu de 1,86 bilhão de dólares, em 2009, para 2,2 bilhões de dólares em 2010, de acordo com a empresa de pesquisas de mercado Infonetics. Além disso, a empresa previu em março de 2011 que o faturamento mais do que dobrará em 2015, chegando a 5 bilhões de dólares. Já a empresa de pesquisas Gartner foi além, prevendo um valor de mercado de 8,6 bilhões de dólares em 2015.

A Cisco – depois da aquisição, por 3 bilhões de dólares, da empresa de comunicação em vídeo norueguesa Tandberg – e a Polycom são claramente os líderes do mercado de empreendimentos em videoconferência. A força da Polycom no mercado deriva pelo menos em parte de sua aquisição, em 2001, da PictureTel Corp, por 362 milhões de dólares em ações e dinheiro. Na época, o faturamento da PictureTel com videoconferência já passava de 400 milhões de dólares. Mais recentemente, a Polycom comprou a unidade de videoconferência da Hewlett Packard dentro da Visual Collaboration por 89 milhões de dólares.

Juntas, a Cisco e a Polycom são tidas como responsáveis por aproximadamente 80% do mercado. A Microsoft, depois de adquirir por 8,5 bilhões de dólares o Skype, em maio de 2011, poderá fazer progressos rapidamente. Outros nomes significativos que competem atualmente por participação no mercado desse universo em rápido crescimento incluem Aastra, Avaya, Huawei, Logitech, Sony e Vidyo, entre outros.

O que aconteceu em seguida?

Talvez o maior motivo pelo qual a videoconferência decolou tenha sido o custo cada vez menor dos equipamentos. O advento da tecnologia VoIP trouxe uma incrível redução do custo, e muitas empresas hoje acessam chamadas em vídeo via computador a uma fração do preço dos antigos sistemas autônomos.

Outro fator crucial é a globalização da economia. Atualmente, é comum empresas terem clientes no mundo inteiro; a videoconferência facilita a comunicação rápida com esses associados dispersos, além do toque pessoal do contato cara a cara.

Muitos governos estão hoje negociando acordos para adoção da videoconferência em larga escala; o governo espanhol, por exemplo, finalizou recentemente um acordo de muitos milhões de dólares com a Cisco. E à medida que o mercado se torna mais saturado e que os principais fornecedores brigam por espaço, cada empresa está desenvolvendo ofertas específicas, fazendo pacotes específicos para pequenas e grandes empresas.

A videoconferência facilita a comunicação rápida com [...] associados dispersos, além do toque pessoal do contato cara a cara.

Todos esses fatores criaram um panorama de comunicação totalmente diferente daquele no qual a AT&T tentou penetrar nos anos 1960. Seria totalmente inverídico dizer que o antigo Picturephone levou automaticamente às soluções de videoconferência de hoje em dia. Mas, ao abrir a chamada telefônica tradicional a imagens visuais, o Picturephone abriu uma janela para o futuro e permitiu ao mundo vislumbrar o que era possível. Sem ele, não teríamos a indústria de videoconferência de bilhões de dólares de hoje em dia.

11

A máquina de fax

Quando: 1964-66

Onde: Estados Unidos

Por que: A comunicação instantânea de documentos importantes transformou o mundo dos negócios

Como: A Xerox utilizou o potencial das linhas de telefone para criar o primeiro dispositivo de fac-símile realmente viável

Quem: Xerox

Fato: O mercado global de máquinas de fax cresceu mais de 1.300% entre 1983 e 1989

Poucas tecnologias descritas neste livro podem ostentar uma história tão longa e sinuosa quanto a máquina de fax. A primeira máquina de fax de mesa e comercial foi fruto de mais de 120 anos de desenvolvimento, representando uma das inovações mais ousadas e criativas do mundo. Mesmo depois de um período de incubação tão longo, a tecnologia não pôde fazer sucesso de um dia para o outro; a máquina de fax demoraria mais duas décadas para se tornar um artigo básico nos escritórios.

Mas, depois de esperar tanto pelo sucesso comercial, parece que ela estará presente por algum tempo. Na verdade, estima-se que 4 milhões de novas máquinas de fax ainda são vendidas a cada ano. O zumbido agudo de uma transmissão por fax pode já não ser tão comum num escritório hoje em dia, tendo perdido bastante espaço para o e-mail. Mas ainda está ali, e continua sendo parte de um futuro próximo.

Os antecedentes

Muito antes de o carro, o rádio e o telefone serem até mesmo imaginados, inventores estavam desenvolvendo antecessores rudimentares da moderna máquina de fax. O primeiro dispositivo de fac-símile foi criado nos anos 1840 por um inventor escocês chamado Alexander Bain. A máquina de Bain transmitia sinais elétricos para um pêndulo, que imprimia uma mancha marrom num papel quimicamente tratado em resposta ao estímulo.

O grande avanço de Bain provocou a imaginação de inventores do mundo inteiro, resultando em décadas de inovações. O inglês Frederick Bakewell exibiu um modelo de dispositivo de fac-símile que funcionava na Grande Exposição de 1851 no Palácio de Cristal, em Londres; dez anos depois, o italiano Giovanni Caselli inventou o pantelégrafo, o primeiro dispositivo de fac-símile comercial do mundo. Nos anos 1920, o americano Dr. Arthur Korn estava disparando imagens para os continentes usando seu sistema de varredura fotoeletrônica. Em 1922, Korn enviou uma imagem do Papa em Roma que apareceu na primeira página do *New York Times* apenas algumas horas depois.

> O fax não conseguiu saltar da imaginação científica para a realidade diária dos negócios [...] por causa dos obstáculos práticos das primeiras máquinas, incômodas e caras [...] E, o que talvez tenha sido mais importante, não havia realmente uma lacuna no mercado.

Mas, apesar de todos esses avanços, o fax não conseguiu saltar da imaginação científica para a realidade diária dos negócios. Em parte, isso aconteceu por causa dos obstáculos práticos das primeiras máquinas, incômodas e caras. Outro fator foi a atitude das autoridades: a Comissão Federal de Comunicações (FCC, na sigla em inglês) dos Estados Unidos só autorizou o desenvolvimento de máquinas de fax com objetivo comercial em 1948. E, o que talvez tenha sido mais importante, não havia realmente uma lacuna no mercado. Numa época anterior à globalização, as empresas em geral tinham claramente uma visão limitada, e poucas delas tinham alguma necessidade real de uma máquina que pudesse transmitir documentos por longas distâncias em minutos.

Mas depois, nos anos 1960, tudo começou a mudar. A Xerox – próspero fabricante de equipamentos de escritório que já fazia enorme sucesso com a primeira fotocopiadora de escritório automática do mundo – decidiu tentar algo ainda mais ambicioso: uma máquina de fax de custo compensador para o dia a dia das empresas.

A empresa vinha experimentando há mais de duas décadas a "xerografia", um processo que utilizava luz e eletricidade para imprimir uma imagem indelével em papel. Mas havia recuado devido à falta de sistemas de transmissão adequados. Até que, em 1961, o gigante das comunicações AT&T revelou o Telpak – um serviço de transmissão de baixo custo por meio de banda larga. De modo crucial, isso imbuiu na Xerox a crença de que o fax podia se tornar uma solução de negócio viável, acessível.

A Xerox implementou a máquina de fax de escritório em duas etapas cruciais. Primeiro, em 1964, introduziu o conceito de Xerografia de Longa Distância, ou LDX (na sigla em inglês). Essa tecnologia, produto de três anos de árdua pesquisa e desenvolvimento, baseava-se em um leitor de documentos para enviar a imagem, uma ligação com transmissão em banda larga para transportá-la e uma impressora de documentos para recebê-la. A imagem era lida pelo leitor antes de ser codificada em sinais eletrônicos e enviada pelo canal de banda larga.

A LDX era revolucionária, mas, assim como todos os dispositivos de fax que a precederam, não passou no teste da viabilidade comercial; de modo crucial, a tecnologia na qual a xerografia se baseava não era compatível com as linhas de telefone da época. Mas a Xerox, depois de ir tão longe, estava determinada em seguir adiante em sua missão e concluí-la.

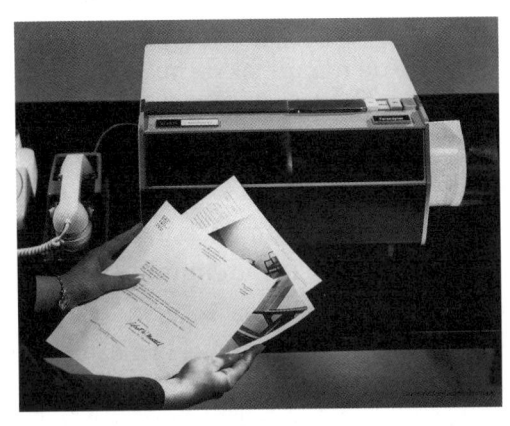

Em abril de 1966, a Xerox se uniu à Magnavox Company para desenvolver a Xerox MagnavoxTelecopier.

Cortesia da Xerox Corporation

Em abril de 1966, a Xerox se uniu à Magnavox Company para desenvolver a Xerox MagnafaxTelecopier, uma máquina de fax de mesa que, finalmente, utilizava linhas de telefone convencionais. Pesando pouco mais de 20 kg – uma fração do peso de suas antecessores –, a telecopiadora era ligada a circuitos de telefone por um acoplador acústico – um avanço relativamente simples que valia bilhões de dólares. A telecopiadora podia enviar uma mensagem de página inteira em seis minutos e uma assinatura para verificação em espantosos trinta segundos.

Impacto comercial

Na época em que a telecopiadora ficou pronta para o mercado, a Xerox vinha perseguindo a tecnologia do fax há mais de cinco anos – tempo de sobra para sua equipe de marketing planejar uma estratégia decente. Os profissionais de marketing da Xerox miraram no usuário típico, o ocupado administrador de escritório que dependia de um recebimento de informações rápido e preciso, e criaram sua mensagem promocional de acordo com ele. O sucesso da estratégia foi imediato. Em 1968, a Xerox havia rompido com a Magnafax e estava comercializando sua própria telecopiadora – e quase 30 mil máquinas de fax estavam em uso nos Estados Unidos no início dos anos 1970.

Mas, no contexto do mercado mundial de equipamentos para escritório, isso era uma gota d'água no oceano. E a máquina de fax ainda teve que esperar por seu período de primazia global. À medida que novos concorrentes, como a Exxon, entraram no mercado, cada um com seu próprio método de uso de linhas telefônicas, os padrões se tornaram confusos e muitas máquinas de fax eram simplesmente incapazes de se comunicar. Além disso, como disse Michael Smart, ex-gerente da Muratec e da 3M, "as máquinas eram grandes, barulhentas e soltavam fumaça".

> **Em 1983 [...] o protocolo Group 3 [...] estabeleceu um padrão único para a transmissão de faxes. Agora, toda máquina de fax se comunicaria sob os mesmos parâmetros; a era de ouro do fax havia realmente começado.**

No fim dos anos 1970, o fax ainda era relativamente uma raridade. Mas as engrenagens da inovação continuaram girando – desta vez, os propulsores estavam baseados no Japão, um país que viu o fax como um catalisador para sua próspera economia e como um canal conveniente para seu complexo alfabeto pictórico. Em 1983, o Comitê Consultivo de Telefonia e Telegrafia Internacional (CCITT), órgão internacional de comunicação, introduziu o protocolo Group 3, que estabeleceu um padrão único para a transmissão de faxes. Agora, toda máquina de fax se comunicaria sob os mesmos parâmetros; a era de ouro do fax havia realmente começado.

Entre 1983 e 1989, o número de máquinas de fax em uso no mundo disparou de 300 mil para mais de 4 milhões. No fim da década, disse

Michael Smart, "levava-se perto de dez segundos, e não os seis minutos anteriores, para transmitir cada folha ou documento". No mundo inteiro, escritórios estavam ao som daquele zumbido estridente.

Alguns empresários argumentam que a máquina de fax teve um impacto maior no mundo dos negócios do que o e-mail. Com certeza, o fax permitiu a comunicação multinacional instantânea, facilitando um crescimento substancial do comércio internacional.

O que aconteceu em seguida?

A máquina de fax não dominou o cenário dos escritórios por muito tempo; no fim dos anos 1990, um número cada vez maior de escritórios estava sendo fisgado pela internet e usando o e-mail para enviar documentos que antes tinham de ser enviados na forma física. Depois de esperar mais de um século por seu período de primazia, a máquina de fax estava sendo ultrapassada em pouco mais de uma década.

Hoje, levando em conta a predominância do e-mail, é fácil considerar a máquina de fax uma relíquia obsoleta dos anos 1980, aprisionada em seu tempo, assim como os walkmans e as ombreiras. Seria o caso de perguntar por que alguém precisaria de um aparelho caro, de som agudo e exclusivamente para fazer o trabalho de um e-mail, que pode zunir pelo mundo em nanossegundos e levar com ele documentos digitalizados.

Bem, na verdade, muita gente ainda tem essa necessidade. Muitos países e profissionais se recusam a aceitar uma assinatura eletrônica num contrato, portanto, assinaturas enviadas por fax ainda são necessárias. A máquina de fax também é capaz de transmitir bilhetes escritos à mão, que não podem ser enviados por e-mail. Por fim, o que talvez seja mais importante, os faxes são menos vulneráveis à intercepção do que os e-mails – uma grande vantagem para pessoas que querem enviar informações delicadas por longas distâncias.

Longe de serem derrubados pelo e-mail, os fabricantes de fax suportaram o golpe. Por exemplo, o fax sobre IP, ou "FoIP", permite ao usuário enviar uma mensagem de e-mail ou da internet para um servidor de fax capacitado. Os telefones com sistema Android têm funcionalidade para fax e Windows 7 agora vem com software para envio de fax. Muitas empresas contam atualmente com um servidor de fax que pode criar uma cópia eletrônica de um fax que chegou e encaminhá-la a funcionários em papel ou por e-mail. E vários fabricantes oferecem unidades multifuncionais, combinando o fax com outros equipamentos da rotina do escritório.

> ## Muita gente ainda tem essa necessidade [de uma máquina de fax]. Muitos países e profissionais se recusam a aceitar uma assinatura eletrônica num contrato, portanto, assinaturas enviadas por fax ainda são necessárias.

Essas vantagens e qualidades permitiram à máquina de fax preservar um papel relevante no mundo comercial. Em abril de 2011, um relatório da CBS afirmou que os Estados Unidos gastarão 55 milhões de dólares em novas máquinas ao longo deste ano. À medida que cada vez mais pessoas que dependiam de máquinas de fax se aposentam e são substituídas em cargos importantes por outras que só conhecem o e-mail, o quadro pode mudar; mas por hora a máquina de fax está firme no seu lugar.

12

A sacola plástica

Quando: 1965

Onde: Suécia

Por que: Sua durabilidade e custo levaram-na a se tornar uma parte essencial da indústria de supermercados

Como: A ideia de produzir uma sacola plástica simples e forte, com capacidade para suportar cargas pesadas, foi patenteada em 1965 pela empresa de embalagens suecas Celloplast

Quem: Sten Gustaf Thulin

Fato: Cerca de 1 milhão de sacolas plásticas são usadas a cada minuto no mundo

Desde que surgiram, no fim dos anos 1960, as sacolas plásticas revolucionaram a vida cotidiana no mundo inteiro. Feitas de polietileno, elas se tornaram o tipo mais comum de sacola de compras, ajudando milhões de pessoas a carregar objetos das lojas para sua casa e erradicando o antigo dilema das sacolas de papel que rasgam. Porém, nos últimos anos, essa ferramenta de conveniência revolucionária tem provocado um grande debate em torno de seu impacto ambiental. A questão sobre o que fazer com as sacolas plásticas depois de usá-las paira como uma nuvem escura e não degradável. Todo ano, milhões de sacolas que são jogadas fora acabam virando um lixo que demora mais de mil anos para se decompor. Campanhas como a "Banish the Bags" e a "I'm Not a Plastic Bag" têm sido lançadas no mundo inteiro numa tentativa de resolver esse problema crescente.

Os antecedentes

Embora a história do plástico tenha mais de cem anos, as sacolas plásticas só foram propriamente inventadas nos anos 1960. Na verdade, os pedidos de patente remontam aos anos 1950, quando foi produzido o primeiro saco para embalar sanduíches. Entretanto, a sacola de compras leve que conhecemos hoje foi fruto da imaginação do engenheiro sueco Sten Gustaf Thulin, que descobriu que era possível fazer sacolas de polietileno – formado por longas cadeias de monômeros de etileno – por um processo chamado extrusão e inflação por sopro de película. Ele desenvolveu a ideia de criar uma sacola simples a partir de um tubo plano de plástico para a empresa de embalagens sueca Celloplast, que o patenteou em 1965, obtendo o monopólio virtual sobre a produção de sacolas plásticas. A empresa expandiu e construiu fábricas na Europa e nos Estados Unidos. Porém, não demorou para que outros fabricantes percebessem o potencial das sacolas de polietileno, e a patente foi derrubada com sucesso em 1977 pelo grupo petroquímico americano Mobil. Isso levou uma série de empresas a explorar a oportunidade de apresentar sacolas convenientes a todas as grandes lojas.

Embora a história do plástico tenha mais de cem anos, as sacolas plásticas só foram propriamente inventadas nos anos 1960.

Em 1969, pães e outros produtos eram vendidos em sacos plásticos, e Nova York se tornou a primeira cidade a coletar lixo em sacos plásticos maiores. Só alguns anos depois, as sacolas plásticas para carregar compras se tornaram um sustentáculo do setor de varejo. Em 1974, gigantes do varejo nos Estados Unidos, como a Sears e a J. C. Penney, passaram a usar a sacola plástica para mercadorias, e a indústria dos supermercados foi apresentada a essa invenção revolucionária em 1977, como uma alternativa às sacolas de papel. No entanto, elas só foram incorporadas devidamente pelos supermercados em 1982, quando duas das maiores marcas dos Estados Unidos, a Kroger e a Safeway, substituíram as tradicionais sacolas de papel pelas sacolas de polietileno. A notícia se espalhou até o outro lado do oceano e os varejistas britânicos adotaram a ideia, introduzindo as sacolas plásticas em suas lojas.

Impacto comercial

As sacolas plásticas sem dúvida tiveram um enorme impacto sobre o mundo atual. Desde os anos 1980, lares de todo o planeta passaram a depender fortemente dessa invenção para transportar mercadorias com eficiência. Se você considerar que a cada ano consumimos de 500 bilhões a 1 trilhão de sacolas plásticas no mundo, a produção de sacolas de polietileno tem sido com certeza um grande negócio. No início dos anos 1980, a Dixie Bag Company da McBride, a Houston Poly Bag e a Capitol Poly implementaram a fabricação e venda de sacolas plásticas nos Estados Unidos, o que levou os supermercados Kroger e Safeway a introduzi-las em suas lojas.

A proliferação de sacolas plásticas resultou, porém, em graves problemas para o meio ambiente. O polietileno demora anos para se degradar – dependendo de sua densidade, uma única sacola plástica, em qualquer lugar, pode levar de vinte a mil anos para se decompor e, quando isso acontece, ela libera substâncias tóxicas na terra à sua volta que são nocivas à natureza. A questão sobre o que fazer com as sacolas usadas está repleta de polêmicas, enquanto ambientalistas lutam para reduzir a enorme quantidade de lixo que elas criam. Uma solução tem sido o desenvolvimento de uma sacola plástica mais forte, reutilizável – conhecida como a [Bag for Life] – que os consumidores podem usar muitas vezes, em vez de usar novas sacolas cada vez que vão às compras. No Reino Unido, hoje, a maioria dos supermercados tem essas sacolas à venda, o que tem sido uma pequena atitude para reverter o sucesso comercial das sacolas plásticas tradicionais e leves, embora estas ainda prevaleçam no mundo.

A "Sacola para a Vida" original da Waitrose.

Cortesia da Waitrose Ltd.

A proliferação de sacolas plásticas resultou, porém em graves problemas para o meio ambiente [...] uma única sacola plástica, em qualquer lugar, pode levar de vinte a mil anos para se decompor e [...] libera substâncias tóxicas na terra à sua volta.

O que aconteceu em seguida?

A polêmica em torno das sacolas plásticas deu origem a muitas campanhas nacionais e internacionais para reduzir seu consumo global. Estatísticas devastadoras e imagens da flora e fauna selvagens prejudicadas pelo lixo – principalmente sacolas plásticas – têm sido exibidas na mídia, numa tentativa de convencer as pessoas a parar de usá-las em tamanha quantidade. Em 2006, a ONU divulgou alguns dados alarmantes, incluindo o fato de que 10% do plástico produzido a cada ano no mundo acaba no oceano, dos quais 70% se acomoda no leito do oceano, onde é improvável que algum dia se decomponham. O impacto que isso sem dúvida tem sobre a natureza é enorme.

Diversas estratégias têm sido sugeridas ao longo dos anos para amenizar o problema. Enquanto alguns defendem a proibição das sacolas plásticas e a volta das sacolas de papel, ou sacolas mais resistentes, outros acreditam que a reutilização e a reciclagem das sacolas velhas são a melhor solução para o dilema. Na Bélgica, na Itália e na Irlanda, foram aprovadas leis para desencarajar o uso e incentivar a reciclagem de sacolas de polietileno. Um imposto sobre a sacola plástica foi introduzido na Irlanda em 2001, o que levou a uma redução aproximada de mais de 90% na produção de sacolas plásticas para compras. A China e alguns estados americanos também introduziram taxas sobre o consumo de sacolas plásticas.

> **Na Bélgica, na Itália e na Irlanda, foram aprovadas leis para desencorajar o uso [...] de sacolas de polietileno. Um imposto sobre a sacola plástica foi introduzido na Irlanda em 2001, o que levou a uma redução aproximada de mais de 90% na produção de sacolas plásticas para compras.**

Na Grã-Bretanha, fabricantes de plástico prometeram fazer sacolas mais leves e mais finas e usar mais plástico reciclado, o que, alegam, reduzirá em 50% os danos ambientais causados pelas sacolas de polietileno nos próximos anos. Porém, a indústria está tentando impedir ações de políticos em apoio à proibição total das sacolas descartáveis gratuitas, em favor da alternativa de sacolas reutilizáveis. A Marks & Spencer tem liderado esforços de varejistas para restringir o lixo de sacolas plásticas, introduzindo em 2009 uma cobrança de cinco centavos de libra aos clientes pelo uso destas. Desde então, a empresa verificou uma redução de 80% no número de sacolas plásticas que disponibiliza.

Qualquer que seja o futuro reservado para as sacolas plásticas, elas com certeza ganharam as manchetes durante sua existência, por motivos variados. É impossível imaginar uma proibição global e total. Entretanto, é evidente que uma mudança na atitude dos consumidores é necessária para reduzir o impacto ambiental dessa criação que já foi amada.

13

O forno de micro-ondas

Quando: 1965

Onde: Estados Unidos

Por que: Criou um novo mercado para os alimentos instantâneos adequados para micro-ondas

Como: Experiências com equipamentos de radar durante a Segunda Guerra Mundial levaram a uma descoberta acidental que mudou os hábitos culinários no mundo

Quem: Dr. Percy Spencer, da Raytheon

Fato: Em 2009, 93% dos lares do Reino Unido tinham forno de micro-ondas

Ninguém resolveu inventar o forno de micro-ondas, nem mesmo suspeitou de que poderia haver uma alternativa eletrônica ao convencional combustível sólido, ao gás ou à radiação elétrica na culinária doméstica ou comercial. Foi um feliz acidente. Hoje, este é um item essencial em quase todas as cozinhas do mundo desenvolvido. Muitos produtos – particularmente no setor elétrico – surgiram como subprodutos de pesquisas em outros campos. Diz-se que as guerras aceleram as inovações, e a tecnologia da Segunda Guerra Mundial definitivamente teve um papel na invenção do forno de micro-ondas, ainda que indiretamente.

Os antecedentes

As micro-ondas são impulsos eletromagnéticos com um comprimento de onda entre 30cm e 1m (ou entre 1 e 300 GHz para os técnicos). São apenas ondas de rádio com frequência muito alta. Sua existência foi suposta em 1864 por James Clerk Maxwell e demonstrada pela primeira vez num aparelho criado por Heinrich Hertz em 1888.

Embora nos Estados Unidos a Bell Telephone Laboratories tenha observado em 1934 que um campo com alta voltagem – muita energia – teria o efeito de aquecer materiais "dielétricos" (materiais que são maus condutores de eletricidade mas bons para suportar um campo eletrostático), ninguém pensou em aplicar o conceito a alimentos. Durante a Segunda Guerra Mundial, porém, as micro-ondas se tornaram extremamente importantes, porque esses comprimentos de onda eram os mais eficientes para radares. Logo depois do início da guerra, em 1939, uma equipe de pesquisadores da Universidade de Birmingham foi incumbida de desenvolver um gerador de ondas de rádio que operasse com um comprimento de onda de mais ou menos 10 cm.

Em um ano, dois membros da equipe, John Randall e Harry Boot, desenvolveram o que é conhecido como magnetron de cavidade. Foi um grande sucesso, mas precisava de um aprimoramento urgente, porque a procura por instalações de radar era muito grande. O desenvolvimento foi transferido para a GEC Research Laboratories, em

Wembley, que passara a trabalhar para o governo britânico no início da guerra. Os primeiros equipamentos de radar tiveram que ser produzidos ali porque não havia tempo para montar uma fábrica.

Um dos primeiros magnetrons da GEC foi enviado de avião aos Estados Unidos e foi demonstrado ali por Henry Tizard. Foi apenas uma entre diversas inovações técnicas levadas para lá na esperança de garantir assistência na manutenção do esforço de guerra. O historiador oficial do Escritório de Pesquisa e Desenvolvimento Científico, James Phinney Baxter III, disse mais tarde que a Missão Tizard aos Estados Unidos, em 1940, "levou com ela a carga mais valiosa já trazida às nossas praias". Embora a missão levasse detalhes relacionados ao motor a jato e à bomba atômica, entre outras inovações cruciais, ele não estava se referindo a nada disso, mas ao Magnetron 12.

> ## Ao ficar perto do magnetron, [Spencer] notou que uma barra de chocolate com amendoim que estava em seu bolso havia derretido parcialmente.

Um engenheiro da empresa fabricante de válvulas eletrônicas Raytheon, Percy Spence, participou da demonstração e conseguiu convencer Tizard a fazer um contrato de baixo volume com a Raytheon. No fim da guerra, graças a melhorias no método de fabricação introduzidas por Spencer, a Raytheon era responsável por 80% do suprimento de magnetrons para sistemas de radar no mundo.

Perto do fim da guerra, em 1944, depois de a Raytheon se tornar uma importante empreiteira de defesa, Spencer estava testando um desses sistemas quando, ao ficar perto do magnetron, notou que uma barra de chocolate com amendoim que estava em seu bolso havia derretido parcialmente. Na manhã seguinte, Spencer pôs um ovo perto do tubo de magnetron. O ovo explodiu em poucos minutos. Depois, ele transformou milho em pipoca, percebendo que se a energia de micro-ondas de baixa densidade que vazava do aparelho de radar podia cozinhar um ovo posto ali perto, talvez pudesse ser utilizada para cozinhar outros alimentos.

A Raytheon formou uma equipe para trabalhar na ideia de Spencer e, em 8 de outubro de 1945, fez um pedido de patente nos Estados Unidos para o processo de cozimento. O princípio pelo qual a radiação de micro-ondas faz com que moléculas comuns nos alimentos – principalmente moléculas de água e gordura – entrem em rotação, gerando calor, que então é transmitido para o resto da massa, já estava compreendido. Mas era preciso trabalhar para conter a radiação dentro da caixa e distribuí-la uniformemente pelo alimento. As micro-ondas não cozinham de dentro para fora, como muita gente acredita, embora distribuam o calor de modo mais eficiente do que os fornos convencionais. A profundidade em que as micro-ondas penetram depende da composição do alimento e da frequência delas, sendo que os comprimentos de onda maiores penetram mais fundo do que os menores.

Na mesma época, um forno foi instalado num restaurante em Boston para testes. O desenvolvimento foi acelerado depois que a guerra acabou e, em 1947, a empresa fez o primeiro forno de micro-ondas comercial do mundo, chamado Radarange, para proclamar sua origem. O forno de 3 kW, refrigerado a água, tinha 1,80 m de altura, pesava 340 kg e foi posto à venda por mais ou menos 5 mil dólares.

O Dr. Percy Spencer apresenta a nova invenção da Raytheon: o primeiro micro-ondas comercial.

Reproduzido com permissão da Raytheon Company

Impacto comercial

No início, a comercialização foi lenta. Só em 1965, quando a Raytheon adquiriu a Amana Refrigeration – um fabricante com sede em Iowa e um canal de distribuição bem-estabelecido – foi que o mercado interno se abriu. O primeiro modelo doméstico também recebeu o nome de Radarange e foi vendido a 495 dólares – caro demais para um mercado de massa –, mas no fim dos anos 1960 o forno de micro-ondas doméstico já tinha seu nicho estabelecido, auxiliado pelo fato de que seu papel de libertar as mulheres do duro trabalho doméstico o colocava na mesma categoria das máquinas de lavar roupas e louça.

Um fator que restringiu seu sucesso foi o medo causado pelas micro-ondas, associadas equivocadamente a radiação. Entretanto, em 1975 a venda de fornos de micro-ondas superou a de fogões a gás pela primeira vez. Em 1976, a comida de 17% de todos os lares do Japão estava sendo preparada nele, e no mesmo ano o forno de micro-ondas se tornou um aparelho de cozinha mais comum do que a máquina de lavar louça, chegando a quase 52 milhões de residências nos Estados Unidos, ou 60%.

> **O primeiro modelo doméstico [era] caro demais para um grande mercado, mas no fim dos anos 1960 o forno de micro-ondas doméstico já tinha seu nicho estabelecido.**

O que aconteceu em seguida?

Melhorias nos magnetrons foram desenvolvidas no Japão e em outros lugares e, conforme todos os fabricantes de eletrodomésticos iam lançando uma série de fornos de micro-ondas, o preço caiu a níveis acessíveis. Foram acrescentadas opções e características, em particular o suplementar aquecimento por transferência de calor ou grelha, aumentando a versatilidade do forno e permitindo a ele simular a tradicional função de assar. A tendência que uma micro-onda estática tem de cozinhar de maneira irregular foi resolvida com a adição de mesas rotatórias, que agora são um padrão.

Hoje, a tecnologia de conservação de alimentos está sendo desenvolvida de modo a aumentar os prazos de validade e melhorar a qualidade e a nutrição. O processo de esterilização por micro-ondas submerge alimentos embalados em água quente pressurizada e simultaneamente os aquece em micro-ondas com frequência de 915

MHz – uma frequência que penetra mais profundamente na comida do que os 2.450 MHz usados nos fornos de micro-ondas domésticos. Populares ou não, estes deverão continuar presentes em casas e escritórios do mundo inteiro.

14

O alarme de fumaça

Quando: 1965

Onde: Estados Unidos

Por que: O alarme sensível a fumaça revolucionou os sistemas de alerta de segurança e salvou vidas

Como: O acréscimo de baterias e de um alarme audível a um trabalho conceitual inicial tornou o alarme de fumaça adequado ao mercado residencial e, portanto, ao consumo em massa

Quem: Duane Pearsall e Stanley Peterson

Fato: Muitos alarmes de fumaça modernos usam o mesmo tipo de material radioativo usado no programa espacial

Este salva-vidas do tamanho da palma da mão fica localizado discretamente na maioria das propriedades residenciais e comerciais hoje em dia. Enfiado primorosamente num lugar fora da visão natural – geralmente em paredes, acima do nível do olho, ou no teto – o alarme de fumaça ou detector de fumaça é um dispositivo de segurança moderno do qual nenhuma casa, escritório, restaurante, hotel ou estabelecimento deve abrir mão.

A detecção de fogo mudou radicalmente ao longo dos anos – há 200 anos, o método de alertar para o perigo de incêndio envolvia bater em portas, soprar apitos, tocar sinos de igrejas e até dar tiros para o alto com uma arma. Felizmente, os tempos mudaram e, desde que o modesto alarme de fumaça existe, incontáveis vidas foram salvas. Enquanto inventores desenvolvem e aprimoram o dispositivo para produzir modelos atualizados ainda mais eficientes, o trabalho inestimável desses alarmes parece determinado a continuar.

Os antecedentes

A história do alarme de fumaça começou com o inventor americano Francis Thomas Upton, que criou o primeiro alarme de incêndio em 1890. O número da patente desse primeiro dispositivo era 436.961. Porém, a invenção era muito básica e pouco interesse foi demonstrado pelo produto. O modelo de Upton logo foi substituído por novos modelos, e aquele que veio em seguida foi criado graças a um feliz acidente.

O bem-sucedido alarme sensível a fumaça foi inventado por acaso, em 1930, pelo físico suíço Walter Jaeger. Jaeger estava tentando inventar um sensor que detectasse gases venenosos. Sua ideia era que o gás entrasse no sensor e ionizasse o ar, levando a uma alteração na corrente do medidor. No entanto, o gás não foi registrado pelo medidor de corrente do aparelho. Achando que havia fracassado, Jaeger fez um intervalo para fumar um cigarro. Pouco depois de acender o cigarro, notou que a corrente do medidor no detector havia caído e descobriu que o que os sensores haviam detectado era a fumaça, e não o gás. Esse momento de ruptura revolucionou a futura invenção do alarme de fumaça. Porém, o alarme de fumaça foi desenvolvido para o mercado de consumo só depois de mais de um quarto de século.

Embora os primeiros dispositivos mal tenham tido um impacto comercial, os trabalhos científicos pioneiros realizados por Upton e Jaeger abriram caminho para sucessivos inventores de alarmes sensíveis a fumaça.

Pouco depois de acender o cigarro, [Jaeger] notou que a corrente do medidor no detector havia caído e descobriu que o que os sensores haviam detectado era a fumaça, e não o gás.

A fabricação continuou cara durante as três décadas seguintes, e só em meados dos anos 1960 foi possível produzir alarmes de fumaça em larga escala com preços acessíveis. Os primeiros poucos alarmes desse tipo disponíveis eram tão caros que apenas grandes empresas tinham condições de instalá-los.

O primeiro alarme de fumaça que funcionava com bateria foi desenvolvido pelos inventores americanos Duane Pearsall e Stanley Peterson em 1965. Como funcionava com baterias, era um modelo mais barato e de uso doméstico mais fácil. Do fim dos anos 1960 em diante, os alarmes de fumaça foram produzidos para o mercado de propriedades residenciais. No entanto, Pearsall e Peterson logo notaram um defeito em seu primeiro modelo. Esse alarme original continha baterias grandes, que eram caras e não eram práticas para serem trocadas regularmente, o que levou à invenção de um modelo com baterias AA, menores, que o tornaram mais comercialmente viável. Esses dois modelos eram feitos de metal e resistentes ao fogo. A bateria era produzida pela Gates Energy, e não demorou muito para que essas baterias resistentes e recarregáveis fossem substituídas por baterias AA, que são descartáveis.

Os dispositivos provaram ser um grande sucesso. Em 1975, Peterson e Pearsall começaram a produzir seus dispositivos em massa sob o nome de empresa Statitrol Corporation, e se tornaram os primeiros na história dos alarmes de fumaça a vender o produto comercialmente. Em 1977, a empresa estava despachando 500 unidades por dia.

Porém, em 1980 a Statitrol havia vendido os direitos da invenção ao fabricante gigante de produtos eletrônicos Emerson Electrics. Mais tarde, o fabricante americano Sears acabaria vendendo o produto, que continua popular até hoje.

Impacto comercial

O alarme audível rapidamente se destacou como o tipo mais popular de dispositivo. O alarme emite uma buzina estridente ou um barulho de campainha, e é ativado quando a fumaça é detectada, causando assim um alerta de incêndio. No entanto, a demanda dos consumidores e a vontade de ser diferente levaram à evolução do alarme simples, e hoje pode ser comprada uma grande quantidade de alarmes criados especificamente para as necessidades de deficientes auditivos ou visuais, que usam luzes estroboscópicas ou uma vibração para dar o alerta.

Muitos alarmes de fumaça modernos usam o mesmo tipo de material radioativo para detectar partículas de fumaça que o papel de alumínio utilizado no programa espacial dos Estados Unidos. Esse tipo de detector é conhecido como detector de fumaça de câmara de ionização (ICSD, na sigla em inglês), e é mais rápido para perceber chamas de fogo que produzem pouca fumaça. O ICSD foi inventado na Suíça, no início dos anos 1940, e introduzido nos Estados Unidos em 1951. Utiliza material radioativo para ionizar o ar numa câmara sensível; a presença de fumaça afeta o fluxo de íons entre dois eletrodos, o que aciona o alarme. Porém, o uso desse material tem sido questionado nos últimos anos porque surgiram preocupações com as consequências a longo prazo para a saúde oriundas da exposição a agentes biológicos radioativos.

Embora os níveis de amerício-241 presentes na maioria dos detectores de fumaça domésticos sejam considerados seguros, a possibilidade de riscos a longo prazo levou ao desenvolvimento de detectores fotoelétricos, que não contêm qualquer radiação e têm preços mais acessíveis. Os detectores fotoelétricos usam um feixe ótico para procurar fumaça. Quando as partículas de fumaça turvam o feixe, uma célula fotoelétrica percebe a redução da intensidade da luz, o que ativa o alarme. Esse tipo de detector reage mais rapidamente a fogos de combustão lenta, que liberam quantidades relativamente grandes de fumaça, e tem provado ser uma alternativa popular.

> Muitos alarmes sensíveis a fumaça
> modernos usam o mesmo tipo de material
> radioativo para detectar partículas de fumaça
> que o papel de alumínio utilizado no programa
> espacial dos Estados Unidos.

O que aconteceu em seguida?

O alarme de fumaça é uma invenção que resistiu ao teste do tempo. Hoje, há uma exigência legal para que todos os prédios comerciais e acomodações alugadas na maioria dos países desenvolvidos sejam equipados com um alarme desse tipo que funcione plenamente. Isso é particularmente importante numa época em que o número de equipamentos eletrônicos que usamos diariamente aumenta. Nos Estados Unidos, 96% das casas têm pelo menos um alarme de fumaça, de acordo com a Associação Nacional de Proteção contra Incêndios, mas muitas pessoas deixam de testar se seu alarme está funcionando corretamente ou de tocar as baterias. De acordo com a Brigada de Incêndio de Londres, embora 85% dos lares britânicos tenham um alarme instalado, muitas mortes relacionadas a fogo acontecem porque as pessoas são asfixiadas por fumaça e vapores, e não apenas devido a queimaduras. Por isso, estão sendo desenvolvidos modelos mais novos que detectam a presença de fumaça num estágio anterior.

O alarme de fumaça passou por várias transformações e percorreu um longo caminho desde seu início acidental. Embora muitos modelos antigos fossem sujeitos a dar alarmes falsos, os modelos atuais evoluíram e têm características que visam reduzir a ocorrência de alarmes falsos.

O alarme de fumaça é uma invenção que resistiu ao teste do tempo. Hoje, há uma exigência legal para que todos os prédios comerciais e acomodações alugadas na maioria dos países desenvolvidos sejam equipados com um alarme desse tipo que funcione plenamente.

Porém, em termos de saúde e segurança, os modelos que utilizamos hoje estão em constante evolução, enquanto inventores e designers de produto continuam a tentar criar protótipos ainda mais eficientes para detectar fumaça e salvar vidas.

Seguindo os passos de Upton, um premiado adolescente britânico chamado James Popper teve a ideia de um detector de infravermelho que identifica incêndios assim que estes começam. Popper teve a ideia depois de um incêndio destruir a cozinha de um amigo da família, o que o levou a inventar o CookerSmart IR Kitchen Flame Detector, que lê as bandas de frequência de infravermelho específicas das chamas. Embora esse modelo de alarme ainda seja relativamente novo no mercado, parece que não vai demorar muito para que novas tecnologias tomem seu lugar.

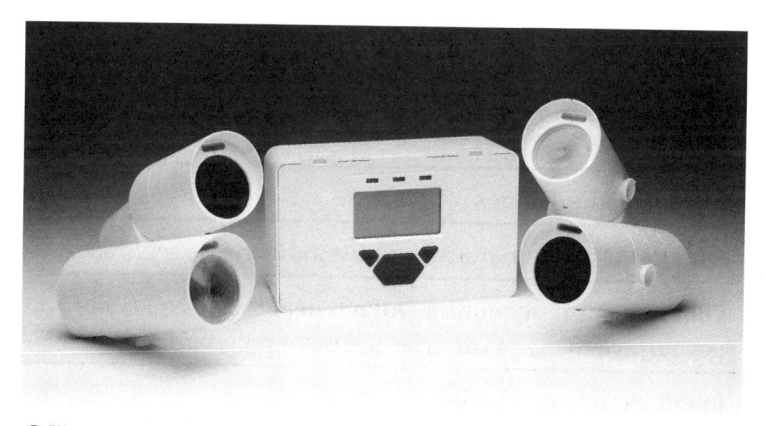

O Fireway 3000, detector de fumaça com feixe ótico de ponta a ponta, é uma nova solução para prédios comerciais.

Fire Fighting Enterprises Ltd.

15

Kevlar

Quando: 1965

Onde: Estados Unidos

Por que: O produto transformou a indústria de segurança

Como: A empresa química DuPont deparou-se com a fibra quando pesquisava maneiras de criar um novo polímero para pneus

Quem: Stephanie Kwolek

Fato: O Kevlar é cinco vezes mais forte do que o aço, considerando pesos equivalentes

Se você já foi contratado para proteger outras pessoas, há uma boa chance de que tenha sido protegido pelo Kevlar. A fibra mais forte do mundo, comumente usada na fabricação de roupas protetoras, capacetes e coletes à prova de balas, completou 47 anos em 2012. Embora muitos daqueles que a utilizam já estarem pensando em sair da linha de fogo e ficar de papo para o ar ao chegar a essa idade, o Kevlar continua firme ajudando os soldados, bombeiros e policiais do mundo a resolver situações de forte pressão.

O Kevlar é também amplamente usado na construção de abrigos para tornados, cabos de suspensão para pontes, pastilhas de freio, veículos espaciais e cones de alto-falantes. Foi usado até no telhado bastante divulgado (e muito criticado) do Estádio Olímpico de Montreal, bem como no tênis Adidas F50, usado por alguns dos jogadores de futebol mais famosos do mundo. Nada mal para um produto inventado por engano.

Antecedentes

A história do Kevlar pode ser retrocedida até 1927, quando o gigante de ciência e pesquisas DuPont criou um orçamento de 20 mil dólares para "trabalhos de pesquisas fundamentais" – o tipo de trabalho que pode não levar diretamente ao desenvolvimento de um novo produto, mas pode criar a base para descobertas subsequentes, ou apenas provar ser interessante para seu próprio bem.

De fato, o grupo formado para realizar investigações fundamentais logo veio a entender como é possível condensar polímeros, um processo que levou à criação de materiais extremamente duráveis e adaptáveis. Seguiu-se a invenção do nylon, em 1938, assim como a invenção de uma série de marcas de sucesso comercial, como Teflon e Stainmaster.

> O material que Kwolek e seu técnico
> haviam criado era mais rígido e resistente do
> que qualquer fibra antes criada. [...] Logo [eles]
> perceberam que haviam tropeçado numa
> descoberta realmente única.

Stephanie Kwolek no Pioneering Research Lab, na Experimental Station, preparando uma experiência de polimerização.

Cortesia de foto de DuPont

Mas talvez o desdobramento mais crucial da pesquisa de polímeros da DuPont tenha sido o Kevlar, inventado pela química Stephanie Kwolek, por acidente, no início dos anos 1960. Kwolek estava tentando criar um polímero espesso, viscoso, para usar em pneus. Porém, durante a pesquisa, ela descobriu que seu polímero estava ficando turvo e gotejante – diferente da solução que procurava.

Entretanto, Kwolek e seu técnico fiaram o polímero e o transformaram numa fibra. Melhor experimentá-lo do que simplesmente jogá-lo fora, pensaram. De maneira incrível, quando foi posto numa fieira, ele não quebrou. Na verdade, quase nada podia quebrá-lo.

O material que Kwolek e seu técnico haviam criado era mais rígido e resistente do que qualquer fibra antes criada. Melhor ainda: o produto milagroso de Kwolek não quebrava ou enfraquecia sob pressão; as fibras eram entrelaçadas tão estreitamente quanto uma teia de aranha, o que significava que o material era quase impermeável. Quando eles tentaram queimá-lo, ele não derreteu, Quando tentaram congelá-lo, não ficou quebradiço nem rachou. Diversas substâncias químicas não tinham efeito algum sobre aquilo. Kwolek e seu técnico logo perceberam que haviam se deparado com uma descoberta realmente única.

O produto que haviam criado era forte e resistente, mas também leve e elástico; rígido o bastante para ser usado em defesa militar e flexível o bastante para ser usado em esportes. A DuPont apresentou seu novo material em 1965, mas só o produziu em grandes quantidades a partir de 1971, e só mais tarde, naquela década, produtos comerciais foram introduzidos no mercado.

Impacto comercial

É quase impossível estimar em números o valor comercial do Kevlar, uma vez que a fibra é amplamente usada em muitas aplicações significativas.

> A DuPont levou seis anos para pôr o produto no mercado, mas o potencial deste logo tornou-se claro, particularmente nos setores de defesa civil e militar.

O impacto comercial, porém, logo ficou evidente. Depois de criar o Kevlar, a DuPont pediu a seu *Pioneering Lab* para transformar o novo e maravilhoso polímero num sucesso comercial. As possibilidades pareciam quase intermináveis – e continuam sendo. Além dos coletes à prova de balas, que vieram a definir o produto, a DuPont começou a desenvolver o Kevlar para pneus radiais, pastilhas de freio, veleiros de competição, cabos para pontes e cápsulas de naves espaciais. Pesquisadores descobriram até que o material podia ser usado em cones de alto-falantes e tambores de cordas; a cada ano que passava surgiam novas possibilidades e novos caminhos comerciais para explorar.

A DuPont levou seis anos para pôr o produto no mercado, mas o potencial deste logo tornou-se claro, particularmente nos setores de defesa civil e militar. As perspectivas comerciais do Kevlar foram impulsionadas ainda mais quando o Instituto Nacional de Justiça dos Estados Unidos autorizou um programa de quatro fases para desenvolver roupas à prova de balas usando o novo material. Em 1973, pesquisadores do Arsenal Edgewood, do exército americano, haviam desenvolvido um colete à prova de balas, e em 1976 o produto estava pronto para ser usado por policiais dos Estados Unidos em campo, com as forças militares americanas adotando-o para casacos de guerra em 1978. A procura não diminuiu desde então. Em 2011, os gastos gerais do governo com roupas protetoras para militares chegariam a 1,19 bilhão de dólares, de acordo com o relatório "The Military Body Armour & Protective Gear Market 2011-2012". A Vector Strategy previu em 2009 que as forças americanas adquiririam roupas protetoras num valor de 6 bilhões de dólares entre 2009 e 2015.

Num relatório separado, a BBC Research estimou que o mercado global de roupas protetoras e blindagem avançados era de 4 bilhões de dólares em 2010, e subiria para 5,2 bilhões de dólares em 2015. Entretanto, o relatório da BBC incluía acessórios (luvas, protetores de cabeça e respiradores); roupas químicas, biológicas, radiológicas e nucleares; protetores termais; e produtos com blindagem e resistentes a balas – sendo que só os acessórios respondiam por aproximadamente 60% do valor desse mercado.

Desde a descoberta do Kevlar, a DuPont aprimorou o produto em diversas variações distintas. As variações notáveis incluem o Kevlar K29, usado para proteção do corpo; o Kevlar49, usado geralmente em cabos e cordas; o Kevlar K129, uma variação de elevada tenacidade, usada geralmente em aplicações balísticas; e o Kevlar KM2, mais comumente encontrado em veículos blindados.

Embora uma fibra semelhante, chamada Twaron, tenha sido lançada comercialmente em 1987, depois de desenvolvida nos anos 1970 pela empresa holandesa ENKO (hoje parte da AKZO), o Kevlar manteve uma enorme fatia do mercado, e a procura pelo produto permaneceu grande. Em 2010, relatou-se que as vendas da DuPont chegaram a 31,5 bilhões de dólares, sendo 3,4 bilhões de dólares gerados por sua unidade de segurança e proteção, na qual os produtos têxteis – Kevlar e Nomex – responderiam por 20% das vendas, embora a DuPont se recuse a divulgar números exatos.

O que aconteceu em seguida?

Novas invenções baseadas na tecnologia do Kevlar continuam a chegar ao mercado; o material agora está sendo usado para reforçar escudos e *bunkers*, uma vez que testes demonstraram que ele pode repelir projéteis em velocidades superiores a 400 km/h. Em novembro de 2010, uma rede antigranadas feita de fibras finas de Kevlar foi lançada pela Qinetiq – mais um exemplo da contínua importância do Kevlar para forças de defesa civis e militares.

Novas invenções baseadas na tecnologia do Kevlar continuam a chegar ao mercado.

Animada com essas contínuas inovações, a DuPont construiu uma nova unidade de produção de Kevlar no valor de 500 milhões de dólares perto de Charleston, na Carolina do Sul. Acredita-se que a recém-inaugurada fábrica Cooper River Kevlar aumentará a produção de Kevlar em 25% e duplicará as vendas em países em desenvolvimento em 2015. O Brasil, por exemplo, representa uma grande oportunidade de crescimento, devido ao número de assassinatos no país – cerca de 40 mil a cada ano.

O domínio do mercado pelo Kevlar é constantemente ameaçado por concorrentes, que gastam milhões tentando desenvolver rivais competitivos do produto. Acordos de comércio internacionais também representam uma ameaça; por exemplo, o Acordo de Livre Comércio Coreia-Estados Unidos poderia acabar incitando consumidores americanos a importar substitutos coreanos mais baratos que o Kevlar. No entanto, não há dúvida de que, atualmente, o Kevlar ainda é de longe o ator principal em seu setor.

Surpreendentemente, Stephanie Kwolek teve um papel relativamente pequeno no desenvolvimento do Kevlar desde que se deparou com o produto. Ela continuou sendo uma inventora produtiva pelo resto de sua vida profissional e conseguiu 28 patentes durante sua carreira de pesquisadora. Hoje, é consultora da DuPont em meio expediente e mentora de jovens cientistas mulheres.

Em reconhecimento a seus esforços, Kwolek recebeu o prestigiado Kilby Award e a Medalha Nacional de Tecnologia. Em 1999, no Exploratorium, em São Francisco, recebeu o Lamelson-MIT Lifetime Achievement Award – um prêmio em reconhecimento a seu papel pioneiro como mentora de jovens cientistas mulheres, bem como por seus esforços em pesquisas.

16

O desodorante em aerosol

Quando: 1967

Onde: Estados Unidos

Por que: A facilidade de uso do desodorante em aerosol finalmente forneceu uma solução para o antigo problema do odor do corpo

Como: Dois gigantes da indústria cosmética travaram uma batalha e geraram o primeiro desodorante antitranspirante em aerosol do mundo

Quem: Gillette e Carter-Wallace

Fato: Analistas preveem que o mercado global de desodorantes será de 12,6 bilhões de dólares em 2015

Todo produto mencionado neste livro atendeu a uma clara necessidade de mercado, mas é possível argumentar que nenhum deles supriu uma necessidade mais significativa do que o desodorante em aerosol. O odor do corpo atormenta a humanidade desde os primórdios da civilização, e foram necessários milhares de anos para encontrar uma solução. Os antigos egípcios tomavam banhos aromatizados para disfarçar o cheiro de sujeira e suor; os gregos e os romanos usavam perfume; antigas sociedades do Oriente Médio chegaram a recorrer à remoção total dos pelos do corpo para afastar o mau cheiro.

O desodorante em aerosol – que chegou ao mercado nos anos 1960 – foi um avanço significativo como nenhum outro feito anteriormente na longa batalha contra o odor do corpo. As soluções em spray lançadas há quase 50 anos trouxeram novos níveis de satisfação ao usuário e permitiram aos fabricantes criar desodorantes com propriedades antitranspirantes, o que melhorou muito a eficácia geral.

A primazia do desodorante em aerosol teve vida relativamente curta. Preocupações ambientais e o surgimento de métodos alternativos de aplicação minaram a confiança do consumidor e morderam uma fatia do mercado. Mas, apesar das críticas ferozes e da competição, os aerosóis continuam a ter uma participação substancial no mercado de desodorantes, que só no Reino Unido representa meio bilhão de libras por ano.

Os antecedentes

Há quem pense que os desodorantes para axilas foram inventados no século IX, mas o desenvolvimento deles só teve início no fim dos anos 1800, quando cientistas descobriram que duas glândulas eram as principais responsáveis pela produção do suor. Nos anos 1880, uma equipe de químicos da Filadélfia desenvolveu uma pasta rudimentar para regular o odor corporal. Embora o produto, batizado de Mum, lambuzasse e fosse de difícil aplicação, os cientistas sabiam que ele seria vitorioso.

Em 1903, o primeiro desodorante antitranspirante do mundo, Ever-Dry, chegou ao mercado, usando sal de cloridrato de alumínio (ACH, na sigla em inglês.) para bloquear a secreção de suor. Enquanto isso, o desenvolvimento do Mum continuava; no fim dos anos 1940, uma mulher chamada Helen Barnett Diserens criou um produto para as axilas baseado no desenho de uma caneta esferográfica, proclamando o nascimento do desodorante em bastão.

Nos anos 1950, os combatentes de odores detinham uma fatia crucial do mercado de produtos de toalete. Porém, o setor ainda estava dividido em dois segmentos contrastantes, mas complementares: os desodorantes, que atacam as bactérias causadoras do odor no corpo, e os antitranspirantes, que inibem as glândulas que segregam o suor. Quando o mercado começou a explodir, os gigantes dos cosméticos começaram a procurar um produto que pudesse combinar o melhor dos dois mundos.

Ao mesmo tempo, a tecnologia do aerosol estava se desenvolvendo rapidamente. Em 1926, um engenheiro químico norueguês, Eric Rotheim, inventou uma lata que podia ser reabastecida, complementada por uma válvula e um propulsor, para ajudá-lo a encerar seus esquis. A ideia por trás do aerosol era relativamente simples: um fluido pressurizado era usado para empurrar outro fluido através de um tubo, fazendo-o sair por um bico na parte de cima.

Em 1928, Rotheim vendeu a patente aos Estados Unidos e o aerosol aos poucos começou a ganhar força. Em 1939, o americano Julian S. Kahn recebeu uma patente para uma lata de spray descartável. Dois anos depois, os americanos Lyle Goodhue e William Sullivan apareceram com a primeira lata de spray que podia ser reabastecida. Conhecida como "bug bomb", a lata usava gás comprimido.

Durante a Segunda Guerra Mundial, soldados americanos começaram a usar aerosóis para inseticidas e, após o fim do conflito, a patente do produto foi liberada para uso comercial. Nos anos 1950, uma série de produtos de beleza – incluindo perfumes e cremes de barbear – estavam saindo de latas de aerosol.

Animados com esses progressos, cientistas começaram a pesquisar maneiras de desenvolver um desodorante em aerosol que pudesse oferecer proteção antitranspirante. Mas suas primeiras tentativas esbarraram em problemas, sendo o maior deles causado pelo ACH, que tinha uma tendência a corroer a lata de aerosol e entupir a válvula quando misturado à água dentro da câmara interna.

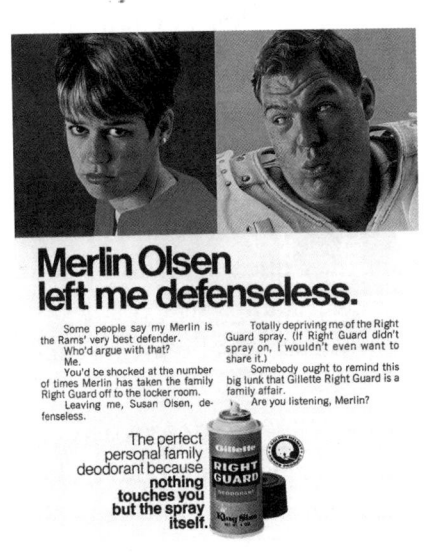

Merlin Olsen left me defenseless.

Some people say my Merlin is the Rams' very best defender. Who'd argue with that? Me.
You'd be shocked at the number of times Merlin has taken the family Right Guard off to the locker room.
Leaving me, Susan Olsen, defenseless.

Totally depriving me of the Right Guard spray. (If Right Guard didn't spray on, I wouldn't even want to share it.)
Somebody ought to remind this big lunk that Gillette Right Guard is a family affair.
Are you listening, Merlin?

The perfect personal family deodorant because **nothing touches you but the spray itself.**

A Gillette promove sua tecnologia de spray revolucionária.
Advertising
Archives

No início dos anos 1960, a Gillette finalmente lançou o primeiro desodorante em aerosol. O produto, conhecido como Right Guard, era do tipo solução, semelhante aos inseticidas dos tempos da guerra, e não continha vestígio algum de ACH. O produto teve um sucesso inicial considerável e, ao excluírem o ACH, os pesquisadores da empresa contornaram os problemas com a lata e a válvula. Porém, sem o sal de alumínio o desodorante deixava de proporcionar uma prevenção da transpiração por longo prazo. Além disso, o spray era seco e com frequência irritava a pele; o público americano preferia uma solução umidicante.

As principais empresas de cosméticos lutaram para encontrar uma solução melhor: um produto que oferecesse propriedades antitranspirantes genuínas, bem como o efeito antibactérias de um desodorante. Cientistas procuraram uma alternativa à água que fosse capaz de absorver o cloridrato de alumínio sem destruir a lata de desodorante e seu orifício. Diversos compostos de alumínio foram liquefeitos em álcool, mas nenhuma combinação oferecia a viabilidade comercial que as empresas de cosméticos procuravam.

No início dos anos 1960, a Gillette finalmente lançou o primeiro desodorante em aerosol [...] conhecido como Right Guard.

Até que, em 1965, dois pesquisadores, George Spitzer e Lloyd Osipow, encontraram uma solução. Os pesquisadores suspenderam o cloridrato de alumínio em óleo, evitando a necessidade de água e criando um produto que deixaria intactos a lata e seus componentes centrais. A Carter-Wallis soube da solução de Spitzer e Osipow, patenteou-a e a levou para o mercado em 1967, sob o nome Arrid Extra Dry. O produto tornou-se popular entre os consumidores, graças a suas propriedades antitranspirantes e à sensação úmida e enevoada que deixava no corpo.

Impacto comercial

Tanto a Gillette quanto a Carter-Wallace tiveram sucesso imediato com seus aerosóis. O impacto do Right Guard é evidenciado pelo fato de que em 1967, apenas seis anos depois de chegar ao mercado, metade dos antitranspirantes vendidos nos Estados Unidos vinha na forma de aerosol. Com o lançamento do Arrid Extra Dry, esse número aumentou de novo – e deu à Carter-Wallace uma enorme fatia do mercado.

No início de 1972, os aerosóis respondiam por 82% de todas as vendas de desodorante, e o Arrid tinha 16% do mercado, com vendas de quase 65 milhões de dólares. Esse sucesso inicial trouxe novos nomes para o mercado – como a Procter & Gamble – e compeliu os fabricantes a tratar de uma série de pequenos defeitos nos produtos, com melhorias graduais. Os sistemas de válvula e pressão foram aprimorados para reduzir a expulsão e o volume do jato, enquanto silicones foram introduzidos para reduzir as manchas.

No início de 1972, os aerosóis respondiam
por 82% de todas as vendas de desodorante,
[mas] a publicidade negativa foi um
grande golpe para a indústria: em 1982, os
aerosóis respondiam por apenas 32%
do mercado de antitranspirantes.

Mas o boom teve vida curta. Em 1977, nos Estados Unidos, a Food and Drug Administration proibiu os complexos de alumínio zircônio, que tinham passado a ser usados juntamente com o ACH, ou em vez deste, em muitos desodorantes em aerosol. Pouco tempo depois, a Agência de Proteção Ambiental (EPA na sigla em inglês) impôs sérias restrições ao uso de propulsores de clorofluorcarbono (CFC), outro componente do aerosol, devido a preocupações com a camada de ozônio. A publicidade negativa foi um grande golpe para a indústria: em 1982, os aerosóis respondiam por apenas 32% do mercado de antitranspirantes.

O que aconteceu em seguida?

O mercado de desodorantes continuou, porém, a se fortalecer. Em 1992, uma reportagem da *New Yorker* afirmou que a indústria estava crescendo 10% a cada ano e que as vendas continuavam firmes, enquanto os cosméticos assumiam uma importância cada vez maior na vida das pessoas. De acordo com um relatório divulgado em fevereiro de 2011, o mercado de desodorantes e sprays para o corpo no Reino Unido gerou um total de vendas de 548 milhões de libras em 2010, e a penetração no mercado era quase total. A Mintel prevê que esse setor vai gerar vendas de 581 milhões de libras em 2015.

Nos anos 1980 e 1990, parecia que os aerosóis estavam decaindo no mercado enquanto críticas ao impacto ambiental do CFC começavam a atingi-los, juntamente com o surgimento de produtos alternativos. No início dos anos 1990, os desodorantes em bastão respondiam por 50% do mercado, e parecia que as marcas tradicionais seriam ultrapassadas por desodorantes naturais, orgânicos, que atraíam consumidores éticos. Quando a EPA nos Estados Unidos proibiu produtos em aerosol que continham propulsores de CFC, em 1993, muitos previram o começo do fim dos aerosóis.

Entretanto, foram encontrados propulsores substitutos, como o butano, o propano e o isobutano, e o aerosol se manteve firme no mercado de desodorantes. Algumas pessoas argumentam até que o setor continua a prosperar; um relatório da Global Industry Analysts, de fevereiro de 2011, afirmou que a categoria dos desodorantes em spray, que inclui os aerosóis, constitui o maior segmento (e o que cresce mais rapidamente) de desodorantes no mundo.

As duas marcas que mais estimularam o desodorante antitranspirante em aerosol tiveram sortes diferentes desde que fizeram seus avanços inovadores. Em 2006, a Gillette vendeu a marca Right Guard para a Henkel num negócio de 420 milhões de dólares, e desde então o faturamento no varejo continua forte; no ano passado, o Right Guard ajudou a Henkel a aumentar suas vendas em 11,2%. Em contraste, a Carter-Wallace, empresa que gerou o Arrid Extra Dry, teve uma queda prolongada depois do boom nos anos 1970 e acabou liquidando suas várias operações em 2001. Hoje, o Arrid Extra Dry é produzido pela Church & Dwight e se situa na extremidade mais inferior do mercado de desodorantes – muito longe de sua preeminência há quarenta anos.

17

O desenho auxiliado por computador (CAD)

Quando: Fim dos anos 1960

Onde: Estados Unidos e Europa

Por que: Revolucionou a maneira como as máquinas e objetos do dia a dia são feitos, graças à capacidade de desenhar com precisão e por iteração

Como: Uma série de inovações em computação feitas por estudiosos e empresas

Quem: Ivan Sutherland

Fato: O CAD levou à tecnologia que está por trás da animação do filme *Parque dos dinossauros*

A história do desenho auxiliado por computador (CAD, na sigla em inglês) envolve o desenvolvimento de uma série de inovações por uma série de acadêmicos individualmente e empresas de engenharia. O que eles tinham em comum era o desejo de dispor de melhores e mais eficientes maneiras de criar novas tecnologias.

O advento dos softwares de CAD alterou para sempre o modo como algumas coisas são feitas. Também levou ao fim do tempo em que desenhistas faziam à mão os desenhos originais de todo tipo de máquina e objeto – de carros, barcos e pontes a peças de máquinas, aparelhos domésticos e microchips.

Os designers e os softwares de CAD podem ser encontrados em empresas de engenharia e fabricantes do mundo inteiro, e os produtos feitos com o uso dessa inovação estão em toda parte.

Os antecedentes

Ivan Sutherland é um dos pesquisadores de tecnologia mais bem-sucedidos do mundo. Passou a vida desenvolvendo ferramentas de computação e inovações. Foi no início dos anos 1960, quando concluía seu Ph.D. no Instituto de Tecnologia de Massachusetts (MIT), que ele inventou o que hoje é reconhecido como o primeiro software de CAD. Porém, Sutherland não cunhou o termo CAD, intitulando sua tese de Ph.D. de *Sketchpad: A man-machine graphical communication system.*

O *Sketchpad* era extraordinário de várias maneiras diferentes, embora o que talvez tenha sido mais revolucionário em sua época foi a maneira como o usuário podia apanhar uma caneta ótica e desenhar diretamente na tela. O sistema também permitia a automação do desenho e um sistema de memória que facilitava salvar a cópia original para duplicação e outros aprimoramentos. O *Sketchpad* mostrou, acima de qualquer dúvida, que os computadores podiam ser usados para desenhar e rascunhar com precisão e velocidade superiores às que os seres humanos podiam obter à mão.

Sutherland nem de longe estava sozinho em sua busca de ferramentas e produtos auxiliados por computador. Já em 1957, outro inventor, o Dr. Patrick J. Hanratty, desenvolvera um sistema chamado Pronto – uma ferramenta numérica útil em desenho, embora tivesse pouco da sofisticação gráfica da criação de Sutherland. As ideias de Hanratty também envolviam peculiaridades adicionais, como o uso de linguagens de computador que não eram usadas comumente, incluindo a sua própria – que provou ser incompreensível para a maioria das pessoas.

Ao longo dos anos 1960, empresas aeroespaciais e fabricantes de carros estavam investindo nos primeiros computadores e sistemas de CAD, na tentativa de fazer máquinas e produtos mais rápidos e eficientes. Universidades e fabricantes estavam se aproximando, ao mesmo tempo que seus objetivos se alinhavam. Enquanto as universidades forneciam as teorias e a visão, os fabricantes forneciam o respaldo financeiro e industrial. Nos Estados Unidos, grande parte da atividade estava concentrada no departamento de computação do MIT. No Reino Unido, o núcleo do movimento inicial de CAD estava na Universi-

O *Sketchpad* permitiu a seus usuários pela primeira vez desenhar em computadores.
Cortesia do MIT Museum

dade de Cambridge. Enquanto isso, na França, pesquisadores que trabalhavam na Renault estavam fazendo grandes avanços em geometria de curvas.

Nos anos 1970, a tecnologia de CAD já havia surgido completamente em unidades de pesquisa e desenvolvimento e havia entrado no setor comercial, embora em grande parte ainda fosse um negócio em 2D. O setor automobilístico estava particularmente entusiasmado com os benefícios do CAD, e fabricantes de carros trabalhavam com estudiosos para criar seu próprio software sob medida; a Ford tinha o PDGS, a General Motors usava o CADANCE, a Mercedes-Benz utilizava o SYRCO e a Toyota trabalhava com o TINCA. Fabricantes do setor aeroespacial também tinham seus próprios programas; a Lokheed criou o CADAM, a McDonnell-Douglas desenvolveu o CADD e a Northrop, o NCAD.

> **Ao longo dos anos 1960, empresas aeroespaciais e fabricantes de carros estavam investindo nos primeiros computadores e sistemas de CAD, na tentativa de fazer máquinas e produtos mais rápidos e eficientes.**

É claro que o emprego de novas tecnologias teria um impacto considerável na mão de obra, e pessoas que antes trabalhavam como desenhistas logo se viram obsoletas. Como o preço dos softwares diminuía e o poder dos computadores aumentava, o argumento para manter pessoas para desenhar à mão começou a parecer cada vez mais inútil. Uma nova geração de engenheiros – o "desenhista de CAD" – começava a surgir, juntamente com um novo tipo de empresa – a "empresa de CAD".

Os usuários de CAD estavam menos inclinados a ter seus próprios sistemas particulares, estavam satisfeitos comprando-os nas prateleiras. Cada vez mais, não era apenas o software que estava em questão, mas também o hardware em que este funcionava. Os computadores estavam evoluindo rapidamente nos anos 1980, e engenheiros estavam tentando desenvolver "a máquina" que se destacaria das demais. O uso doméstico de computadores também estava aumentando rapidamente e a demanda da indústria de jogos por máquinas mais rápidas e mais capazes também estava impulsionando inovações. Por fim, os preços estavam caindo enquanto a concorrência e as economias de escala reduziam os custos.

Os computadores estavam evoluindo rapidamente nos anos 1980, e engenheiros estavam tentando desenvolver "a máquina" que se destacaria das demais.

Houve vencedores em computação e houve, é claro, perdedores. Nenhuma empresa perdeu de maneira mais espetacular no mercado de CAD do que a Digital Equipment Corporation (DEC). No início dos anos 1980, a DEC estava fabricando uma série de "minicomputadores" VAX, usados regularmente por engenheiros de CAD. A empresa era líder incontestável no setor, ultrapassando todos os concorrentes em termos de qualidade e preço. Na época, calculava-se que a DEC seria a grande empresa de computadores da década, e seus executivos esperavam ver grandes lucros e salários ao longo dos anos seguintes. Mas, como sabemos hoje, numa indústria em que a tecnologia é crucial, ficar parado é o mesmo que recuar, e a DEC com certeza levou um choque.

Em meados da década, a indústria recebeu um forte golpe quando um engenheiro chamado Samuel Geisberg, que trabalhava na Parametric Technology Corp., criou um novo software chamado Pro/Engineer, para a estação de trabalho UNIX. Esse novo software, CAD 3D, era uma ferramenta mais potente, útil e ágil do que qualquer outra anterior, e muito mais fácil de usar. De repente, os computadores VAX desenvolvidos pela DEC já não eram a ferramenta escolhida. Depois de seu lançamento, em 1987, o Pro/Engineer tornou-se o software número um, e a estação de trabalho UNIX seria a escolha da indústria nos anos 1990, até os PCs chegarem para dominar.

Depois, em meados dos anos 1990, a indústria mudou drasticamente mais uma vez. A Microsoft lançou o Windows NT, uma nova forma de sistema operacional que traria a empresa de Bill Gates ao século XXI como a principal empresa de softwares de computador. Durante o mesmo período, a Intel lançou processadores cada vez mais potentes, abrindo novas possibilidades para as tarefas que os computadores podiam realizar. A indústria de softwares de CAD agora tinha a base para um desenvolvimento realmente excepcional e foi fortalecida por esses drivers durante muitos anos.

Hoje, os softwares de CAD estão firmemente inseridos em nossa infraestrutura industrial. Seu desenvolvimento tem ocorrido em paralelo a melhorias na potência da computação e do processamento, e também se tornou intimamente ligado à manufatura auxiliada por computador (CAM, na sigla em inglês), criada no mesmo período.

Impacto comercial

Uma das empresas de CAD de maior sucesso surgida nos anos 1970 foi a Auto-trol. Com sede no Texas, a Auto-trol entrou no mercado de CAD no início dos anos 1970, e em 1979 foi a primeira empresa do tipo a abrir seu capital. No fim da década, o mercado de CAD crescera e valia quase 1 bilhão de dólares.

Nos anos 1980, os computadores se tornaram mais populares, bem como os softwares de CAD. As empresas envolvidas nessa indústria conseguiram crescer rapidamente; empresas como a Computervision, a Intergraph e a McDonnell-Douglas eram grandes nomes, e em 1982 foi iniciada uma das mais bem-sucedidas em CAD: a Autodesk Inc.

Estima-se que o mercado de softwares de CAD atualmente valha em torno de 6 bilhões de dólares, sendo dominado pela Autodesk Inc., que teria uma participação de 36%. Existem mais de 5 milhões de usuários de CAD no mundo; a tecnologia tem permeado todos os principais setores de engenharia – de carros a usinas de energia, navios e produtos eletrônicos.

Estima-se que o mercado de softwares de CAD atualmente valha em torno de 6 bilhões de dólares.

Embora a maioria dos desenhos ainda comece à mão, o CAD oferece uma alternativa mais rápida e mais precisa ao antiquado lápis à medida que o processo amadurece, e permite uma comunicação mais eficiente entre desenhistas. Historicamente, quando você queria mudar um desenho, tinha que apagar a tinta, desenhar sobre ela e enviar o desenho de volta pelo correio. Mas agora, durante o planejamento de um projeto de construção ou engenharia, designers diferentes podem se conectar em diversas fases e atualizar os arquivos de CAD enquanto avançam. O CAD pode ser usado durante toda a fase do design – do desenho conceitual inicial até os testes do produto num ambiente virtual – e permite a engenheiros mecânicos e estruturais trabalhar em colaboração próxima e suave com arquitetos, de modo que qualquer problema é resolvido antes de eles chegarem ao local.

Nos últimos anos, o CAD começou a expandir além do território da engenharia, chegando aos campos de modelagem e conceituação. Hoje, a tecnologia é usada para tudo – de procedimentos médicos complexos à fabricação de câmeras, roupas e sapatos – e tem valorizado de maneira genuína cada indústria na qual entra. Em odontologia, por exemplo, os aplicativos da CAD e CAM são conhecidos por produzirem próteses rápidas e precisas, que minimizam o risco de infecção. Especialistas preveem que o mercado dentário de CAD e CAM chegará a um valor de 755 milhões de dólares em 2017.

O CAD também tem tido um papel essencial no surgimento de uma série de tecnologias auxiliares e pacotes de software; um exemplo notável é o gerenciamento de dados de produtos (PDM, na sigla em inglês), uma ferramenta holística que reúne documentos de CAD com outros documentos e imagens, permitindo que gerentes de projetos supervisionem um programa de design em sua totalidade. De acordo com as últimas pesquisas industriais, o valor do mercado de PDM pode chegar a 2,8 bilhões de dólares.

O que aconteceu em seguida?

O mercado de CAD deverá continuar a crescer nos próximos anos, enquanto surgem novos avanços tecnológicos. Embora a maioria dos usuários de CAD ainda esteja trabalhando em 2D, alternativas em 3D estão agora avançando a passos largos. De acordo com um relatório divulgado em agosto de 2010, o mercado de CAD 3D crescerá a um índice anual de mais de 15% entre 2009 e 2013. Os principais fatores serão a necessidade de reações mais rápidas a aberturas de mercado; a crescente importância da colaboração entre diversos membros da equipe de um projeto; a vantagem dos protótipos virtuais e das análises de situações hipotéticas; e a valorização do design de alta qualidade que minimiza o desperdício e o custo de refazer trabalhos.

Enquanto o software continua a amadurecer, o aplicativo típico de CAD se torna mais proativo e intuitivo. Muitos acreditam que as ferramentas de CAD vão realmente "pensar" para as pessoas que as utilizam – deduzindo o que elas estão desenhando e oferecendo opções de desenho preferenciais quando elas iniciam cada nova fase do processo.

Atualmente, o CAD em geral está restrito a usuários com conhecimento técnico, como arquitetos, engenheiros e designers. Porém, como se torna cada vez mais inteligente, a tecnologia poderá atrair entusiastas amadores e se abrir a uma série de outros usos.

> Muitos acreditam que as ferramentas
> de CAD vão realmente "pensar" para
> as pessoas que as utilizam.

18

A internet

Quando: 1969

Onde: Estados Unidos

Por que: A internet transformou a comunicação global, tornando o mundo "menor" e a interação mais rápida

Como: A necessidade do Pentágono de comunicação entre computadores em diferentes bases inspirou a Arpanet, que transmitiu a primeira mensagem em rede de comunicação em 1969

Quem: Departamento de Defesa dos Estados Unidos

Fato: O registro do nome de domínio mais caro é o da insure.com, comprado, segundo relatos, por 16 milhões de dólares pela QuinStreet, em 2009

Por tudo que fez surgir – das compras on-line às redes sociais –, não há dúvida de que a internet mudou nossas vidas para melhor. Com dispositivos ao alcance das mãos que nos dão acesso on-line 24 horas onde quer que estejamos, a internet está hoje tão integrada ao nosso dia a dia que é difícil imaginar a vida sem ela. Porém, na realidade, faz relativamente pouco tempo que a maioria das pessoas obteve acesso à internet.

Embora tenha sido originalmente concebida nos anos 1970, em seus primeiros estágios a internet era um território de cientistas de computação e de pessoas que a tinham como um hobby. Mas tudo isso mudou em meados dos anos 1990, quando uma série de novos provedores de serviços de internet tornou a rede disponível a um mercado mais amplo. Como resultado, a maneira como nos comunicamos foi radicalmente transformada.

Os antecedentes

A idade da internet é motivo de debate. De fato, o próprio significado da palavra "internet" é discutível. Alguns poderiam argumentar que a rede de cabos de telégrafo estabelecida no fim do século XIX constituía uma forma inicial de internet. Felizmente, se considerarmos a internet como a conhecemos e usamos hoje – como um meio de comunicação entre computadores –, fica mais fácil especificar sua idade e história.

Em 1969, a Agência de Projetos de Pesquisa Avançada em Defesa (Darpa, na sigla em inglês), do Pentágono, enfrentava um problema: queria permitir a comunicação entre três de seus terminais de computadores – em Cheyenne Mountain, no Pentágono e no QG do Comando Aéreo Estratégico. O resultado foi a Arpanet, que, segundo rumores um tanto míticos, era capaz de resistir a uma guerra nuclear. Porém, a tecnologia utilizada era realmente muito robusta. Os dois primeiros "hosts" (computadores centrais), na Universidade da Califórnia e na Universidade de Stanford, foram conectados em 29 de outubro de 1969. A primeira mensagem transmitida pela rede de comunicação deveria ser a palavra "login", mas foi mais fácil dizer do que fazer. As primeiras duas letras seguiram tranquilamente, mas o sistema pifou na letra "g" – um tipo de falha na rede que não é totalmente desconhecido hoje.

Embora a Arpanet tenha continuado a crescer (o Reino Unido estava conectado a ela em 1973), redes de comunicação rivais estavam surgindo no mundo inteiro. Na Europa, a rede Janet se tornou a opção preferida dos acadêmicos, enquanto a França desenvolveu sua própria versão, a Cyclades.

> ## Até então, afora alguns artigos na imprensa, o público em geral desconhecia quase inteiramente a existência da internet.

Com dezenas de novas redes de comunicação surgindo, era natural que alguém aparecesse com uma maneira de conectar todas elas, juntas. Essa pessoa veio a ser o gerente de programas da Darpa, Vint Cerf, que em 1974 propôs uma "inter-rede de comunicação" sem controle central, que funcionaria por meio de uma série de regras chamada protocolo de controle de transmissão (conhecida hoje em dia como TCP/IP) e permitiria a comunicação entre diferentes tipos de máquina. Embora essas regras acabassem sendo padronizadas na Arpanet, só nos anos 1980 as redes de comunicação finalmente se tornaram homogêneas.

Até então, afora alguns artigos na imprensa, o público em geral desconhecia quase inteiramente a existência da internet. O problema não era falta de interesse do público; era mais o fato de que a rede ainda era relativamente complexa e exigia certa quantidade de conhecimento técnico. Mas isso mudou com três desenvolvimentos, que vieram em rápida sucessão.

Primeiro, em 1985, foram criados os nomes de domínio. Para muitos, isso mudou o jogo. Embora alguns hosts ainda estivessem ligados a endereços de IP numéricos, difíceis de serem lembrados (168.192.1.1, por exemplo), as pessoas podiam agora alcançá-los digitando uma palavra, seguida de um dos sufixos aprovados. Os primeiros sufixos foram .com, .edu, .gov, .mil, .net, .org e (naturalmente) .arpa. A primeira empresa a registrar um endereço .com foi a fabricante de computadores americana Symbolics. com, em 15 de março de 1985. Algumas das maiores empresas de computadores ficaram para trás – a Apple.com só foi registrada em 1987, enquanto a Microsoft.com veio apenas em 1991. O registro do nome de domínio mais caro é o da Insure.com, comprado pela QuinStreet por 16 milhões de dólares em 2009. A Sex.com, registrada primeiramente por Gray Kremen, fundador da Match.com, em 1994, foi comprada pela Clover Holdings por 13 milhões de dólares, segundo relatos, em fevereiro de 2011.

Em 1985, foram criados os nomes de domínio. Para muitos, isso mudou o jogo.

O segundo dos três desenvolvimentos – e que provou ser um momento em que o jogo mudou na história da internet – foi instigado por (agora Sir) Tim Berners-Lee, um cientista da Organização Europeia de Pesquisa Nuclear (CERN, na sigla em inglês). Em 1989, Berners-Lee apareceu com a ideia da "linguagem de marcação de hipertexto" (HTML), uma linguagem de programação que permite aos usuários "ligar" documentos numa rede de comunicação. O projeto foi chamado de "WorldWideWeb" ("Rede de Alcance Mundial"), ou "WWW", e permitiria às pessoas visualizar informações – exclusivamente lendo – por meio de um programa chamado "browser" ("navegador").

Sir Tim Berners-Lee, o homem por trás da ideia do HTML e da World Wide Web, falando na Nesta.

Nesta

Berners-Lee decidiu juntar sua ideia à recém-desenvolvida internet, o que significou que pessoas de todo o mundo poderiam acessá-la. Quando a WWW foi inventada, havia cerca de 159 mil hosts conectados à Arpanet, e a capacidade de pôr informações ali, numa série de "páginas", foi revolucionária. A primeira página na internet foi a info. cern.ch, e simplesmente explicava o que era: "uma iniciativa de recuperação de informações em hipermídia numa área ampla".

O avanço final foi a criação do primeiro navegador de internet fácil de usar, o Mosaic, em 1993, que tornou a internet facilmente acessível a não programadores pela primeira vez. O navegador foi desenvolvido na Universidade de Illinois, mas não se manteve no primeiro lugar por muito tempo: o Netscape Navigator, que acabou se tornando uma ferramenta de segurança crucial na internet, surgiu no ano seguinte. A essa altura, havia quase 4 milhões de computadores conectados à internet – a World Wide Web estava caminhando para se tornar o serviço que conhecemos hoje.

Impacto comercial

Os primeiros anos da internet foram marcados por diversas tentativas de se ganhar dinheiro, e os primeiros anúncios autorizados começaram a aparecer no fim de 1994. Os exemplos incluíam a revista on-line HotWired, que começou publicando anúncios de nomes como AT&T, Sprint, MCI e Volvo. O Pathfinder, um portal na internet semelhante ao AOL lançado pela Time-Warner em outubro do mesmo ano, também continha anúncios.

Enquanto a popularidade dos anúncios na internet aumentava, publicações de conteúdo de informação, como jornais, começaram a perceber que podiam ganhar dinheiro com seus produtos on-line oferecendo anúncios. Logo, os anúncios na internet eram lugar-comum, com anunciantes usando pop-ups, pop-unders, slogans de neon colorido e até músicas curtas para promoverem suas marcas. Fomentada pela procura dos anunciantes, a propaganda na internet se tornou a maneira mais popular de ganhar dinheiro num site.

No segundo trimestre de 1999, os gastos on-line chegaram a quase 1 bilhão de dólares.

O início da "bolha ponto com" em geral é considerado o dia 9 de agosto de 1995, quando a empresa Netscape fez sua oferta pública inicial, depois de conquistar uma participação no mercado de mais de 90% em meados dos anos 1990. Inicialmente, a empresa pretendia dar a seu estoque o preço de 14 dólares por ação, mas no último minuto decidiu que seria de 20 dólares. Em determinada etapa, o preço chegou a 75 dólares.

Centenas de empresas da internet começaram a seguir o exemplo. Em muitos casos, as ofertas públicas iniciais foram conduzidas por empreendedores que buscavam um crescimento rápido por meio de faturamento com anúncios e requisitaram investimentos substanciais de capitalistas de risco para realizar sua estratégia. Uma das máximas do Vale do Silício na época era "cresça ou desapareça". De fato, não era raro uma empresa dobrar ou triplicar de tamanho a cada três meses.

Vários especialistas manifestaram preocupação de que empreendedores estivessem ignorando as expectativas a longo prazo de seus negócios. Analistas falavam sobre a diferença entre economias "novas" e "velhas" – na nova economia, sequer se falava em lucro. Acreditava-se amplamente que, contanto que os sites em questão tivessem usuários – ou "eyeballs" ("globos oculares"), como se dizia na época –, o lucro acabaria chegando, mais cedo ou mais tarde, aos negócios. Até então, os empreendedores tinham milhares de dólares em dinheiro de investidores, que com frequência eram gastos em extravagâncias, como escritórios sofisticados. Mas os investidores não se importavam, e muitos apoiavam essa estratégia. Uma tática comum era investir em tantas possibilidades quanto possível e deixar que o mercado decidisse qual delas teria êxito.

Em 2000, o Nasdaq Composite estava negociando a 5.048,62 pontos – mais de cinco vezes mais do que havia negociado nos cinco anos anteriores. Ninguém sabe exatamente o que desencadeou a enorme queda – ou o "estouro" da "bolha ponto com" –; mas, no fim de semana de

10 de março de 2000, vários pedidos de venda de muitos milhões de dólares de estoques de grandes empresas de tecnologia foram processados ao mesmo tempo. Quando abriu na segunda-feira seguinte, a Nasdaq havia caído 4%, de 5.038 para 4.879 pontos – sua maior liquidação durante o ano inteiro.

No ano seguinte, milhares de empresas faliram enquanto investidores perdiam cada vez mais a confiança nos modelos de negócios insustentáveis que haviam caracterizado o boom – e se recusavam a investir qualquer dinheiro a mais. Enquanto isso, empreendedores lutavam para conter seus custos. A varejista de moda on-line Boo.com ficou famosa por gastar 188 milhões de dólares em apenas seis meses antes de falir, em maio de 2000, enquanto o provedor de serviços na internet freeinternet.com (nem mesmo seu nome parece soar promissor a investidores) perdeu 19 milhões de dólares em faturamentos de menos de 1 milhão de dólares em 1999, terminando por pedir falência em outubro de 2000.

> **Ninguém sabe exatamente o que desencadeou a enorme queda – ou o "estouro" da "bolha ponto com" –; mas, no fim de semana de 10 de março de 2000, vários pedidos de venda de muitos milhões de dólares de estoques de grandes empresas de tecnologia foram processados ao mesmo tempo. Quando abriu na segunda-feira seguinte, a Nasdaq havia caído 4% [...]**

Mais recentemente, tem-se falado novamente em uma segunda "bolha ponto com", com as avaliações de empresas relativamente novas e com históricos financeiros limitados – como Twitter, Facebook e Groupon – comandando enormes avaliações baseadas em lucros que desafiam o mercado e faturamentos variados. Entretanto, o valor total das vendas na internet continua a aumentar, com o Departamento de Comércio dos EUA prevendo que as vendas no comércio eletrônico americano passariam de 188 bilhões de dólares em 2011, enquanto no

Reino Unido foram gastos 58,8 bilhões de libras on-line em 2010, com a IMRG Capgemini prevendo vendas de 68 bilhões de libras em 2011.

Sites como o e-Bay, que teve um faturamento de 9 bilhões de dólares em 2010, e a Amazon, que movimentou 34 bilhões de dólares da 2010, respondem por uma proporção significativa desses números. Da mesma forma, o provedor de serviços de pagamento PayPal alega hoje ter 100 milhões de correntistas e previa chegar a um faturamento de 3,4 bilhões de dólares em 2011.

Em outras áreas, a internet tem possibilitado o crescimento de outras indústrias. A videoconferência e a comunicação em vídeo em tempo real não seriam possíveis sem a introdução do Voice-over Internet Protocol (VoIP). O Skype, por exemplo, relatou um faturamento de 860 milhões de dólares em 2010 e 145 milhões de usuários por mês. Sites que compartilham mídia, como o YouTube, são outro exemplo. O site de compartilhamento de vídeos veicula mais de 1 bilhão de vídeos por dia e está se aproximando de um faturamento anual de 1 bilhão de dólares. Os sites de encontros, entre os quais o Match.com é o maior, com uma renda anual de 343 milhões de dólares, e os bancos on-line, que teriam mais de 22 milhões de usuários só no Reino Unido, desestabilizaram completamente indústrias tradicionais. E há previsões de que a computação em nuvem, que oferece serviços de negócios on-line, será um mercado de 86 bilhões de dólares em 2016, de acordo com a empresa de pesquisas Visiongain.

> ## A internet tem possibilitado o crescimento de outras indústrias. A videoconferência e a comunicação em vídeo em tempo real não seriam possíveis sem a introdução do Voice-over Internet Protocol (VoIP).

A internet destruiu uma grande quantidade de varejistas tradicionais e eliminou ou diluiu bastante o poder de nomes dominantes em muitas grandes indústrias de consumo, como as de música e viagens – um resultado que poucos acreditariam ser possível apenas vinte anos antes.

O que aconteceu em seguida?

Estima-se que existam hoje cerca de 346 milhões de sites e 2,1 bilhões de usuários de internet no mundo. A banda larga tornou a internet uma experiência consideravelmente mais eficiente, e a procura por bandas cada vez maiores continua insaciável. Sem falar do avanço dos aparelhos móveis que se conectam à internet.

A internet é hoje o fórum primordial para o arsenal de marketing de muitas empresas.

A previsão para 2011 era de que, só nos Estados Unidos, os varejistas gastariam 220,9 milhões de dólares em aparelhos móveis e o volume de vendas desses aparelhos chegaria a 9 bilhões de dólares. Além disso, em 2010 a população mundial foi responsável pelo envio de 6,1 trilhões de mensagens em texto, sendo que as empresas automatizadas e o setor público são responsáveis por uma parte cada vez maior dessas mensagens. Essa atividade e a existência de mercados de aparelhos móveis relativamente subdesenvolvidos levaram a ABI Research a prever que em 2015 o valor de bens e serviços comprados globalmente por meio de aparelhos móveis chegará a 120 bilhões de libras.

A ABI sem dúvida observou mercados emergentes em busca de sinais de grande parte desse crescimento previsto. A China, por exemplo, tem, segundo relatos, 800 usuários de aparelhos móveis com internet. Previa-se que a Índia teria 260 milhões de usuários de internet móvel no fim de 2011. Já na África – um continente onde os telefones celulares representam 90% de todos os telefones em uso e onde se estima que 500 milhões de pessoas têm celular – a penetração dos smartphones tem muito mais espaço para avançar.

E ainda há o poder da mídia social. Sites como Facebook, Twitter e Linkedin mudaram a maneira como as empresas se comunicam com seus clientes. Hoje em dia, as empresas precisam ter consciência de como suas marcas são retratadas não apenas na mídia, mas também em sites como Twitter e Facebook, nos quais os clientes estão conversando sobre elas. A mídia social se tornou um RP essencial e uma ferramenta de marketing para milhões de empresas; de acordo com um relatório de analistas da BIA/Kelsey, o faturamento com propaganda na mídia social chegará a 8,3 bilhões de dólares em 2015.

De fato, para os negócios, a internet é hoje significativamente mais mensurável do que em seus primeiros tempos. Empresas podem hoje formar um quadro muito mais claro das necessidades e hábitos de seus clientes, tornando suas estratégias de marketing um processo mais científico – e, com isso, tornando seus anúncios mais direcionados e relevantes. Talvez não seja surpresa que a internet seja hoje o fórum primordial para o arsenal de marketing de muitas empresas. E, longe de ter um adversário em seu meio, ela está crescendo, se desenvolvendo e avançando todos os dias.

Anos 1970

19

A calculadora de bolso

Quando: 1970

Onde: Estados Unidos, Japão e Reino Unido

Por que: Cálculos que antes precisavam de um computador muito pesado podiam agora ser realizados em movimento, o que aumentou muito a eficiência

Como: Avanços em matemática, microprocessamento e outros campos

Quem: Texas Instruments

Fato: Entre 1971 e 1976, o custo de uma calculadora de bolso caiu mais de 90%

Em seu auge, a calculadora de bolso se tornou um item obrigatório para qualquer criança que ia à escola, qualquer funcionário de escritório e qualquer profissional em todo o mundo ocidental. Era um símbolo de como as inovações tecnológicas estavam tendo um impacto sobre a vida diária. Hoje, embora ainda presente, para muitas pessoas essa ferramenta portátil tem sido substituída por softwares encontrados em computadores, laptops e celulares.

A calculadora como objeto independente parece agora estar de lado na era dos aparelhos de muitas funções e da internet. Porém, essas formas iniciais de computar foram uma força democrática que levou o poder de processar para as pontas dos dedos de multidões.

Os antecedentes

Ao longo dos anos 1960, inventores e fabricantes trabalharam intensamente no desenvolvimento da calculadora. A portabilidade, o abastecimento de energia, a funcionalidade e a precisão do aparelho passaram por mudanças e desenvolvimentos consideráveis e os primeiros antecessores da calculadora de bolso chegaram ao mercado. Porém, esses aparelhos, embora revolucionários, estavam longe daqueles que seriam produzidos na década seguinte.

Os anos 1970 foram marcados por uma luta feroz por supremacia entre fabricantes de calculadoras, e essa luta aconteceu nos laboratórios de pesquisa e desenvolvimento e nas grandes ruas de comércio.

Em sua maioria, as calculadoras dos anos 1960 eram montadas sobre mesas (eram pesadas e grandes demais para serem plenamente portáteis), exigiam um abastecimento de energia elétrica e dispunham de impressoras de papel, em vez de visores eletrônicos. Também eram caras demais para ser tornarem produtos do mercado de massa e eram compradas principalmente por empresas e profissionais, e não por consumidores. No entanto, em 1970 a maioria das pesquisas e desenvolvimentos necessários para fabricar uma calculadora de bolso para as massas havia sido realizada. Grande parte desse trabalho fora executado por pesquisadores da Texas Instruments (TI), mais notadamente por Jack Kilby, que criou o circuito integrado.

Os anos 1970 foram marcados por uma luta feroz por supremacia entre fabricantes de calculadoras, e essa luta aconteceu nos laboratórios de pesquisa e desenvolvimento e nas grandes ruas de comércio. Houve muitos vencedores e perdedores à medida que os fabricantes buscavam as demandas e necessidades dos consumidores. Grande parte do que foi conquistado no mercado de calculadoras de bolso seria visto novamente quase trinta anos depois na arena dos telefones celulares; os fabricantes se esforçavam para criar aparelhos mais baratos e menores e, ao mesmo tempo, tentavam identificar as exigências dos consumidores em termos de funcionalidade e procuravam resolver a questão do abastecimento de energia e da durabilidade da bateria.

Impacto comercial

No fim de 1970 e início de 1971, as primeiras calculadoras de bolso chegaram ao mercado. Mas se eram realmente calculadoras "de bolso", isso dependia do tamanho do bolso do consumidor, tanto fisicamente (eram grandes) quanto metaforicamente (custavam algumas centenas de dólares). Uma das mais notáveis era a Canon Pocketronic, que usava chips desenvolvidos pela TI. Também chegou ao mercado em 1970 a Sharp Compet QT-8B, reconhecida como a primeira calculadora eletrônica do mundo a funcionar com bateria.

A TI – que abrira o caminho para a indústria com o desenvolvimento de sua calculadora experimental "Cal Tech" – só entrou no mercado em 1972. Porém, quando entrou, fez isso com estilo, lançando a TI 2500 "Datamath", logo seguida pela TI 3000 e pela TI 3500. Esses primeiros modelos tinham visor em LED e baterias recarregáveis, pesavam menos de meio quilo e foram vendidos a menos de 150 dólares – realmente, um aparelho para o mercado de massa. Talvez tenha sido justo que o trabalho pioneiro da TI no fim dos anos 1950 e nos anos 1960 tenha levado a empresa a obter a patente da calculadora portátil em 1974. Porém, a batalha pela participação no mercado continuaria, assim como a corrida para alcançar avanços tecnológicos cruciais.

A Sharp QT-8B "micro Compet", uma das primeiras calculadoras portáteis a funcionar com bateria.
www.vintagecalculators.com

No início e em meados dos anos 1970, empresas do mundo inteiro haviam entrado no mercado em rápida ascensão das calculadoras de bolso. A Casio, a Commodore, a Rapid Data, a Lloyds, a Digitrex e a HP começaram a competir com a TI, a Canon e a Sharp. Uma das principais empresas britânicas a impulsionar o mercado foi a Sinclair, liderada pelo gênio da engenharia Clive Sinclair. A Sinclair Executive foi a primeira calculadora que realmente cabia no bolso em todos os sentidos.

Utilizados pela Sharp Electronics no Japão, os visores de LCD (cristal líquido) foram a inovação seguinte da calculadora de bolso, exigindo bem menos energia para funcionar e aumentando, portanto, o tempo de vida da bateria. Isso, por sua vez, significou que outras funções puderam ser acrescentadas além das quatro operações básicas (adição, subtração, divisão e multiplicação). O aumento da concorrência e a redução do custo dos componentes também estavam empurrando os preços para baixo. Perto do fim da década, unidades podiam ser compradas a 20% do preço que tinham em 1972.

Em 1975, a *New Scientist* afirmou que o mercado de calculadoras de bolso valia 2,5 bilhões de dólares. Porém, nos anos turbulentos da década de 1970, fazer previsões sobre valor de mercado era um jogo perigoso. Além disso, a redução dos preços e a concorrência significaram que muitas empresas abandonaram o mercado, entre elas a Sinclair, que obtinha sucesso em um mercado mais lucrativo; o dos computadores pessoais. Fabricantes também superestimaram a demanda do mercado, e foram relatados vários casos de depósitos cheios de produtos indesejados.

O que aconteceu em seguida?

No fim dos anos 1970, o rápido desenvolvimento da calculadora de bolso se completou em grande parte, incluindo o desenvolvimento de células solares, que solucionaram o problema de tempo de vida da bateria. O mercado passara por um período conturbado, seguido de uma consolidação, e os grandes nomes continuariam a competir ao longo dos anos 1980 e depois. Os principais nomes – TI, Casio, Canon e HP – ainda estão ativos no mercado, mas seus interesses agora estão além das calculadoras de bolso.

> **As calculadoras de bolso permanecem até hoje porque têm preço acessível, são inerentemente úteis e tão fáceis de usar que qualquer pessoa (inclusive crianças pequenas) pode utilizá-las sem instrução.**

Os produtos eletrônicos representam hoje uma parte enorme de nossas vidas, tanto no trabalho quanto em nosso tempo de lazer. Muitas empresas que ganharam proeminência por meio de aparelhos como a calculadora de bolso migraram agora para outras áreas mais lucrativas, como a dos computadores domésticos.

As calculadoras de bolso permanecem conosco até hoje porque têm preço acessível, são inerentemente úteis e tão fáceis de usar que qualquer pessoa (inclusive crianças pequenas) pode utilizá-las sem instrução. Entretanto, até hoje alguns educadores reclamam que a introdução delas na sala de aula significou que uma geração cresceu achando que as operações básicas de matemática não são importantes. Enquanto isso, seus entusiastas argumentam que na verdade essas máquinas incentivam o gosto pela matemática. Mas o que está claro é que as calculadoras continuarão presentes em nosso cotidiano, de uma forma ou de outra, enquanto precisarmos fazer contas – e é pequena a possibilidade de que isso termine num futuro próximo.

20

Companhias aéreas econômicas

Quando: 1971

Onde: Estados Unidos e Europa

Por que: As companhias aéreas econômicas transformaram a indústria da aviação, aumentando substancialmente o volume de passageiros

Como: Empreendedores ultrapassaram os antigos e estabelecidos interesses dos governos e das empresas aéreas por eles patrocinadas. Herb Kelleher, da Southwest Airlines, foi na frente e outros o seguiram

Quem: Southwest Airlines

Fato: A indústria aeroespacial responde por 8% do PIB global

As companhias aéreas econômicas parecem ser amadas e odiadas em medidas iguais. Amadas por muitos consumidores por oferecerem a viajantes menos afluentes rotas baratas e rápidas para destinos que antes estavam fora de seu alcance. Mas odiadas por ambientalistas e clientes que reprovam o serviço fraco oferecido por algumas delas, e que não leram as letras miúdas e foram aferroados por cobranças ou extras escondidos.

Essas empresas são conhecidas como um grupo rebelde, e às vezes arrogante, que parece estar em guerra quase constante com reguladores, concorrentes e com quem quer que as tenha incomodado sem querer esta semana. Mas o setor sem serviços de luxo é hoje uma parte considerável, lucrativa e crescente das viagens aéreas, e parece determinado a permanecer assim por algum tempo.

Os antecedentes

As viagens aéreas domésticas começaram para valer depois da Segunda Guerra Mundial, e os motores a jato para uso civil estavam sendo utilizados nos anos 1950. Nos anos 1960 e 1970, as companhias aéreas, em sua maioria, levavam a bandeira de seu país, muitas vezes patrocinadas por seus respectivos governos ou pertencentes a eles. Algumas delas mantinham uma postura um tanto patriótica, se não régia. Os pilotos com frequência eram ex-aviadores militares, e isso só fazia aumentar a sensação de que as empresas aéreas faziam parte do sistema governante.

Para muitos, a British Airways era a síntese da exclusividade associada às viagens aéreas. Aqueles que viajavam de avião nos primeiros anos da indústria eram em geral os mais ricos, e o voo em si era visto como um acontecimento; os passageiros se vestiam com elegância para a ocasião e consideravam a refeição e a bebida parte da experiência. Os preços altos em geral eram aceitos como consequência inevitável dessa maneira luxuosa de viajar. Mas não demorou para que empreendedores de fora da indústria começassem a ver brechas potenciais no mercado para um novo tipo de serviço.

O crescimento dos "pacotes de férias" coincidiu com a sensação de emancipação que prevalecia no fim dos anos 1960. Nesses pacotes, as operadoras de turismo fretavam aviões inteiros para transportar seus clientes, como parte de um negócio com tudo incluído. Uma das primeiras operadoras desse tipo foi a Eurasia, que abriu voos saindo de Manchester em 1961. Outras operadoras de turismo, como a Thomas Cook, vieram logo em seguida. A indústria literalmente decolou no início dos anos 1970, e com ela o turismo em destinos antes raramente visitados, como Creta e Algarve.

O crescimento dos "pacotes de férias" coincidiu com a sensação de emancipação que prevalecia no fim dos anos 1960.

Mas foi nos Estados Unidos que aconteceu uma verdadeira revolução nas companhias aéreas: um modelo que enfatizava o custo menor em detrimento do luxo, cortando extras, utilizando aeroportos menores para reduzir custos e abolindo a reserva de lugares. O mundo viu o surgimento das empresas aéreas econômicas num pequeno campo de aviação no Texas – um fenômeno que mudaria o modo como os passageiros veriam as viagens e abriria a aviação para as massas pela primeira vez.

As aeromoças da Southwest Airlines usavam shorts nos anos 1970.

Cortesia de foto da Southwest Media

155

A Southwest Airlines foi a primeira companhia aérea econômica do mundo, pioneira no modelo de negócios que a conduziu a um enorme sucesso, assim como a outras que vieram em seguida. Foi estabelecida em 1967 por um grupo de investidores comandado por Herb Kelleher, e planejada para realizar voos de negócios dentro do estado do Texas, entre Houston, Dallas e San Antonio. Porém, devido aos desafios legais mantidos pelas grandes companhias aéreas do estado, a Southwest só entrou realmente no negócio em 1971. Inicialmente oferecendo voos entre Dallas e Houston, a empresa tomou a decisão de reduzir os preços cortando luxos não essenciais, antes considerados parte integral do voo. Não havia refeição nem bebidas grátis, a empresa tinha apenas uma classe de passageiros e não havia lugares reservados, o que significava que a empresa podia encher mais aviões e reduzir custos. Os voos também partiam de aeroportos "secundários", e não dos principais, mais caros e famosos, o que cortava ainda mais os custos. De início, uma passagem de ida custava apenas vinte dólares, e a empresa oferecia voos entre Dallas e Houston a cada hora redonda, tornando o serviço ao mesmo tempo barato e conveniente para pessoas em viagens de negócios.

E a empresa não queria se apresentar como uma companhia aérea sisuda, puritana, o que poderia aparentar ao manter um serviço sem luxos. Na verdade, era o oposto. Numa referência à sua base, Love Field, em Dallas, a companhia começou a cultivar uma imagem corporativa de "amor" – as aeromoças eram selecionadas por serem consideradas atraentes e usavam shorts e botas de cano longo, um apelo aos clientes, na maioria homens de negócios (essa prática foi encerrada em 1980, quando as aeromoças ganharam o direito de não usar shorts no trabalho). A Southwest também pintou seus aviões nas cores vermelha, azul e laranja, permitindo o reconhecimento imediato da marca mesmo a milhares de metros de altura – uma prática seguida hoje por muitas companhias econômicas, como a easyJet, com sua distintiva cor laranja.

Logo, outras empresas aéreas do Texas seguiram o modelo econômico e, em 1983, a Southwest se envolveu numa guerra de preços com a rival Braniff. Como resultado, os clientes viram os preços das viagens de ida e volta entre Houston para Dallas caírem para 13 dólares, além de lhes serem oferecidos extras como bebida alcoólicas grátis e baldes de gelo em retribuição à preferência. As companhias aéreas econômicas estavam a caminho de se tornarem grandes negócios.

Quando o Congresso desregulamentou as empresas aéreas americanas, em 1978, a Southwest se tornou livre para expandir suas operações fora do estado, e imediatamente partiu para comprar outras companhias aéreas domésticas e ampliar seu alcance no país, começando pela compra da Midway Airlines, de Chicago, em 1978.

A primeira companhia aérea sem luxos a cruzar o Atlântico foi estabelecida por um empreendedor britânico chamado Freddie Laker (mais tarde Sir Freddie). A Laker Airways foi criada em 1966, inicialmente como uma empresa de voos fretados. Porém, Laker concebeu um serviço rápido e simples de voos diários de Londres para Nova York. As poltronas eram vendidas num esquema "o primeiro a chegar, o primeiro a ser atendido", porque não havia reservas. E as passagens custavam apenas 30 libras. Laker chamou seu avião de "Sky Train", e pediu autorização para que entrasse em atividade em 1971. Porém, as autoridades britânicas não estavam preparadas para os planos de Laker e constantemente punham obstáculos e restrições a seus negócios. Havia pessoas preocupadas com o número de aviões que decolavam de Heathrow, devido às questões de segurança, bem como à poluição e ao barulho que podiam causar.

A primeira companhia aérea sem luxos a cruzar o Atlântico foi estabelecida por um empreendedor britânico chamado Freddie Laker [...] Laker chamou seu avião de "Sky Train".

O Sky Train finalmente decolou, embora não voasse com tanta frequência quanto Laker gostaria e tivesse que decolar de Stansted, em vez de Heathrow. Outras operadoras transatlânticas também jogaram pesado, reduzindo preços na tentativa de tirar Laker do negócio. Enquanto durou, a Laker Airlines foi envolvida em disputas com a Autoridade de Aviação Civil e o governo. A visão de Laker não era compatível com a postura não competitiva e de mercado fechado vigente na época. Em 1982, depois de uma história confusa, a Laker Airlines abriu falência, embora seu fundador tivesse conquistado a admiração de muitos como resultado de seus esforços.

Impacto comercial

As principais empresas aéreas podem ter visto Laker sair dos negócios, mas novos concorrentes estavam se organizando para conseguir uma fatia do crescente setor. No início dos anos 1980, o mercado de viagens aéreas ainda era dominado por alguns grandes nomes, e quase metade de todos os voos acontecia dentro dos Estados Unidos. No entanto, diversas mudanças cruciais abriram o caminho para a indústria em rápido crescimento que temos hoje. Essas mudanças tiveram consequências comerciais mais amplas para a indústria de turismo.

Primeiramente, mudanças legislativas – como a desregulamentação da indústria de aviação no fim dos anos 1970 e a privatização de muitas companhias estatais, como a British Airways, nos anos 1980 – facilitaram aos novos participantes entrar no setor e desafiar a ordem existente. Antes, governos controlavam fatores como o número de voos, tarifas aéreas e destinos, mas nos Estados Unidos, na Europa, no Japão e em partes da América do Sul essas restrições deram lugar a forças do mercado.

Em segundo lugar, ciclos econômicos finalmente começaram a atuar em favor dos novos participantes. As recessões no fim dos anos 1970, no início dos anos 1980 e novamente no início dos anos 1990 significaram que os iniciantes puderam conseguir espaço no hangar de aeronaves por preços bem menores e puderam também encontrar funcionários experientes que haviam sido vítimas do desaquecimento econômico.

A paisagem política da Europa mudou radicalmente com o colapso do comunismo no Leste Europeu, no início dos anos 1990. Isso abriu uma série de novos destinos aos viajantes e expandiu a necessidade de novos aeroportos e aviões. Novas desregulamentações nos negócios – em especial o Mercado Único criado pela Comunidade Econômica Europeia (CEE) em 1992 – aumentaram a sensação de liberdade e abertura, e destinos como Praga, antes praticamente inacessível, tiveram uma enorme e contínua explosão de turismo.

Nos anos 1980 e 1990, os voos baratos e os modelos de negócios econômicos foram adotados por muitas empresas no mundo. Uma das mais bem-sucedidas foi a Ryanair, fundada em Dublin em 1985. A companhia começou oferecendo voos de Waterford, na Irlanda, para Londres. Logo começou a crescer, mas não era particularmente lucrativa. Porém, isso mudou em 1988 com a chegada do CEO Michael O'Leary. O'Leary soubera do modelo de baixo custo adotado pela Southwest Airlines e estava convencido de que este podia funcionar na Ryanair. Ele provou que estava certo e, em 1997, estava pronto para tornar a empresa pública e usar o dinheiro para lançar um grande desafio à indústria da aviação. Em 2003, o faturamento foi de mais de 1 bilhão de libras e a companhia estava altamente lucrativa.

Os anos 1990 também foram marcados pelo crescimento da companhia aérea easyJet, de Stelios Haji-Ioannou. Fundada em 1995 e oferecendo inicialmente serviços domésticos para Londres e Escócia, a empresa conquistou muitos passageiros com seu compromisso de oferecer viagens aéreas "pelo preço de um par de jeans" e ganhou evidência nos primeiros anos simplesmente exibindo um enorme número de telefone na lateral de seus aviões. Em 2003, adquiriu por 374 milhões de libras a companhia econômica rival Go Travel, quase dobrando o número de aviões de sua frota. A easyJet passou a transportar mais passageiros do que qualquer outra empresa aérea com sede no Reino Unido, e seus característicos aviões laranja podem hoje ser vistos em 118 aeroportos do mundo.

Hoje, a Southwest é a maior companhia aérea dos Estados Unidos e realiza 3.400 voos por dia para destinos em todo o país, tendo relatado um faturamento de 12 bilhões de dólares em 2010.

O que aconteceu em seguida?

Ao longo dos últimos 60 anos, as viagens aéreas cresceram mais e mais. Representam hoje uma parte importante da economia mundial, empregando diretamente mais de 5 milhões de pessoas. Existem atualmente cerca de 900 empresas aéreas em operação, com um total de aproximadamente 22 mil aviões. É difícil medir o impacto do transporte aéreo sobre a economia global, mas grupos como o Air Transport Action Group acreditam que este responda por 8% do PIB mundial, ou 2,9 bilhões de dólares. As companhias aéreas econômicas tiveram um papel enorme nesse crescimento e se tornaram grandes empresas. A Ryanair, hoje a maior companhia aérea econômica da Europa, transportou 33 milhões de passageiros em 2008 e atualmente fatura cerca de 360 milhões de libras por ano.

21

E-mail

Quando: 1971

Onde: Estados Unidos

Por que: Ao proporcionar uma forma de correspondência mais barata, mais rápida e mais conveniente, o e-mail mudou para sempre a maneira de nos comunicarmos

Como: Cientistas e tecnólogos queriam criar um método de trocar mensagens digitais eletronicamente

Quem: Muitas pessoas são reconhecidas por suas contribuições para a evolução do e-mail, mas Ray Tomlinson com frequência é considerado seu inventor original

Fato: A rainha Elizabeth II foi a primeira chefe de Estado a enviar uma mensagem por e-mail

Para a maioria das pessoas, é difícil imaginar a vida sem e-mail. Seja para nos comunicarmos com colegas ou clientes ou para fazermos planos com amigos para o fim de semana, todos nós dependemos fortemente desse método digital de comunicação. Você só precisa ver as expressões aflitas na cara dos colegas quando o servidor de e-mail deixa de funcionar no escritório para entender a importância dele na vida moderna. A globalização e o aumento da terceirização significam que os colegas estão muitas vezes espalhados pelo mundo: o e-mail é uma maneira instantânea de se comunicar com eles sem custo, ou sem incômodos, e de organizar reuniões pessoais ou teleconferências.

Os antecedentes

Embora, de uma maneira geral, o e-mail (forma abreviada de *electronic mail*, ou correio eletrônico) só faça parte de nossa rotina há duas décadas, desde o início dos anos 1960 ele vem zanzando por aí, de uma forma ou de outra. Não apenas ele é anterior à internet conforme a conhecemos hoje, como foi, de modo argumentável, uma ferramenta crucial para a criação desta.

A troca de mensagens eletrônicas em sua forma mais básica existe desde os velhos tempos dos sistemas de tempo compartilhado, revelados pela primeira vez no Instituto de Tecnologia de Massachusetts, nos Estados Unidos, em 1961. Essa tecnologia permitia a vários usuários conectar-se ao mesmo computador central por acesso discado. Em 1965, o e-mail foi criado para permitir que vários usuários de um computador central se comunicassem uns com os outros por meio de um processo que era tão simples quanto deixar um memorando na mesa de um colega.

Essa forma inicial de e-mail permitiu que centenas de colegas de trabalho se correspondessem. Mas as mensagens só podiam ser trocadas entre pessoas que trabalhavam no mesmo computador central, e havia pouca ou nenhuma interoperabilidade. Mesmo quando a tecnologia se desenvolveu a ponto de permitir o envio de mensagens entre organizações, os computadores centrais só podiam se comunicar se tivessem o mesmo sistema de e-mail e o mesmo protocolo de propriedade. Um dos maiores problemas era que, para se comunicarem através de diferentes redes e sistemas, os computadores precisavam de uma maneira de identificar um ao outro. Assim como é preciso escrever um endereço num envelope antes de pôr uma carta no correio, os computadores precisavam identificar para onde estavam enviando aquelas informações importantes, e às vezes sigilosas.

Em 1971, Ray Tomlinson, um engenheiro que trabalhava no desenvolvimento da Arpanet, antecessora da internet, começou a trabalhar num sistema para enviar e-mails entre computadores separados. Num processo que dizia durar apenas algumas horas, Tomlinson pegou um programa chamado SNDMSG, capaz de enviar e-mails por um sistema local, e o fundiu a outro programa, chamado CPYNET, que fora desenvolvido para enviar arquivos a outros computadores conectados na Arpanet.

Tomlinson pegou então o símbolo "@" num teclado para separar o nome do usuário ou receptor do e-mail e criou a simples convenção "nome do usuário-@-nome do computador dele" para os endereços de e-mail. Em outubro de 1971, ele enviou o primeiro de todos os e-mails de uma máquina para outra, sentado bem ao lado dela e usando a conexão Arpanet. Embora suas lembranças sobre esse acontecimento sejam vagas – ele não se lembra sequer do conteúdo da mensagem –, Tomlinson é hoje amplamente reconhecido como "o pai do e-mail". E em diversas encarnações do e-mail e da internet, o sinal "@" persistiu, tornando-se um símbolo da era digital.

> **A troca de mensagens eletrônicas em sua forma mais básica existe desde os velhos tempos dos sistemas de tempo compartilhado, revelados pela primeira vez no Instituto de Tecnologia de Massachusetts, nos Estados Unidos, em 1961.**

O e-mail logo se tornou a aplicação mais popular da Arpanet, e começou a despertar interesse em outros campos. Alguns dos primeiros a adotá-lo eram das forças armadas americanas, porque essa era uma boa maneira de se comunicar com companheiros posicionados em outras bases. E não demorou para que seu uso se espalhasse para o mundo corporativo, com o surgimento dos pacotes comerciais feitos sob medida. Em 1978, 75% do tráfego na Arpanet era de e-mails.

Outro desenvolvimento tecnológico e social crucial que influenciou a evolução do e-mail foi a crescente popularidade do computador pessoal, ou PC. Esses computadores continham um software chamado navegador off-line, que permitia ao usuário guardar seus e-mails em sua própria máquina – na qual ele podia lê-los e preparar respostas – sem estar conectado à rede, quase como uma versão inicial do Microsoft Outlook. Isso era particularmente útil em lugares onde o custo da conexão (basicamente o preço de um telefonema para o sistema de e-mail mais próximo) era alto; depois de escrever o e-mail, o usuário só precisava se conectar para enviá-lo.

No início dos anos 1980, houve uma enxurrada de redes de computadores interconectadas inspiradas na Arpanet, o que criou a necessidade de uma série de padrões industriais capazes de permitir a comunicação entre as novas redes. Em 1982, o protocolo de transferência de mensagem simples (ou SMTP), foi estabelecido como padrão para o envio e recebimento de e-mails; dois anos depois, o Post Office Protocol, ou POP, foi criado para homogeneizar o armazenamento de e-mails. As duas fórmulas eram bastante básicas – na verdade, o SMTP não dispunha de maneira alguma de mostrar se a mensagem havia sido recebida ou lida, e não fazia qualquer tentativa de descobrir se a pessoa que enviava o e-mail era quem ela dizia ser. Mas esses primeiros padrões tiveram um papel crucial na construção de pontes entre as diversas redes de comunicação; agora, qualquer pessoa podia enviar e-mails para qualquer outra pessoa, simplesmente porque elas usavam o mesmo protocolo essencial.

Com padrões comuns estabelecidos, as pessoas começaram a despertar para o potencial do e-mail; estava claro que essa nova forma de comunicação podia se espalhar para além dos acadêmicos e entusiastas de computadores que formavam a maior parte da base de primeiros usuários. Em 1983, o MCI Mail, amplamente considerado o primeiro serviço de e-mail comercial do mundo, foi aberto com uma grande entrevista coletiva em Washington. Outros serviços vieram em seguida: no fim dos anos 1980, dois dos mais conhecidos entre os primeiros sistemas de e-mail – Pegasus e Microsoft Mail – chegaram ao público, enquanto o CompuServe desenvolvia um serviço de e-mail para seus assinantes. Depois, em 1992, veio o Microsoft Outlook, uma ferramenta essencial para os e-mails de negócios.

Este *button* foi usado para promover o serviço de correio eletrônico MCI Mail por volta de 1985.

MCI

Esses serviços baratos e fáceis de usar tiveram um papel crucial na subsequente propagação do e-mail. Enquanto antes era necessário um serviço especializado para enviar e-mails, agora inúmeras empresas estavam distribuindo contas de e-mail e convidando usuários a enviar e receber mensagens, sem necessidade alguma de conhecimento técnico ou equipamento caro.

Muito mais rápido e mais barato do que o correio convencional, e com a capacidade de enviar arquivos anexados, como fotos, documentos e planilhas, o e-mail tinha vantagens que rapidamente conquistaram empresas do mundo inteiro. Enviar cópias a muitos destinatários era consideravelmente mais fácil com o e-mail do que com qualquer outra forma de comunicação.

Com o uso global da internet chegando a 16 milhões de pessoas em 1995, e a 147 milhões em 1998, estavam estabelecidas todas as condições para o e-mail se tornar parte da rotina das pessoas. Em 1990, cerca de 15 milhões de caixas de e-mail estavam em uso no mundo; no fim de 2000, esse número aumentara para 891 milhões.

Impacto comercial

Enquanto cada vez mais pessoas começavam a se conectar à internet em meados dos anos 1990, o e-mail rapidamente se tornava um grande negócio. Em 1997, apenas um ano depois de ser lançado, o

Hotmail foi vendido à Microsoft por 400 milhões de dólares – demonstrando que os líderes do mercado estavam dispostos a pagar grandes quantias de dinheiro por um produto simples e acessível, feito sob medida para o mercado de e-mail.

A criação de ferramentas antispam mais sofisticadas não ajudou muito a deter o marketing por e-mail, que cresceu continuamente, em sincronia com o uso de e-mail em geral. As raízes do marketing por e-mail foram estabelecidas nos anos 1980, quando os quadros de avisos – precursores dos modernos fóruns on-line – começaram a receber mensagens sobre ofertas promocionais e lançamentos de produtos. Em 1995, o número de anúncios enviados por e-mail estava superando o número de anúncios enviados pelo correio comum, e o volume de mensagens de marketing continuou a aumentar exponencialmente nos anos que se seguiram.

Um estudo de 2010 feito pela empresa de pesquisas de mercado de tecnologia Radicati Group indica que 294 milhões de e-mails são enviados todos os dias.

Mas é claro que o verdadeiro significado do e-mail para os negócios era muito maior do que isso. É impossível calcular o impacto comercial mais amplo sobre os negócios; não há como acrescentar o número de vendas, fusões e contratações de funcionários desencadeadas pela correspondência por e-mail. Porém, considerando que cerca de 730 milhões de contas de e-mail corporativas estavam sendo utilizadas em 2010, e que um funcionário médio envia mais de trinta e-mails por dia, é seguro dizer que o e-mail literalmente transformou a maneira como as pessoas trabalham no mundo inteiro.

Sistemas de e-mail como o Microsoft Outlook evoluíram e se tornaram agendas pessoais completas, pondo o e-mail no coração da rotina das pessoas. E o surgimento dos programas baseados em bate-papo, como o Windows Live Messenger – sem falar na mídia social, na videoconferência e nos sites de encontros on-line – tornou a correspondência on-line uma convenção familiar a milhões.

Um estudo de 2010 feito pela empresa de pesquisas de mercado de tecnologia Radicati Group indica que 294 milhões de e-mails são enviados todos os dias; uma pesquisa divulgada no fim de 2010 descobriu que um em cada cinco trabalhadores britânicos passa 32 dias de trabalho por ano lidando com seus e-mails; acredita-se que o usuário corporativo típico envia e recebe cerca de 110 e-mails por dia; e, de acordo com alguns especialistas, um bilhão de novas caixas de e-mail serão abertas entre hoje e 2015. Cada aspecto do e-mail é hoje extremamente lucrativo – o mercado global de segurança em tecnologia de informação, que se concentra fortemente no e-mail, vale hoje 16 bilhões de dólares, enquanto o valor do marketing por e-mail chegou a 350 milhões de libras só no Reino Unido.

A ascensão do e-mail levou também à morte do correio tradicional. No mundo inteiro, o volume de cartas convencionais postadas tem caído continuamente, ameaçando a viabilidade de serviços postais em muitas economias maduras.

O que aconteceu em seguida?

A maior parte do mundo dos negócios depende hoje da comunicação entre pessoas que não estão fisicamente no mesmo prédio, na mesma cidade ou até no mesmo continente – principalmente no século XXI, quando a globalização significa que é mais provável do que nunca que equipes estejam geograficamente dispersas e que negócios de todos os tamanhos exijam ferramentas de correspondência baratas e flexíveis.

Além disso, o ritmo de mudanças não mostra sinal algum de diminuição. Talvez a maior mudança dos últimos anos tenha sido o surgimento do smartphone, que permite ao usuário checar seus e-mails na tela do celular. A conveniência do smartphone – que permite às pessoas verificar suas mensagens em quase qualquer lugar do planeta – levou a um enorme crescimento de mercado; um estudo de maio de 2011 descobriu que o uso de e-mails em celulares aumentara 81% em menos de um ano.

O desenvolvimento da computação em nuvem – que permite a empresas e indivíduos acessar aplicações on-line cruciais e evitar a necessidade de softwares de mesa caros – é outra mudança-chave. A computação em nuvem permite que uma empresa "alugue" um servidor de e-mail, pagando a um grupo externo para administrar seu sistema de e-mail e instalar todas as atualizações de software necessárias. A Microsoft afirma que uma empresa que emprega mil funcionários pode economizar 2 milhões de dólares por ano através de e-mails baseados em nuvem; isso com certeza convencerá milhares de firmas a aderir a esse sistema nos próximos anos.

A conveniência do smartphone – que permite às pessoas verificar suas mensagens em quase qualquer lugar do planeta – levou a um enorme crescimento de mercado.

Qual será a próxima mudança sísmica? Alguns previsores de tecnologia anteveem a fusão do e-mail convencional com plataformas de mídia social – como o Facebook e o Twitter – enquanto outros descartam isso. O gigante da rede social, Facebook, lançou recentemente sua nova "social inbox", a caixa de entrada social. Esse novo sistema de mensagens unificado reúne os métodos de comunicação on-line e por celular que as pessoas usam – e-mail, SMS, comunicador instantâneo e mensagens de bate-papo no Facebook – num único lugar.

O Facebook não é o primeiro a tentar algo assim: o navegador de internet Mozilla vêm experimentando isso há algum tempo. E há um motivo para ninguém ter conseguido fazer isso muito bem ainda: ter uma única interface capaz de interagir com diversos meios de mensagem diferentes é algo difícil e caro para dar certo. O tempo dirá se a caixa de entrada social do Facebook terá o sucesso que Mark Zuckerberg espera, embora seja difícil prever o resultado no momento em que este livro está sendo escrito. De um jeito ou de outro, o e-mail se tornou uma parte significativa da vida profissional, e parece determinado a permanecer importante, qualquer que seja seu próximo desenvolvimento.

22

O caixa eletrônico

Quando: 1971

Onde: Estados Unidos

Por que: A invenção mudou o modo como o mundo tem acesso a dinheiro

Como: Don Wetzel, planejador de produtos da Docutel, teve a inspiração enquanto esperava numa fila de banco em Dallas

Quem: Don Wetzel, Tom Barnes e George Chastain

Fato: O número de caixas eletrônicos em uso atualmente no mundo é estimado em mais de 1,8 bilhão

Caixa automático, caixa eletrônico, chame como quiser: os caixas de banco automatizados são uma conveniência moderna sem a qual é difícil viver. Graças a um simples cartão eletrônico e uma senha, é perfeitamente possível realizar seus negócios diários sem jamais atravessar a porta de um banco. Acesso ao dinheiro vivo a qualquer hora, seja para pagar os drinques do cliente, as compras no meio da tarde ou a farra às 3 da manhã – a ideia é tão óbvia que é difícil acreditar que só tenha sido lançada em 1971.

O caixa eletrônico comum foi uma ideia de negócio que, de maneira bem simples, mudou o modo como o mundo tinha acesso a dinheiro. Tornou o banco uma atividade 24 horas e marcou o início da revolução eletrônica dos bancos.

Os antecedentes

Antes do advento do caixa eletrônico, os clientes tinham que ir a um banco ou a uma instituição financeira para ter acesso ao dinheiro que estava em suas contas. Como os bancários só trabalhavam em horário comercial e os bancos muitas vezes fechavam nos fins de semana, simplesmente não havia como os clientes sacarem dinheiro de suas contas nessas horas; e não era raro encontrar longas filas em frente a grandes bancos numa segunda-feira de manhã.

O caixa eletrônico não é uma ideia de um único inventor. Embora o americano Don Wetzel e a empresa americana Docutel sejam reconhecidos como aqueles que introduziram o primeiro caixa automático moderno, muitas mentes brilhantes no mundo estavam fazendo esforços simultaneamente, lutando por esse reconhecimento. Em 1939, um certo Luther George Simjian, americano de origem turca, registrou uma série de patentes relacionadas a uma máquina que servia dinheiro. Um protótipo do Bankograph – um antecessor do caixa eletrônico que permitia o pagamento de contas de serviços públicos – foi instalado em bancos de Nova York em 1960, e em 1965 a CHRON desenvolveu uma máquina de venda automatizada, capaz de aceitar cartões de crédito. Depois, no fim dos anos 1960, o inventor escocês John Shepherd-Barron introduziu o primeiro caixa eletrônico operacional no Reino Unido.

Precursor do caixa eletrônico que conhecemos hoje, o inaugural De La Rue Automatic Cash System, de Shepherd-Barron, surgiu em 1967 numa agência do Barclays Bank no norte de Londres. Chegando tarde ao banco num sábado, Shepherd-Barron não conseguiu ter acesso a sua conta: este foi o germe que inspirou sua máquina de dinheiro baseada em recibos. Aparentemente, um gerente do Barclays conhecedor de tecnologias foi convencido, "diante de um *Pink Gin*", a experimentar o protótipo. O De La Rue antecedeu as máquinas com as quais estamos familiarizados hoje, usando cheques quimicamente tratados e senhas em vez dos cartões plásticos e da faixa magnetizada que conhecemos hoje. A máquina também não tinha qualquer conexão direta com os sistemas de segurança e de computadores do banco. Foi um americano que levou o caixa eletrônico ao nível seguinte.

O Museu Nacional de Histó-
ria Americana, da Smithsonian Institution, atribui à Docutel Corporation – a empresa por trás do equipamento automatizado para lidar com bagagens – o primeiro caixa eletrônico com funcionamento em rede. Essa máquina, cujo conceito foi pensado por Don Wetzel, vice-presidente de planejamento de produtos da Docutel, e projetada pelo engenheiro mecânico-chefe Tom Barnes e pelo engenheiro elétrico George Chastain, consumiu cerca de 5 milhões de dólares em seu desenvolvimento. Exigia que seus clientes usassem um cartão de pagamento plástico, como um

Kazuma Tateisi, fundador da Omron, com um dos primeiros caixas automáticos, chamado "Máquina de Dinheiro".

Omron

171

cartão Mastercard ou Visa, para ter acesso a seu dinheiro. Esse cartão codificado magneticamente – mais tarde substituído por um cartão com chip inteligente – trazia informações sobre o cliente e reduzia o risco de fraude. O protótipo foi apresentado em 1969, e o "Total Teller" – o primeiro caixa eletrônico a funcionar plenamente – foi lançado pela Docutel em 1971. O Reino Unido logo seguiu o exemplo, com caixas eletrônicos passando a ser usados de forma geral no fim de 1972, sendo primeiramente autorizados pelo Lloyds Bank.

Surpreendentemente, considerando sua conveniência, demorou algum tempo para que a ideia do caixa eletrônico realmente decolasse. De início, os bancos chegaram a ser dissuadidos pelo custo alto da máquina em comparação aos atendentes humanos. Inacreditavelmente, não havia mais do que cerca de 5 mil máquinas em uso nos Estados Unidos em 1975. Só nos anos 1980, com o estabelecimento das redes de comunicação entre bancos, que permitiam a transferência imediata de fundos entre bancos, foi que o caixa automático realmente se popularizou.

Impacto comercial

Dos anos 1980 em diante, os caixas eletrônicos e sua fabricação se tornaram grandes negócios, e a indústria atualmente é dominada por empresas americanas, da IBM à NCR. O mercado de caixas eletrônicos é global e continua a crescer em várias regiões, na Ásia, Europa e América Latina. Mas é o impacto do caixa eletrônico, e não a máquina em si, que é a grande ideia de negócio inteligente.

Os caixas eletrônicos foram o primeiro grande passo para a automação em larga escala da indústria de serviços. O sucesso das máquinas de dinheiro indicou a empresas de toda parte o quanto era mais eficiente ter os clientes servindo a si mesmos. Com a introdução dos caixas automáticos, a exigência de atendentes para trabalhar em horário comercial foi subitamente eliminada, e foi aberto o caminho para que outros serviços fizessem o mesmo. Hoje, uma pessoa pode pagar contas, fazer pequenos empréstimos e transferir crédito numa máquina eletrônica.

Em recente experiência no Reino Unido, cabines telefônicas da BT desativadas foram transformadas em caixas automáticos. E a ideia de usar uma tecnologia para hospedar outra está cada vez mais sendo utilizada no próprio caixa eletrônico, que deixou de ser um simples dispositivo para extrair dinheiro e se tornou uma máquina verdadeiramente multifacetada, com uma ampla série de funções. Hoje em dia, estão sendo feitas parcerias entre instituições financeiras e operadoras de celulares, loterias e empresas de correios. Numa visita a um caixa automático, clientes podem usar a máquina para comprar créditos

Uma das cabines telefônicas da BT transformada em caixa eletrônico.

BT

de celulares, para fazer doações a instituições de caridade e até para comprar passagens de trem e bilhetes de loteria. Um caixa automático em Londres chega a soltar barras de ouro. Cada vez mais o caixa eletrônico está sendo usado também por anunciantes, exibindo mensagens de marketing nos terminais.

O sucesso das máquinas de dinheiro indicou a empresas de toda parte o quanto era mais eficiente ter os clientes servindo a si mesmos.

Outra característica interessante das máquinas de dinheiro é seu uso por empresas como forma de melhorar o faturamento interno. Embora um grande número de caixas eletrônicos seja instalado por instituições financeiras, e fique na mesma área do banco, muitas outras ficam em outros territórios. Muitas empresas – de lojas de conveniência a bares e restaurantes – instalam caixas automáticos em suas dependências para atrair novos clientes e melhorar os negócios. Pesquisas indicam que um cliente típico de caixa eletrônico pode gastar até 25% a mais do que um cliente que não usa a máquina; mas esta não é a atração principal. Muitos caixas eletrônicos oferecem outras fontes de dinheiro para pequenos negócios, por meio de sobretaxas, propaganda na tela e outros serviços de atendimento. O caixa eletrônico não serve apenas para extrair dinheiro, mas também para fazer dinheiro.

O sistema de transação eletrônica pioneiro do caixa eletrônico mostrou ao mundo dos negócios o potencial da conectividade financeira em campos relacionados, e provou ser um catalisador de outras inovações, como a Transferência Eletrônica de Fundos, um método de transferir automaticamente fundos de uma conta para outra, que levou ao banco eletrônico e ao comércio eletrônico.

O que aconteceu em seguida?

Por enquanto, pelo menos, a necessidade de dinheiro vivo continua, e o caixa eletrônico pode ser encontrado nas principais ruas das cidades. Mas nos próximos anos sua ubiquidade poderá chegar ao fim. O caixa eletrônico tem mais de 40 anos e, levando em conta o ritmo explosivo dos avanços na tecnologia moderna, quase pode ser considerado um ancião. O inventor da máquina de dinheiro automatizada De La Rue, John Shepherd-Barron, morreu em maio de 2010. Durante sua vida, ele viu o crescimento contínuo de sua ideia, e da ideia de seus rivais Wetzel e Docutel.

Atualmente, o caixa eletrônico é um dispositivo tão presente na paisagem das ruas que é difícil imaginar a vida sem ele.

Apesar de suas opções de serviço multifacetadas, de sua adoção de serviços de terceiros e de suas possibilidades de propaganda – sem falar em sua verdadeira ubiquidade –, o caixa eletrônico está mostrando sinais de envelhecimento. A maioria dos grandes varejistas e um número cada vez maior dos pequenos empregam leitores de cartão em suas lojas, o que significa que o dinheiro está se tornando cada vez menos necessário – principalmente à luz de contínuas inovações no pagamento, como incontáveis cartões de débito, sistemas de pagamento via celular e banco via internet. No Japão, já existem mais de seis diferentes sistemas de pagamento sem cédulas de dinheiro.

Atualmente, o caixa eletrônico é um dispositivo tão presente na paisagem das ruas que é difícil imaginar a vida sem ele. Mas com o tempo esse símbolo de automação poderá se tornar tão raramente usado quanto a icônica cabine de telefone público hoje utilizada para abrigá-lo.

23

O videogame

Quando: 1971

Onde: Estados Unidos

Por que: Os videogames criaram um mercado inteiramente novo que vale hoje bilhões de dólares

Como: O *Computer Space* foi o primeiro videogame que funcionava com moeda a ser comercializado. Foi lançado pela empresa pouco conhecida Nutting Associates. Os criadores do jogo fundaram a Atari, Inc. um ano depois

Quem: Nolan Bushnell e Ted Dabney

Fato: O jogador de videogame médio passa 18 horas por semana jogando

Os computadores foram desenvolvidos originalmente para automatizar tarefas administrativas repetitivas. Mas as pessoas que construíram e formularam programas para eles logo perceberam que também eram muito bons para expandir suas atividades em momentos de lazer. Inicialmente jogados quase que exclusivamente por crianças e jovens, os games cresceram de forma contínua e espetacular, transformando-se numa atividade de lazer do mercado de massa da qual hoje participam homens e mulheres de todas as idades. Sua posição hoje é tal que a indústria de videogames tem um faturamento maior que o da indústria de filmes, e hoje cerca de 1,2 bilhão de pessoas jogam videogames no mundo.

Os antecedentes

A indústria de jogos de computador começou para valer em 1971, com o lançamento do primeiro videogame disponível comercialmente, embora antes houvesse games rudimentares disponíveis para computadores *mainframes*. O primeiro jogo de computador comercial do mundo – um simulador de combate no espaço chamado *Computer Space* – foi produzido pela Nutting Associates, uma empresa com sede em Mountain View, na Califórnia, que fazia jogos mecânicos que funcionavam com moedas para casas de jogos eletrônicos. O jogo teve um sucesso apenas moderado, e seus criadores, Nolan Bushnell e Ted Dabney, deixaram a Nutting Associates depois de brigarem com o dono por causa do direito de propriedade.

Convencidos do potencial comercial de sua nova mídia de entretenimento, Bushnell e Dabney fundaram sua própria empresa, a Atari, Inc., em 1972. O primeiro jogo da Atari foi na verdade um teste para um novo membro da equipe contratada por Bushnell e Dabney. Eles gostaram tanto que resolveram lançá-lo como seu primeiro produto – o agora lendário Pong, um jogo de casas de jogos eletrônicos que funcionava com moeda. Era um simulador de um jogo de tênis simples de entender e de jogar – na versão original para as casas de jogos eletrônicos, os únicos controles eram duas maçanetas para mexer a raquete.

Os fundadores da Atari (da esquerda para a direita) Ted Dabney e Nolan Bushnell com Larry Emmons e Al Alcorn.

Computer Museum

Logo o jogo conquistou a imaginação do público. Frequentadores do bar no Vale do Silício onde o protótipo da máquina foi instalado faziam fila do lado de fora para jogar, e logo o quebraram, enchendo-o com tantas moedas que a máquina pifou. A Atari prosseguiu, vendeu mais de 19 mil máquinas de Pong e gerou inúmeros concorrentes, dando origem à moderna indústria de videogames.

> O primeiro jogo de computador comercial do mundo – um simulador de combate no espaço chamado *Computer Space* – foi produzido pela Nutting Associates, uma empresa [...] que fazia jogos mecânicos que funcionavam com moedas para casas de jogos eletrônicos.

A Atari cresceu rapidamente, e de modo bastante lucrativo. Bushnell comprou a participação de Dabney na Atari e Dabney voltou a consertar máquinas de fliperama, seu trabalho antes dos videogames. Em 1977, a Atari queria lançar um pequeno console que as pessoas poderiam ligar no aparelho de televisão para jogar em casa. Como precisava de mais capital para lançá-lo, a Atari foi vendida à Warner Communications. O console, batizado de Atari Video Computer System, foi lançado em 1977 e fez tanto sucesso que, em seu auge, a Atari era a empresa que crescia mais rapidamente nos Estados Unidos.

Enquanto isso, o antigo empregador de Bushnell e Dabney passava por momentos difíceis. A visionária Nutting Associates fez o que muitos pioneiros fazem: saiu do negócio.

Uma das novas empresas estabelecidas para competir com a Atari, depois do sucesso inicial do Pong, foi a Taito, fundada no Japão, em 1973, pelo imigrante russo Michael Kogan. Em 1978, a Taito lançou um jogo revolucionário criado por Toshihero Nishikado. O *Space Invaders* desafiava os jogadores – armados de canhões de laser – a defender a Terra de intermináveis multidões de alienígenas. O jogo foi um sucesso imediato em seu país nativo – de acordo com uma lenda popular, o governo japonês foi obrigado a emitir mais moedas de cem ienes para enfrentar a escassez causada pela grande quantidade de pessoas que jogavam o game. Em 1980, havia 300 mil máquinas no país e mais 60 mil nos Estados Unidos.

Se parte do sucesso do Pong pode ser explicada por seu modelo de dois jogadores – pondo um contra o outro –, um dos motivos pelos quais o *Space Invaders* se tornou um fenômeno mundial – além do fato de ser um jogo empolgante e inovador – foi seu placar de pontuação alta, que incitava os jogadores a continuar jogando para superar o líder na classificação.

Impacto comercial

Continuar jogando foi o que eles fizeram. O *Space Invaders* gerou um lucro estimado em 500 milhões de dólares para a Taito em 2007, o que o tornou o jogo de casas de jogos eletrônicos de maior sucesso em todos os tempos. O *Space Invaders* também prenunciou uma era de ouro dos videogames – graças à popularidade de jogos como *Asteroids*, *Frogger*, *Donkey Kong* e *Pac Man* (um dos primeiros com apelo para os dois sexos, levando as mulheres às casas de jogos eletrônicos antes dominadas por homens), a indústria gerou 11,8 bilhões de dólares na América do Norte em 1982, mais do que o faturamento anual dos setores de filmes e música popular juntos.

Os videogames cresceram depressa, juntamente com o expansivo mercado de computadores domésticos. Nos anos 1980, eles saíram das casas de jogos eletrônicos e entraram em casa, graças à popularidade dos consoles iniciais, como o Atari 2600, e de seus descendentes, como o Nintendo Entertainment System e o Sega Master System, bem como de computadores domésticos como as primeiras máquinas da Tandy e da Apple e os computadores Vic 20, da Commodore, e ZX Spectrum, da Sinclair. Em 1984, os videogames domésticos, haviam superado os das casas de jogos eletrônicos em faturamento.

Esta foi uma era de ouro para os videogames, gerando não apenas muitos clássicos, mas também novos gêneros.

Esse enorme crescimento na computação doméstica transformou o que nos anos 1970 havia sido um hobby e uma indústria de pequena escala num negócio completamente maduro nos anos 1980, com inúmeras empresas dedicadas a softwares e hardwares surgindo para fornecer novos jogos e acessórios a esse mercado em ascensão. A Electronic Arts, uma das maiores e mais bem-sucedidas empresas do mundo de softwares para jogos de computador, foi criada em 1982. Esta foi uma era de ouro para os videogames, gerando não apenas muitos clássicos, mas também novos gêneros. O jogo *Zelda* ajudou a definir o gênero ação-aventura; o *Kung-Fu Master*, o gênero de jogos para abater inimigos, com *side-sprolling* (rolamento de imagens); o *Elite*, os jogos com simulador de voo espacial/comércio espacial ambientados num enorme universo; e o *Rogue*, o *Akalabeth* e o *Ultima*, os jogos nos quais o jogador assume o papel de um personagem. Muitos desses jogos envolvem a solução de enigmas e são completamente pacíficos, em nítido contraste com a imagem bastante perpetuada de que todos os videogames são violentos. Esses novos gêneros ampliaram o apelo do setor a muito mais pessoas, fomentando mais crescimento.

O que aconteceu em seguida?

A tecnologia dos videogames se desenvolveu rapidamente, avançando marcadamente a cada ano. Isso resultou em uma série de explosões e fracassos ao longo dos anos 1980, 1990 e 2000, levando com frequência diferentes fabricantes a liderar o mercado a cada nova geração de console ou computador. Pioneira em computação doméstica, a Commodore saiu do negócio, enquanto a Atari acabou parando de vender consoles ou computadores e foi vendida por apenas 5 milhões de dólares, pelos nomes de suas marcas. A Nintendo emergiu como líder de mercado ao introduzir um tipo diferente de controlador, em vez do tradicional joystick, e ao vender seus consoles por preços muito baixos, ganhando dinheiro com os jogos que os donos dos novos consoles passavam a comprar. A Sega, de início um grande produtor de jogos para casas de jogos eletrônicos, concentra-se hoje no desenvolvimento de videogames, deixando a Nintendo e as relativamente recém-chegadas Sony e Microsoft competindo pela venda de novos consoles.

> A Nintendo emergiu como líder de mercado [...]
> ao vender seus consoles por preços muito
> baixos, ganhando dinheiro com os jogos que os
> donos dos novos consoles passavam a comprar.

O desenvolvimento de softwares mostrou ser também arriscado, com a maioria dos jogos perdendo dinheiro e as empresas dependendo de seus poucos sucessos para não entrarem no vermelho. Geralmente, assim como acontece com os fabricantes de hardwares, os principais criadores de softwares durante uma geração de tecnologia de computação passam a ter dificuldades financeiras quando uma nova geração de hardwares é lançada, dando origem a novos líderes de mercado. A Electronic Arts é quase única ao conseguir permanecer quase sempre no topo desde que foi lançada; seu faturamento no ano fiscal de 2011 foi de 3,6 bilhões de dólares. Hoje, o desenvolvimento dos jogos para PCs ou consoles de maior sucesso custa dezenas de milhões de dólares, e cada um deles vende milhões de unidades, gerando centenas de milhões de dólares em faturamento.

Mas esses jogos que vendem milhões são superados de longe em termos de onipresença pelo *Paciência* e pelo *Campo Minado* em computadores pessoais que utilizam Windows, e bem mais recentemente por jogos em smartphones e na internet. O *Angry Birds* já foi baixado incríveis 300 milhões de vezes, rendendo uma fortuna à empresa finlandesa que o desenvolveu, a *Rovio Mobile*; o *Farmville* e outros jogos do Facebook criados pela Zynga são jogados por 270 milhões de pessoas; e mais de 10 milhões de pessoas pagam 10 dólares por mês para jogar *World of Warcraft*, um jogo on-line para vários jogadores que assumem personagens, publicado pela Activision Blizzard, Inc.

Claramente, os videogames se transformaram num negócio bastante substancial. A previsão para 2011 era de que o faturamento com jogos para vídeo e computador seria de mais de 74 bilhões de dólares. Alguns estimaram que poderá chegar a 112 bilhões de dólares em 2015, sendo que a maior parte desse crescimento viria de jogos casuais.

Enquanto isso, é se adaptando que Nolan Bushnell continua envolvido. Depois de fundar vinte empresas desde a Atari, no momento em que este livro está sendo escrito ele está dirigindo a Anti-Aging Games, que produz jogos desenvolvidos cientificamente para estimular o cérebro.

24

Produção just-in-time

Quando: 1973

Onde: Japão

Por que: O just-in-time transformou a maneira como todos os fabricantes significativos do mundo trabalham

Como: A estratégia de compra incomum de um supermercado americano plantou a semente que cresceu e se tornou uma tendência em manufatura enxuta

Quem: Taiichi Ohno

Fato: Quando a Toyota implementou o just-in-time em sua fábrica em Nagoya, seu tempo de resposta caiu e chegou a um único dia

A produção just-in-time (JIT) é a filosofia que está no cerne do Sistema de Produção Toyota (TPS, na sigla em inglês), desenvolvido entre 1948 e 1975 por Shigeo Shingo, Eiji Toyoda e Taiichi Ohno. Os métodos da Toyota revolucionaram a produção na indústria automotiva japonesa e, com variações culturais e de setor, acabaram sendo adotados em todo o mundo, primeiramente na manufatura discreta (do tipo que produz objetos físicos), depois na manufatura de processo e finalmente nos negócios em geral.

Os antecedentes

Até a chegada do JIT, a administração de estoques dependia fortemente da previsão, muitas vezes com semanas de antecedência. O número de unidades que uma empresa esperava produzir era planejado com base em pedidos entregues, previsões de mercado e desempenho no ano anterior. Empresas realmente preguiçosas seguiam apenas o último desses três itens, e agiam de maneira retrospectiva se vendiam mais ou menos do que o antecipado.

Para sustentar esse método, fabricantes tinham que pedir um número suficiente de peças com antecedência para cumprir a previsão. Não era raro as lojas terem estoques para três meses para cumprir as metas de produção. Se o estoque acabava antes da próxima data de pedido marcada, era preciso obter mais às pressas; se havia demais, este permanecia nas prateleiras.

Em 1950, Eiji Toyoda, diretor-executivo da Toyota, e o executivo Taiichi Ohno levaram uma delegação aos Estados Unidos, visitando uma fábrica da Ford em Michigan. Eles ficaram impressionados com o tamanho da fábrica, mas não com sua eficiência. O processo de produção resultava em grandes quantidades de estoque excedente e num fluxo irregular de trabalho. Além disso, como as verificações da qualidade eram deixadas para serem feitas no fim do processo, muitos carros estavam sendo enviados de volta para serem retrabalhados.

Henry Ford havia imaginado princípios enxutos em 1923 ao escrever: "Descobrimos, ao comprar materiais, que só vale a pena comprar para necessidades imediatas. Se o transporte fosse perfeito e mesmo o fluxo de materiais pudesse ser assegurado, não seria necessário manter estoque algum... Isso economizaria muito dinheiro, porque daria uma rotação de estoque muito rápida e, com isso, reduziria a quantidade de dinheiro comprometido com materiais." Mas Ohno não encontrou qualquer indício de que esse princípio estava sendo aplicado nas fábricas de Ford.

Na mesma viagem, ele visitou a rede de mercearias self-service Piggly Wiglly, onde encontrou um programa JIT totalmente funcional em prática pela primeira vez. A reposição do estoque era pedida apenas quando as quantidades existentes chegavam a um nível crítico. Ele voltou para o Japão convencido da necessidade de um sistema de produção impulsionado por pedidos reais, e não por previsão de vendas.

O processo JIT, definido por Ohno e adotado em todas as fábricas da Toyota, dependia de: "Fabricar apenas o que é necessário, quando necessário e na quantidade necessária." A qualidade tornou-se parte integral do processo, eliminando-se desperdício, incongruências e exigências exageradas na linha de produção.

> **Uma postura que inicialmente fora vista com suspeita no Ocidente — devido a estereótipos vagos e xenofóbicos sobre o Japão [...] aos poucos se tornou aceita porque melhorava a produtividade e a lucratividade, e identificava o desperdício.**

O sistema JIT, conforme implementado pela Toyota, determinava que uma instrução de produção tinha que ser feita ao início da produção do veículo, assim que o pedido fosse recebido. O processo exigia uma relação de trabalho próxima entre a linha de montagem e o processo de produção de peças. Qualquer peça utilizada na montagem tinha que ser reposta, exatamente na mesma quantidade; a equipe de peças era instruída a repor o estoque de montagem, e não mais do que isso – a produção excedente foi eliminada.

Taiichi Ohno, o fundador do JIT.
Toyota

O sistema não funcionaria sem a colaboração dos fornecedores de peças e fabricantes de subconjuntos. Então, a Toyota passou a usar "cartões Kanban" – formulários para pedido de produtos que eram passados pela cadeia de suprimento logo que os estoques esgotavam. Embora o Kanban exigisse que os fornecedores mudassem seu *modus operandi*, eles claramente ganharam com isso – já que todo o objetivo do JIT era produzir mais veículos, proporcionando melhores retornos em toda a cadeia de suprimento.

Depois da crise do petróleo em 1973, que fez o preço dos combustíveis dispararem e reduziu o abastecimento, a Toyota se recuperou notadamente mais rápido do que seus colegas; sua resistência ganhou respeito internacional e as empresas de manufatura começaram a considerar o JIT uma postura comercial viável. Uma postura que inicialmente fora vista com suspeita no Ocidente – devido a estereótipos vagos e xenofóbicos sobre a paixão do Japão pela ordem e pelo controle – aos poucos se tornou aceita porque melhorava a produtividade e a lucratividade, e identificava o desperdício.

Um número cada vez maior de empresas começou a reformular suas estratégias de administração de estoque, tendo o JIT como influência orientadora. Em 1984, a General Motors fez um acordo de empreendimento conjunto com a Toyota para produção de carros pequenos nos Estados Unidos – e adotando o JIT nesse processo. Em 1986, Richard J. Schonberger, uma respeitada autoridade em JIT, escreveu que mais de 100 das principais empresas americanas haviam testado o sistema, incluindo nomes famosos como Intel, Motorola e Campbell's Soup.

Impacto comercial

Hoje, milhares de empresas no mundo recorrem às ideias concebidas inicialmente por Taiichi Ohno. Em 2005, um grupo de importantes executivos de empresas de manufatura foi questionado sobre sua postura em administração da estoque; 71% disseram que usavam o JIT. Nos últimos anos, os princípios do JIT evoluíram para um conceito novo, ocidental, conhecido como "manufatura enxuta", que tem o mesmo compromisso de reduzir os custos ao mínimo absoluto, impondo um controle rigoroso ao processo de produção e restringindo o estoque em cada etapa. A manufatura enxuta é hoje usada em uma grande quantidade de indústrias; muitas empresas acreditam que tem tido um papel crucial para ajudá-las a superar a recessão.

Um dos mais ardentes defensores do JIT tem sido a Dell, gigante de hardware de tecnologia de informação que reduziu sua operação de produção até erradicar quase completamente os estoques. Embora produza diariamente quase 80 mil computadores, a Dell não possui nem aluga um depósito sequer e mantém inventários de valor não superior a duas horas em qualquer ocasião. Especialistas acham que essa postura lhe trouxe vantagens genuínas; de fato, acredita-se que o processo de produção de custo compensador da Dell permite à empresa superar seus rivais em preço em até 15% de diferença. A Dell afirma que, como suas peças só chegam na véspera da montagem, estas são 60 dias mais novas do que os componentes das máquinas da IBM e da Compaq; isso pode proporcionar uma vantagem de lucro de até 6%.

> **A manufatura enxuta é hoje usada em uma grande quantidade de indústrias; muitas empresas acreditam que tem tido um papel crucial para ajudá-las a superar a recessão.**

Enquanto isso, a Toyota tem sido capaz de estabelecer uma posição global forte no mercado automotivo, com base em seu processo de fabricação ultraeficiente. Em 1998, descobriu-se que a Ford e a GM estavam levando 50% mais tempo do que a Toyota para fabricar um carro. Enquanto a GM não estava sequer tendo lucro com vários modelos, a Toyota estava fazendo seus lucros chegarem a bilhões de dólares. Numa tentativa de eliminar essa diferença, a GM iniciou uma campanha coordenada para imitar os métodos de produção da Toyota, baseados no JIT. Em 2007, a GM havia implementado o novo sistema em 90% de suas fábricas no mundo; a empresa afirmou que isso lhe trouxe uma economia de custo de cerca de 9 bilhões de dólares.

Aygo by Toyota - Production at TPCA
Issued 04/2007

A Produção JIT ainda é usada hoje.

Toyota

O que aconteceu em seguida?

A Toyota promoveu Taiichi Ohno à sua diretoria em 1954. Ele se tornou diretor-executivo em 1970, e vice-presidente-executivo em 1975. Ohno se aposentou na Toyota em 1978 e morreu em 28 de maio de 1990 na cidade de Toyota, no Japão. Sua influência foi sentida bem além do campo da manufatura, já que o JIT tem tido um enorme papel na melhoria de funções de retaguarda, vendas e administração de relações com clientes.

25

O exame de ressonância magnética

Quando: Anos 1970

Onde: Estados Unidos e Reino Unido

Por que: Permitiu aos médicos ver imagens detalhadas do interior do corpo de pacientes sem cirurgia

Como: Três inventores separadamente buscaram uma maneira de melhorar a medicina diagnóstica

Quem: Paul Lantebur, Sir Peter Mansfield e Raymond Damadian

Fato: O mercado de ressonância magnética vale mais de 5 bilhões de dólares

Os médicos sempre foram fascinados com o que está acontecendo dentro dos corpos de pacientes. Embora os diagnósticos às vezes possam ser deduzidos por meio do exame externo dos pacientes, em algumas situações somente o funcionamento interno do corpo tem a chave para o que está errado. As cirurgias são caras, intrusivas e potencialmente perigosas, portanto, poder ver dentro do corpo sem abrir fisicamente um buraco era há muito tempo uma ambição da profissão médica.

O primeiro grande avanço veio no fim do século XIX, com a descoberta do raio X e as máquinas subsequentes. Porém, estas só podiam ser realmente usadas para olhar ossos, e algo mais sutil era necessário para identificar outras doenças. O exame de ressonância magnética tornou-se uma ferramenta crucial. Utiliza um campo magnético forte para produzir uma reação no núcleo das células. Essas reações são escaneadas, criando uma imagem interna detalhada do corpo e permitindo aos médicos ver numa tela coisas como tumores e cânceres e fazer um diagnóstico definitivo. Ao longo dos últimos trinta anos, a máquina de ressonância magnética se tornou uma verdadeira salva-vidas.

Os antecedentes

Nos anos 1950, um cientista britânico chamado Peter Mansfield começou a trabalhar no campo da ressonância magnética nuclear (RMN). Outros antes dele haviam visto o potencial dessa área como um caminho para estudar a estrutura molecular de substâncias químicas. Mansfield recebeu a tarefa de criar uma máquina que utilizasse essa nova tecnologia para criar uma aplicação científica prática. Ele projetou um espectrômetro portátil movido por transistores, que podia ser usado para escanear substâncias químicas e fornecer informações cruciais sobre estas. Mansfield pensou que se esse aparelho pudesse ser usado com segurança em seres humanos vivos, teria implicações notáveis para a ciência médica. Pouco depois de seu trabalho em RMN, Mansfield tomou um caminho de estudos que lhe permitiu fazer descobertas cruciais que levaram à criação da máquina de ressonância magnética.

Enquanto isso, do outro lado do Atlântico, Paul Lanterbur estava seguindo uma direção semelhante. Ele se alistou no exército nos anos 1950, mas teve permissão para perseguir seus objetivos científicos trabalhando numa máquina de ressonância magnética inicial. Publicou vários artigos sobre RMN e, assim como Mansfield, perseguiu a ideia de uma máquina que pudesse ser usada no corpo humano.

Nos anos 1970, os dois homens estavam fazendo grandes avanços de maneiras independentes. Lanterbur estava trabalhando na Stony Brook, que faz parte da Universidade Estadual de Nova York. Ali, ele teve uma série de ideias que, nos anos 1970, ajudaram a criar o primeiro escaneador de imagens por ressonância magnética (IMR). O foco da máquina eram ondas sonoras de alta potência sobre áreas específicas do corpo, que agitavam as células. As células excitadas enviavam ondas de rádio que podiam ser escaneadas e usadas para produzir uma imagem interna detalhada do corpo. Lanterbur introduziu a ideia de usar gradientes do campo magnético para localizar precisamente a origem dessas ondas de rádio. Enquanto isso, Mansfield, trabalhando na Universidade de Nottingham, descobriu como os dados obtidos pelo escaneamento podiam ser analisados. Os dois homens construíram protótipos iniciais de máquinas de ressonância magnética no começo dos anos 1970. Mansfield conseguiu criar uma máquina capaz de escanear com sucesso a mão humana.

> Mansfield e Lanterbur deveriam ter ficado muito ricos como resultado de seus esforços [...] Entretanto, apenas Mansfield conseguiu patentear com sucesso seu trabalho. Lanterbur tentou, mas não teve apoio da Stony Brook [...] o que mais tarde provou ser uma decisão terrivelmente insensata.

1977 – Os Drs. Raymond V. Damadian, Lawrence Minkoff e Michael Goldsmith (da esquerda para a direita) e a Indomável concluída, a primeira escaneadora de IRM do mundo.

University of Nottingham

O professor Sir Peter Mansfield – seu trabalho pioneiro em ressonância magnética foi reconhecido com o Prêmio Nobel de Medicina em 2003.

Cortesia da Fonar Corporation

Quando a pesquisa veio à tona, os interesses comerciais na criação de uma máquina de ressonância magnética que funcionasse plenamente aumentaram muito. O objetivo era criar uma máquina que pudesse escanear o corpo humano inteiro e ser instalada num hospital. Mansfield e Lanterbur deveriam ter ficado muito ricos como resultado de seus esforços, já que a indústria médica estava propensa a gastar milhões nessa pesquisa revolucionária. Entretanto, apenas Mansfield conseguiu patentear com sucesso seu trabalho. Lanterbur tentou, mas não teve apoio da Stony Brook, que achava que o custo de tirar uma patente nunca seria recuperado – o que mais tarde provou ser uma decisão terrivelmente insensata.

No fim dos anos 1970, porém, outro homem estava pedindo crédito pelo escaneador de IRM. O Dr. Raymond Damadian escrevera diversos artigos sobre IRM e apresentara patentes com sucesso. Em

1977, ele também criou o primeiro escaneador de IRM que podia escanear o corpo inteiro. Damadian chamou a máquina de uma tonelada e meia de "A Indomável", e um ano depois fundou a Fonar Corporation para vender escaneadores de IRM baseados em seu estereótipo bem-sucedido.

Impacto comercial

Quando os anos 1980 começaram, grandes empresas passaram a produzir escaneadores de IRM para serem comercializados. Porém, não faltaram polêmicas, porque Damadian abriu ações judiciais contra muitas empresas por violarem suas patentes. No caso mais famoso, a General Electric teve que pagar 129 milhões de dólares.

As disputas judiciais provavelmente tornaram mais lenta a disseminação da máquina de ressonância magnética em hospitais, mas o assunto acabou se acomodando. Lanterbur e Damadian travaram uma batalha de palavras e insultos sobre quem receberia o crédito pelo exame de ressonância magnética, uma questão que eles nunca resolveram.

Depois que as barreiras legais foram vencidas, o sistema médico rapidamente investiu nas máquinas. Isso significou que o dinheiro obtido podia ser revertido para pesquisas e desenvolvimento e ser usado para aprimorar mais os produtos. Em meados dos anos 1980, a velocidade com que as máquinas podiam produzir imagens havia melhorado radicalmente, e hoje os escaneamentos são feitos em tempo real. As máquinas de ressonância magnética também podem produzir imagens altamente detalhadas do cérebro e têm ajudado a ciência médica a avançar consideravelmente. Em 2002, estimou-se que 22 mil câmeras de ressonância magnética estavam em uso e mais de 60 milhões de escaneamentos haviam sido realizados. Hoje, o mercado de escaneadores de IRM vale 5,6 bilhões de dólares globalmente, e alguns dos maiores nomes do mundo, como a General Electric, a Siemens e a Philips Medical Systems, estão envolvidos na produção e instalação das máquinas.

Em 2002, estimou-se que 22 mil câmeras de ressonância magnética estavam em uso e mais de 60 milhões de escaneamentos haviam sido realizados.

O que aconteceu em seguida?

A polêmica em torno do exame de ressonância magnética existe até hoje, e foi novamente estimulada em 2003, quando o Prêmio Nobel de Fisiologia e Medicina foi dado a Paul Lanterbur e Sir Peter Mansfield por suas contribuições para o exame de ressonância magnética. O Prêmio Nobel pode ser dado a até 3 pessoas. Porém, os juízes decidiram não incluir Damadian. Ele ficou furioso com a decisão e publicou anúncios de página inteira no *New York Times*, no *Washington Post* e no *Los Angeles Times* para tornar público seu descontentamento. Ele e Lanterbur continuaram a guerra de palavras que haviam iniciado anos antes, mas só o segundo recebeu o célebre prêmio.

A história do exame de ressonância magnética mostra como pesquisas e desenvolvimentos podem ser controversos, principalmente quando cientistas estão seguindo na mesma direção. Demonstra também a importância de patentear sua pesquisa. Damadian nunca recebeu um Prêmio Nobel, mas ficou muito rico. Lantebur recebeu o crédito, mas nunca fez a fortuna que poderia ter conseguido. Mansfield, por perceber sua visão e obter uma patente, desfrutou tanto a riqueza quanto a aclamação.

26

O videocassete

Quando: 1973

Onde: Japão

Por que: O videocassete transformou a experiência do cinema, permitindo às pessoas assistir a filmes e programas na hora e lugar de sua conveniência

Como: A JVC e a Sony travaram uma batalha pelo controle do emergente mercado de vídeo, que acabaria levando o videocassete à vitória, em meados dos anos 1990

Quem: JVC

Fato: *O rei leão* é o filme em VHS que mais vendeu em todos os tempos

O mundo de hoje, trazido para nós em alta definição (tendo som *surround*, navegabilidade alta e recursos extras como padrão), pode fazer a era do Video Home System (VHS) parecer pouca coisa. Mas, na década de 1970, a velha fita de videocassete preta, conhecida por muitos simplesmente como VHS, foi um passo significativo para o entretenimento em casa, dando pela primeira vez aos consumidores um controle e uma escolha enormes sobre o que assistir em casa.

O mercado de vídeo criou uma nova e lucrativa fonte de renda para os grandes estúdios de cinema, e permitiu aos cinéfilos entregar-se a seu hobby assistindo a centenas de filmes diferentes no conforto de suas salas de estar. Alguns hoje acreditam que a ascensão do videocassete moldou o trabalho de diretores como Quentin Tarantino, cuja obsessão por cinema é demonstrada em centenas de referências excêntricas e obscuras que ele faz em seus filmes. Além disso, é argumentável que clássicos dos anos 1980, como *Os caça-fantasmas*, *Indiana Jones* e *De volta para o futuro*, nunca teriam obtido o status icônico que possuem hoje em dia sem os milhões de videocassetes que os levaram para casas no mundo inteiro.

Os antecedentes

Em geral se pensa que a tecnologia do videocassete data de meados dos anos 1970, mas na verdade ela utilizou uma série de avanços iniciados ao longo das duas décadas anteriores. O desenvolvimento do gravador de videocassete (VCR), que executava as fitas de VHS, teve início no período pós-guerra, quando empresas de eletrônica despertaram para o potencial da máquina que podia executar repetidamente gravações de filmes e programas de televisão, levando a experiência do cinema para a sala de estar do espectador.

As tentativas de criar um aparelho de gravação em vídeo comercialmente viável foram lideradas por uma jovem empresa chamada Ampex, cujo trabalho para criar o gravador de fitas de vídeo teve início em 1951, muito antes de a maioria dos consumidores conseguir gravar e executar músicas. Seu produto, baseado em quatro cabeçotes rotativos, foi revelado um ano depois, dando início a um período de aprimoramento das peças. Embora o dinheiro fosse apertado e o progresso fosse dificultado por frequentes atrasos e suspensões, a equipe de desenvolvimento conseguiu fazer uma série de melhorias na imagem e no som e, na primavera de 1956, as principais redes de televisão estavam fazendo fila para dar uma olhada na máquina de gravação de fitas de vídeo da Ampex. Em novembro, a CBS, rede de TV norte-americana, estava transmitindo programas em videoteipe.

Alexander M. Poniatoff, fundador da Ampex, com o primitivo VR1000.

Ampex

A inovação da Ampex provocou uma onda de imitações – a BBC experimentou um sistema semelhante, chamado VERA, no fim dos anos 1950. Mas esses primeiros avanços, embora sem dúvida significativos, jamais se traduziriam em sucessos comerciais; as máquinas eram enormes (a máquina inicial da Ampex, conhecida como Quad, pesava quase meia tonelada), os cabeçotes acabavam rapidamente e não havia como congelar imagens.

A fita de videocassete tinha uma aparência bem sem graça. Mas era barata e simples, duas vantagens cruciais na batalha que viria a seguir.

Aos poucos, o equipamento começou a ficar menor – algumas empresas japonesas, incluindo a Sony, a JVC e a Matsushita, observaram demoradamente a máquina da Ampex e miniaturizaram seus componentes usando mecanismos de cabeçote de gravação revolucionários e circuitos eletrônicos em estado sólido. Em 1963, a Sony conseguiu introduzir o PV-100, o primeiro gravador de vídeo compacto.

Embora os primeiros modelos tenham sido arruinados pelos altos preços, pela baixa qualidade da imagem e pelos formatos de duas bobinas inconvenientes ao usuário, os grandes fabricantes continuaram avançando, competindo na tentativa de dominar a tecnologia da gravação em vídeo. A Sony lançou o primeiro videocassete, o U-matic, em 1969, e iniciou a produção comercial da tecnologia de gravação necessária em 1971. A máquina, que utilizava uma fita magnética de 1,90 cm, não conseguiu se popularizar além de um grupo restrito de empresas e fornecedores da área de educação; seu custo alto (mais de 7 mil dólares, na cotação de 2007) estava além do alcance das famílias, a não ser as mais ricas. Porém, serviu como um modelo crucial para o equipamento de gravação em vídeo que viria em seguida.

Mais ou menos na mesma época que começava a trabalhar no U-matic, a Sony iniciou um período de colaboração com a Matsushita Electric e a JVC, empresa que havia produzido a primeira televisão japonesa, numa tentativa de chegar a um padrão comum de vídeo. Mas depois de meses, o esforço de colaboração havia sido rompido, resultando numa rixa que se prolongaria por anos. A Sony começou a trabalhar na Betamax, enquanto a JVC começou a explorar o desenvolvimento de uma alternativa originalmente conhecida como Vertical Helican Scan, ou VHS. Porém, este segundo projeto foi deixado de lado logo depois, porque a queda no faturamento obrigou a JVC a reavaliar suas prioridades. Entretanto, os dois veteranos engenheiros do projeto – Yuma Shiraishi e Shizuo Takano – continuaram em frente bravamente, trabalhando em segredo.

Em 1973, Shiraishi e Takano haviam criado um protótipo. Depois de mais três anos de pesquisa, testes e aprimoramentos, a JVC revelou o primeiro VCR a usar VHS, o Victor HR-3300. As vendas começaram no Japão, no mês seguinte, e os Estados Unidos ganharam seu primeiro gravador de videocassete – o RCA VBT200 – em agosto. As unidades custavam em torno de mil dólares.

Grande parte do crescimento inicial do videocassete foi desencadeado pela Matsushita, que produzia mais da metade de todos os VCRs japoneses em 1978. O design relativamente simples do VHS mudou pouco antes de este se tornar obsoleto, quase três décadas depois. Os mecanismos eram baseados em bobinas de fita magnética dentro de uma caixa plástica. A fita era puxada por uma correia transportadora de trilhos e cilindros, e um cabeçote de vídeo helicoidal rodava contra a correia, criando uma imagem bidimensional. Comparado ao estilo prateado e cintilante do DVD que acabaria substituindo-a, a fita de videocassete tinha uma aparência bem sem graça. Mas era barata e simples, duas vantagens cruciais na batalha que viria a seguir.

Impacto comercial

A chegada do videocassete levou a um boom imediato nas vendas – o valor da indústria japonesa de exportação dos gravadores desse tipo dobrou entre 1976 e 1977, e dobrou novamente em 1983. Mas antes de conseguir obter o controle desse próspero setor, a JVC teve que vencer duas batalhas cruciais: com os estúdios de cinema, que queriam proibir a posse doméstica do VCR, considerando-a uma violação de direitos autorais; e com a Sony, que havia posto a Betamax no mercado em 1975. No fim das contas, por meio de um processo gradual de assimilação, expansão e crescimento com autoperpetuação, a JVC superou seus dois adversários.

A batalha VHS-Betamax contrapôs velocidade e qualidade. Embora a imagem produzida pela Betamax fosse um pouco melhor, a fita VHS podia ser rebobinada e avançada muito mais rapidamente, graças a um sistema mais simples para fazê-la correr. Podia também oferecer muito mais tempo de fita – até nove horas – com um tempo de gravação máximo de três horas, em comparação a apenas uma hora na Betamax – o que, de maneira crucial, não era suficiente para registrar toda a extensão de um filme de duração média.

No ano seguinte, o Grupo VHS concordou com um padrão europeu comum, o que resultou em acordos de exportação com uma rede de distribuidores europeus.

A JVC rapidamente encontrou aliados em sua batalha com a Sony, estendendo a mão a seus adversários numa tentativa de disseminar seu padrão. No fim de 1976, a Sharp e a Mitsubishi haviam adotado o modelo VHS, enquanto a Hitachi começara a vender aparelhos de videocassete da JVC. No ano seguinte, o Grupo VHS concordou com um padrão europeu comum, o que resultou em acordos de exportação com uma rede de distribuidores europeus.

Um número cada vez maior de fabricantes e distribuidores fazia parcerias com a JVC, ampliando a operação de produção e trazendo economias de escala, aprimoradas pelo design simples e de custo compensador do VHS. Componentes cruciais, como poliestireno e polipropileno, podiam ser obtidos por preços baixos e duravam até vinte anos. Os consumidores sabiam que estavam adquirindo um produto durável e confiável, que podia aguentar de tudo – desde uma longa viagem até a manipulação rude de uma criança.

Jack Schofield, ao escrever sobre a batalha VHS-Betamax no *Guardian*, em 2003, descreveu as vantagens da fita de VHS em termos simples, dizendo: "O VHS oferecia uma seleção maior de hardware a um custo menor, as fitas eram mais baratas e mais facilmente disponíveis [e] havia muito mais filmes para alugar." Embora isso fosse verdade, a Sony deu passos mais largos do que a JVC durante sua luta pelo controle do mercado de vídeo. De fato, a Betamax foi a primeira em diversas características que se tornaram básicas para assistir a um vídeo nos tempos modernos, como som de alta fidelidade, controle remoto sem fio e congelamento de imagem digital. Mas o design confiável e barato do VHS era mais atraente aos fabricantes, e o design estava aberto a qualquer um.

A JVC manteve uma estrutura de licenciamento frouxa, o que permitiu a inúmeros estúdios e fabricantes de fitas entrar na produção de VHS. Em contraste, o fundador da Sony, Akio Morita, admitiu depois que problemas de licenciamento com outras empresas tornaram consideravelmente mais lento o crescimento da Betamax. Assim, no fim dos anos 1970, o VHS estava claramente vencendo a batalha. Em 1978, o VHS superou a Betamax nas vendas globais, e em 1980 comandava

70% do mercado americano. Em 1984, 40 fabricantes estavam usando VHS, enquanto apenas 12 haviam optado pela Betamax. A postura aberta do VHS com os parceiros e distribuidores havia levado a um domínio do mercado no mundo inteiro.

De fato, em 1983 o VHS superou em pelo menos 40% a Betamax nas vendas nos Estados Unidos, Japão, Alemanha Ocidental, França, Itália e Reino Unido. Para a Sony, que havia disparado os primeiros tiros do conflito do videocassete no início dos anos 1970, não havia onde se esconder. Em 1988, os fabricantes da Betamax finalmente ergueram a bandeira branca e começaram eles próprios a produzir gravadores de vídeo em VHS. (E a Sony havia aprendido uma lição significativa: o software é crucial para o sucesso das vendas de hardware de entretenimento. Mais tarde, a Sony compraria seu próprio estúdio de cinema e depois empresas que desenvolviam videogames, para evitar repetir os erros como a Betamax.)

A batalha com os estúdios foi bem menos onerosa. Os produtores de cinema inicialmente se opuseram totalmente ao advento dos vídeos, preocupados com a redução da audiência nos cinemas. Mas logo os colegas da Universal Studios decidiram utilizar o VHS e começaram a produzir cópias em vídeo dos filmes que faziam. Isso deu origem a uma nova e substancial fonte de renda. De acordo com o *Movies and Entertainment: Global Industry Guide*, lançado em abril de 2011, o setor de vídeo responde hoje por mais de 50% do mercado global de cinema e entretenimento.

Esse crescimento foi impulsionado por uma grande quantidade de locadoras de vídeo abertas em todos os países do mundo ocidental – criando um pequeno, novo e vibrante setor de varejo. A Blockbuster foi a mais bem-sucedida empresa a tirar vantagem disso. Ao criar uma nova e significativa fonte de renda, o VHS permitiu que milhares de filmes tivessem viabilidade comercial – filmes de nicho ou pequenos demais para os cinemas (que podiam exibir apenas um número relativamente pequeno de novos filmes por ano) podiam de repente alcançar uma enorme base de clientes; estava criado o segmento de filmes "diretamente para vídeo".

Depois de anos de crescimento, as vendas de VHS tiveram um pico em meados dos anos 1990, quando *O rei leão* vendeu mais de 55 milhões de cópias no mundo. Mas, mesmo com as vendas atingindo seu ponto alto, a era do videocassete já estava chegando ao fim.

O que aconteceu em seguida?

A JVC tentou acompanhar a mudança dos tempos – um novo formato, o SuperVHS, foi lançado, oferecendo uma qualidade de imagem superior. Embora a Sony tenha sido a primeira a realizar uma série de modificações revolucionárias, o VHS adotou cada uma delas com o passar do tempo. Mas o surgimento do disco digital versátil, ou DVD, levou ao fim o período de preeminência explosiva do VHS.

> Enquanto o ritmo das mudanças tecnológicas se torna cada vez mais rápido, é seguro supor que o VHS jamais terá uma volta comercial – mas seu lugar no coração de milhões [...] nunca será apagado.

O primeiro dispositivo comercial de armazenamento em disco ótico havia sido o Laserdisc, lançado em 1978, mas mal recebido na Europa, na América do Norte e na Austrália. Porém, o DVD, seu descendente, era uma proposta totalmente diferente; a gravação analógica em VHS jamais poderia ser tão nítida quanto o material digital fornecido por um DVD, e os novos discos de duas camadas e ultraleves eram capazes de armazenar aproximadamente 8 horas de vídeo de alta qualidade – ou 30 horas de gravação com qualidade de VHS.

Quando os DVDs chegaram ao mercado, no fim dos anos 1990, o impacto foi limitado pelo custo do aparelho necessário para executá-los. Mas ao alvorecer do novo milênio os preços haviam caído significativamente; um consumidor americano podia comprar um aparelho de DVD por menos de 200 dólares. Além disso, no fim dos anos 1990, a maioria dos grandes estúdios havia começado a apoiar a tecnologia do DVD, e cerca de 100 filmes estavam sendo lançados por esse canal a cada semana.

Foi em junho de 2003 que a venda de DVDs começou a superar a de VHS nos Estados Unidos. O último lançamento em VHS produzido em massa foi *The History of Violence*, que chegou ao vídeo em 2005. Depois disso, a produção comercial de vídeos de filmes parou. Cerca de 94,5 milhões de aparelhos de videocassete ainda estavam em uso nos Estados Unidos na época, de acordo com o *Washington Post*, mas em outubro de 2008, a última grande remessa de fitas de vídeo nos Estados Unidos levou a era do VHS a um fim definitivo.

Nos últimos anos, o mercado de vídeos paralisou. Um relatório da Strategy Analytics, divulgado em maio de 2010, previu que a venda de vídeos no mundo cairá para 48,1 bilhão de dólares em 2013 – uma queda de quase 7 bilhões de dólares em relação a 2009. Enquanto isso, o videocassete chegou à total obsolescência. Mas nos últimos tempos surgiu uma tendência que parece ter raízes num renascimento nostálgico. Entusiastas do VHS preservaram a imagem do produto das maneiras mais estranhas e maravilhosas – vários sites na internet estão hoje oferecendo cadernos de anotações de capa dura que parecem fitas de videocassete!

Enquanto o ritmo das mudanças tecnológicas se torna cada vez mais rápido, é seguro admitir que o VHS jamais terá uma volta comercial – mas seu lugar no coração de milhões de pessoas que eram crianças nos anos 1980 nunca será apagado.

27

O código de barras

Quando: 1973

Onde: Estados Unidos

Por que: A automação do processo de varejo levou a uma transformação nas compras

Como: Inventores queriam criar um sistema em que a informação sobre o produto pudesse ser lida automaticamente na hora do pagamento

Quem: Joseph Woodland e Bernard Silver

Fato: O primeiro objeto escaneado por um sistema padronizado foi um pacote de chicletes Wringley, em 1974

Hoje em dia, os códigos de barras são tão comuns que é quase impossível imaginar o ambiente do varejo sem eles. Não pensamos duas vezes quando o funcionário de uma loja escaneia uma lata de sopa, um novo par de sapatos ou uma penca de bananas; até mesmo nós fazemos isso em pagamentos de self-service, ou compramos aplicativos de iPhone com capacidade para ler códigos de barras. Mas para chegar a esse ponto o conceito passou por muitas aparências e encarnações diferentes.

Os antecedentes

Antes do código de barras, comprar objetos exigia que o caixa registrasse manualmente o preço de cada item, num processo lento e entediante, com enorme possibilidade de erro. Significava também que a manutenção de registros e o preenchimento de recibos tinham que ser realizados manualmente, portanto manter um estoque em dia era uma tarefa meticulosa. A indústria estava gritando por uma mudança.

Em 1932, um grupo de estudantes de Harvard ofereceu a primeira esperança ao criar um sistema de cartões para perfuração. Porém, só no fim dos anos 1940 foi que Bernard Silver, estudante de pós-graduação do Instituto Drexel de Tecnologia, na Filadélfia, entreouviu o chefe de uma rede de produtos alimentícios local perguntar a um dos reitores se seria possível pesquisar um sistema que pudesse ler automaticamente as informações sobre um produto durante o processo de pagamento. Animado com a perspectiva de criar uma tecnologia que mudaria o jogo, Silver contou a conversa a seu amigo Norman Joseph Woodland, estudante de pós-graduação e professor no Drexel, de 27 anos. Eles começaram a trabalhar imediatamente, e o longo processo que levou à criação do código de barras estava acontecendo.

A dupla com certeza se desviou um pouco do caminho. Seu primeiro protótipo, baseado numa tinta ultravioleta sensível à luz, logo foi considerado caro e ineficiente, porque a tinta apagava muito rapidamente. Então, eles voltaram à prancheta; Woodland deixou seu cargo no Drexel e se mudou para o apartamento de seu avô na Flórida, onde continuou trabalhando duro. A versão seguinte foi inspirada no código Morse: "Eu apenas prolonguei os pontos e traços e fiz linhas estreitas e linhas largas a partir deles", disse ele, segundo relatos.

Mas criar as máquinas para ler os dados não foi simples. Por fim, Woodland decidiu adaptar a tecnologia de sistema de som em cinema sonhada por Lee de Forest nos anos 1920. Convencido de que desta vez encontrara o tesouro, ele voltou para o Drexel. Decidiu substituir suas linhas largas e estreitas por círculos concêntricos, de modo que estes pudessem ser escaneados a partir de qualquer direção; isto se tornou conhecido como o "código do olho de touro".

Pouco depois, em 20 de outubro de 1949, os dois pediram a patente do "Aparato e Método de Classificação". Os inventores descreveram sua criação como "classificação de artigos... por meio de padrões de identificação" – referindo-se ao icônico padrão de linhas verticais do código de barras que todos nós conhecemos tão bem hoje em dia.

Embora a patente estivesse pendente (só foi concedida em 7 de outubro de 1952), Woodland aceitou um emprego na IBM, onde tentou sem sucesso convencer seus chefes de que a IBM deveria se envolver no desenvolvimento de sua invenção. Os dois inventores acabaram perdendo o entusiasmo e vendendo a patente à Philco, pioneira na produção de baterias, rádios e televisões em 1952. A Philco a vendeu à Radio Corporation of America (RCA) no mesmo ano.

Enquanto isso, David Collins estava desenvolvendo sua própria invenção. Quando era estudante, ele havia trabalhado na Pennsylvannia Railroad, onde observou a complexidade de identificar vagões. Depois de alguma investigação, ficou evidente que algum tipo de rótulo codificado seria a maneira mais fácil e mais barata de resolver o problema.

Os rótulos que Collins acabou inventando não eram o que hoje entendemos como código de barras: em vez de serem formados por linhas pretas ou anéis, usavam grupos de faixas alaranjadas e azuis feitas de material reflexivo. Mas Collins teve a presciência de imaginar que havia muitas aplicações além das ferrovias para a codificação automática.

Ele lançou a ideia a seu empregador na época, a Sylvania, mas os chefes de visão estreita rejeitaram sua proposta por falta de recursos. Então, Collins imediatamente pediu demissão e abriu sua própria empresa, a Computer Indentics. Em 1969, a Computer Indentics instalou discretamente seus primeiros dois códigos de barras – um deles numa fábrica de carros e o outro numa empresa de distribuição.

O uso de códigos de barras transformou a indústria de alimentos.

IBM.

Mas era a indústria de alimentos que tinha mais a ganhar com a adoção dos códigos de barras. Num evento da indústria em 1971, a RCA – que vinha investindo cada vez mais recursos no projeto – demonstrou um sistema de "código de olho de touro" funcional. Tomando conhecimento da popularidade considerável da ideia (e preocupada com a possibilidade de estar perdendo um enorme mercado), a IBM decidiu meio tardiamente que queria uma fatia do bolo.

A adoção do Código Universal de Produto, em 3 de abril de 1973, transformou os códigos de barras, que deixaram de ser uma curiosidade tecnológica para se tornarem uma ideia que mudaria para sempre as empresas de varejo.

Felizmente, Woodland, o inventor original do código de barras, ainda trabalhava na IBM. Sua patente havia expirado, mas ele foi transferido para as instalações da IBM na Carolina do Norte, onde teve um papel proeminente no desenvolvimento da mais importante versão da tecnologia: o Código Universal de Produto (UPC). Logo ficou evidente que era necessário um padrão para a indústria (muitas versões do código de barras eram totalmente inúteis) e, embora a RCA tenha continuado a pressionar por sua versão do "olho de touro", no fim das contas o tecnicamente elegante UPC, nascido na IBM, foi o padrão escolhido pela indústria. A adoção do UPC, em 3 de abril de 1973, transformou os códigos de barras, que deixaram de ser uma curiosidade tecnológica para se tornarem uma ideia que mudaria para sempre as empresas de varejo.

Em junho de 1974, toda a base estava firmada – testes realizados, propostas concluídas e padrões estabelecidos – e um pacote de chicletes Wringley se tornou o primeiro produto do varejo vendido com a ajuda de um leitor de código de barras. Hoje, o pacote de chicletes está em exibição no Museu Nacional de História Americana, da Smithsonian Institution.

Impacto comercial

Depois de décadas de desenvolvimento e bilhões de dólares de investimentos, os códigos de barras e os leitores ou escaneadores que os acompanham haviam se tornado agora uma realidade prática. Isso não quer dizer que eles tenham sido adotados entusiasticamente pela comunidade do varejo; pelo contrário, o uso de leitores aumentou lentamente, de início. O sistema só começaria a compensar quando cerca de 85% de todos os produtos tivessem o código. Mas quando essa meta foi atingida, no fim dos anos 1970, os índices de utilização dispararam.

Não é de admirar que o código de barras tenha se difundido, porque seus benefícios são muitos. A primeira vantagem para os varejistas é a velocidade: um código de barras pode ser lido em menos tempo do que aquele que um atendente leva para bater uma única tecla, e os erros são muito menos comuns. O custo é compensador também: uma pesquisa realizada pela empresa de consultoria McKinsey em 1970 previu que a indústria economizaria 150 milhões de dólares por ano adotando os sistemas. E o código de barras também dá aos varejistas dados muito mais precisos sobre seus clientes – sem se sujeitarem a perder negócios e a um risco maior nas operações. Portanto, não há dúvida de que a tecnologia do código de barras foi um passo à frente para a indústria de varejo.

> **Um código de barras pode ser lido em menos tempo do que aquele que um atendente leva para bater uma única tecla, e os erros são muito menos comuns.**

No início de 2011, um relatório da ABI Research estimou que o mercado dos leitores de código de barras – o que inclui tanto dispositivos fixos quanto móveis – valia 1,4 bilhão de dólares em 2010. E previu que em 2011 o crescimento paralisaria, em meio a turbulências financeiras e a uma recessão no setor de varejo, com o faturamento aumentando apenas 0,1 bilhão de dólares durante o ano para os principais fornecedores dos dispositivos, como Motorola, Psion Teklogix, Nordic ID, AWID, Intermec e Convergence Systems Limited.

Espera-se que os fabricantes impulsionem o faturamento graças à proeminência cada vez maior das versões em 2D do código de barras tradicional – que consistem não apenas de linhas retas, como na versão original, mas de quadrados, pontos e outros padrões geométricos.

O que aconteceu em seguida?

Os códigos de barras como o UPC se tornaram um componente indispensável da vida moderna. E não apenas em empresas de varejo; a tecnologia vem aos poucos penetrando em outras áreas da vida de um modo que Woodland e Silver jamais poderiam ter imaginado. Cientistas chegaram a pôr códigos de barras em miniatura nas abelhas, para rastrear seus hábitos de acasalamento. Os códigos também estão em ingressos para shows, pulseiras de identificação em hospitais, documentos de negócios e até nas identificações que os maratonistas carregam no peito.

Outra evolução do código de barras clássico é o identificador de radiofrequência, ou RFDI (Radio Frequency Identifier), também cada vez mais comum. O RDFI fica preso a capas de livros e CDs para impedir que estes sejam roubados, e é bastante usado em depósitos e outras áreas da cadeia de abastecimento para vigiar os estoques. Alguns países chegam a utilizá-lo para identificar animais de estimação perdidos.

Cientistas chegaram a pôr códigos de barras em miniatura nas abelhas, para rastrear seus hábitos de acasalamento.

A aparência dos códigos de barras evoluiu também. A versão UPC continua sendo a mais dominante e identificável – mas, como muitas tecnologias, corre o risco de ser superada por versões mais novas e mais avançadas. As novas versões em 2D, por exemplo, estão sendo usadas em cartões de embarque de companhias aéreas no mundo inteiro, suplantando o tradicional desenho magnético. Diferentemente das faixas magnéticas, os códigos de barra em 2D podem ser impressos em qualquer tipo de papel, ou até mesmo escaneados diretamente do telefone celular de um passageiro. Isso não apenas economiza tempo para os passageiros como também dinheiro para as companhias aéreas, porque estas precisam de menos funcionários no check-in – todos saem ganhando.

Uma forma específica do código em 2D que chamou a atenção do público, de empresas de tecnologia e de agências de marketing é o QR (Quick Response, ou Resposta Rápida). Criado pela Toyota em 1994, o QR era usado originalmente para rastrear peças de veículos. Mas depois encontrou usos mais glamourosos, tendo sido visto na capa de um CD de uma só música do Pet Shop Boys e em jogos de Playstation 3.

E que fim levaram seus criadores? Lamentavelmente, Silver morreu em 1963, antes que o valor de sua invenção fosse realmente reconhecido. Quanto a Woodland, por ter vendido sua patente, é improvável que tenha ficado rico com sua invenção – embora possa ter encontrado algum consolo no fato de ter recebido do presidente Bush a Medalha Nacional de Tecnologia em 1992. Acredita-se que ele hoje esteja aposentado, seguro por saber que, como resultado de seu trabalho, nem o varejo nem a logística jamais serão os mesmos novamente.

28

O software de vendas EPOS

Quando: 1973

Onde: Estados Unidos

Por que: Transformou o controle de estoque e o processo de análise de vendas para os varejistas, permitindo um crescimento substancial

Como: O software de vendas EPOS (sigla em inglês para sistema de ponto de venda eletrônico) da IBM precipitou uma revolução no serviço aos clientes

Fato: A renda bruta da IBM passou de 10 bilhões de dólares no ano de lançamento das primeiras máquinas de EPOS

Hoje em dia, quando se está num supermercado movimentado, numa boutique de moda ou numa lanchonete, é difícil imaginar como as empresas agiam antes da introdução da tecnologia do ponto de venda eletrônico. Certamente, a velocidade e a facilidade do serviço ao cliente eram impossíveis.

O precursor de toda a tecnologia EPOS usada hoje em lojas e indústrias de serviços foi o IBM Store System, lançado no início dos anos 1970. A influência da IBM sobre o EPOS continua até hoje, mas a indústria é bem mais competitiva do que quando o Store System foi lançado.

Obstáculos para entrar no mercado foram removidos quando inovações no EPOS trocaram o hardware para o software que funciona hoje. Hospedadas em servidores remotos com backup de dados em tempo real, centenas de opções de software de EPOS estão disponíveis a preços acessíveis até mesmo para proprietários de pequenas empresas. Nos anos 1970, os revolucionários Store Systems da IBM tinham preços para o segmento mais alto do mercado, sendo acessíveis apenas a empresas maiores e mais lucrativas.

Os antecedentes

Antes do lançamento dos primeiros sistemas EPOS, o varejo exigia muitas tarefas manuais – como checagem de estoque e registro de cada item que um cliente queria comprar na caixa registradora, à mão. Não apenas isso consumia tempo e era complexo para administrar, como as falhas humanas aumentavam substancialmente a probabilidade de erros.

A falta de uma correlação em tempo real entre vendas e estoque significava que os varejistas muitas vezes ficavam sem certos produtos quando estes se tornavam populares. Era difícil identificar tendências de negócios em qualquer período específico, que dirá fazer avaliações. E era quase impossível prestar contas sobre estoques desfalcados, o que dificultava a identificação de furtos por empregados ou clientes.

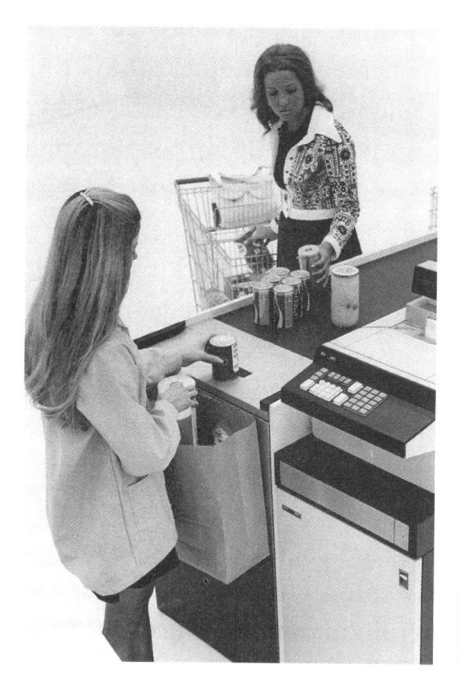

O Terminal de Supermercado 3663 da IBM.

Cortesia de IBM Corporate Archives

No mesmo ano em que a IBM apresentou seus Store Systems, o primeiro leitor de código de barras estava sendo desenvolvido.

Os Store Systems 3650 e 3660 da IBM, lançados em 1973, precipitaram uma nova era nos serviços ao cliente e no varejo. Na época, a IBM era a principal força em pesquisa de novas tecnologias para automatizar processos de negócios – vários ganhadores do Prêmio Nobel estavam associados a trabalhos de pesquisa na empresa – e os Store Systems da IBM surgiram dessas pesquisas. Tinham como base um computador *mainframe* central que se comunicava com uma série de "terminais burros" – computadores sem qualquer capacidade de processamento, usados como caixas registradoras. Essa tecnologia sem dúvida era primitiva, comparada à funcionalidade oferecida hoje pelos sistemas

EPOS; porém, ainda assim representou um enorme avanço para proprietários de empresas de varejo. No mesmo ano em que a IBM apresentou seus Store Systems, o primeiro leitor de código de barras estava sendo desenvolvido (veja o capítulo sobre o código de barras para mais informações), e um sistema semelhante àquele conhecido hoje pelas indústrias de varejo e serviços começava a ganhar forma.

Empresas rivais como a Regitel, a TRW, a Datachecker e a NCR competiam com a IBM por uma participação no mercado nos anos 1970, mas na verdade apenas essas poucas empresas grandes e bem estabelecidas tinham condições de promover avanços na capacidade do EPOS. Porém, outros desenvolvimentos tecnológicos alteraram as possibilidades e expectativas do EPOS. No McDonald's, por exemplo, o uso de um tipo primitivo de microchip nas caixas registradoras permitia aos funcionários atender a mais de um cliente ao mesmo tempo. E avanços nas máquinas de cartão de crédito significaram que facilidades no processamento de cartões de crédito foram aos poucos incorporadas às tecnologias EPOS.

Em 1986, um proprietário de delicatessen chamado Gene Mosher fez um avanço crucial ao criar o primeiro dispositivo de EPOS com tela sensível ao toque; isso desencadeou uma onda de inovações, e centenas de pequenas empresas começaram a criar suas próprias versões de EPOS, feitas sob medida para tipos específicos de varejo. A IBM lançou uma versão atualizada de seu Store System, na tentativa de acompanhar os independentes espertos. E depois a Microsoft se envolveu, criando o IT Retail – o primeiro software de ponto de venda compatível com o Windows.

O novo sistema, lançado em 1992, foi, discutivelmente, um passo tão significativo quanto o dispositivo sensível a toque na tela produzido por Gene Mosher. Graças ao IT Retail, um PC com sistema operacional da Microsoft podia agora ser usado como dispositivo de EPOS; depois de começar como uma tecnologia baseada em hardware, o EPOS estava sendo lançado agora em forma de software. Isso significava que muito mais varejistas podiam ter acesso à tecnologia – é muito mais simples baixar e instalar um pacote de software do que comprar e montar uma grande máquina. No fim dos anos 1990, uma campanha de padronização na indústria completou a transformação do EPOS, que deixou de ser uma raridade cara e bastante inacessível para se tornar uma ferramenta básica das empresas.

Impacto comercial

A adoção do EPOS foi encabeçada pelos supermercados, que precisavam de uma tecnologia capaz de administrar muitas lojas, direcionar estoques a partir de vários depósitos e proporcionar uma experiência rápida e fácil ao cliente.

No fim dos anos 1990, 89% das vendas no varejo da indústria de alimentos no Reino Unido eram feitas em lojas com tecnologia EPOS. Na indústria da música, esse percentual era de 80%; na indústria de venda de livros, 70%; e na indústria de revistas, 46%.

A implementação do EPOS trouxe muitos benefícios. Uma pesquisa encomendada pelo Instituto de Distribuição de Alimentos, na Grã-Bretanha, no fim dos anos 1990, perguntando a diretores financeiros da indústria sobre o impacto da tecnologia EPOS, apontou que 100% das empresas haviam visto benefícios de redução de custo. Quase 75% haviam verificado uma eficiência maior no trabalho; 63% haviam se beneficiado de melhorias na disponibilidade de produtos e 55% haviam aprimorado sua segurança graças aos sistemas de pontos de venda.

> A adoção do EPOS foi encabeçada
> pelos supermercados, que precisavam
> de uma tecnologia capaz de administrar
> muitas lojas, direcionar estoques a partir
> de vários depósitos e propiciar uma
> experiência rápida e fácil ao cliente.

Porém, o grau de benefício propiciado pelo EPOS varia consideravelmente de indústria para indústria. Conforme observado num relatório divulgado pela Retail Banking Research em agosto de 2011, as grandes redes adotaram o EPOS com muito mais entusiasmo do que as lojas independentes. Assim, o setor de varejo, dominado por redes, ganhou consideravelmente com o EPOS; na indústria hoteleira, que continua extremamente fragmentada, a adoção tem sido bem menor, com muitas empresas ainda se valendo mais de equipamentos básicos, como caixas registradoras.

Brigas entre os fabricantes de EPOS têm sido uma frequência nos últimos anos – na verdade, as vendas globais caíram de 1,62 milhão de terminais em 2007 para 1,24 milhão em 2010, antes de se recuperarem e alcançarem 1,38 milhão no ano seguinte. Depois de ser posta à prova pela Microsoft e por algumas hábeis empresas independentes nos anos 1980 e 1990, a IBM parece ter recuperado sua força e atualmente é líder mundial no mercado de EPOS, respondendo por aproximadamente 22% das vendas globais. A Ásia é o maior mercado, com um crescimento impulsionado pela maior demanda da próspera economia chinesa.

O que aconteceu em seguida?

Hoje os sistemas EPOS se encaixam em duas categorias: Modular e Integrado. No segundo, como o nome sugere, o visor e o computador são integrados, enquanto num Sistema Modular o computador está ligado a dispositivos periféricos, como escaneadores, impressoras e visor. A verdadeira diversificação no mercado de EPOS hoje não é em hardware, e sim no software usado nos sistemas. Existem centenas de fornecedores de softwares atuando hoje, muito longe da hegemonia sobre o mercado exercida pela gigantesca IBM, como acontecia nos anos 1970. Muitas grandes empresas utilizam hoje seus EPOS por meio de um modelo cliente-servidor, no qual há um servidor de banco de dados exclusivo com o qual todas as outras estações falam para acessar e armazenar dados.

O grande crescimento do uso de internet e da banda larga na década passada tornou esse tipo de armazenamento de dados comercialmente viável, mesmo para SMEs. A internet, e particularmente o varejo on-line, também mudou as expectativas em relação ao que é oferecido pelo software EPOS. Hoje, espera-se que o software integre o site de uma empresa, monitorando o que foi vendido on-line e ajustando os pedidos de estoque de acordo com isso, reduzindo assim o conteúdo do estoque e liberando o fluxo de caixa, algo de importância fundamental para as empresas atualmente.

O software EPOS monitorará não apenas vendas, mas também o desempenho dos funcionários. Mais importante, talvez, o software pode ser feito sob medida para se ajustar às necessidades específicas de uma empresa. Esta é a principal mudança, comparada aos Store Systems da IBM nos anos 1970. Empresas que investem hoje em softwares EPOS estão investindo numa relação de negócios, e não num hardware específico. As máquinas ainda precisam executar um software, e computadores centrais são cada vez mais importantes em centros de dados para assegurar um backup em tempo real. Mas aqueles que desenvolvem e administram os softwares é que são a espinha dorsal da indústria de EPOS hoje.

29

O Sistema de posicionamento global (GPS)

Quando: 1973

Onde: Estados Unidos

Por que: A tecnologia transformou a navegação e criou um novo mercado

Como: O governo dos Estados Unidos permitiu que civis usassem satélites militares

Quem: Roger L. Easton

Fato: Estima-se o valor do mercado mundial de GPS em 57 bilhões de dólares

A tecnologia que permitiu o desenvolvimento do Sistema de Posicionamento Global (GPS) faz parte hoje de nossa vida diária. Seus subprodutos estão à nossa volta e têm nos ajudado a compreender melhor o mundo e a encontrar nosso caminho nele. Temos tecnologia de GPS em nossos telefones e carros. Todo dia, são lançados novos aplicativos para smartphones, tablets e laptops que a utilizam. Nossos mapas são feitos com essa tecnologia embutida e, graças ao GPS, estão se tornando mais precisos e mais ricos em informações. Em qualquer lugar do planeta onde há uma linha clara para quatro satélites pode haver GPS.

Os antecedentes

As origens do GPS podem ser buscadas nas forças armadas americanas, nas últimas fases da Segunda Guerra Mundial. Roger L. Easton, um cientista que trabalhava no Laboratório de Pesquisas Navais (NRL, na sigla em inglês), havia participado do esforço de guerra em 1943. Ele e outros cientistas estavam analisando maneiras de monitorar veículos militares e pensaram que talvez a melhor maneira de fazer isso fosse por espaçonaves em órbita. Os voos espaciais só aconteceriam alguns anos depois, mas após a guerra, Easton continuou seu trabalho e estabeleceu as bases para o GPS.

Em 1955, dois anos antes de a União Soviética lançar o Sputinik 1, Easton publicou um artigo chamado "A Scentific Satellite Program" ("Um Programa de Satélite Científico"). O artigo explicava os planos do NRL para criar um sistema de satélites em torno da Terra que transmitisse sinais para uso científico e militar. Três anos depois, o programa começou a ser construído, e em 1966 estava em pleno funcionamento. Nos anos 1970, um sistema GPS em que um receptor na superfície da Terra podia ser encontrado com precisão estava se tornando realidade. Para conseguir isso, um sinal era enviado de e para quatro satélites com relógios atômicos sincronizados. Porém, essa tecnologia revolucionária continuaria sendo um esforço inteiramente militar até os anos 1980.

Em 1983, a União Soviética derrubou acidentalmente um avião civil de passageiros que saíra de seu curso. Depois desse desastre que poderia

O satélite TIMATION-1 (objeto retangular) montado na lateral de seu veículo de lançamento.

Imagem fornecida por cortesia de Naval Research Laboratory

ter sido evitado, o presidente Reagan anunciou que permitiria o uso civil de GPS, embora o nível mais alto de utilização permanecesse reservado às forças armadas. Organismos comerciais tiveram que usar a Selective Availability (SA), um tipo de GPS bem menos preciso. Mas, em 2000, o presidente Bill Clinton desativou a SA e as empresas tiveram permissão para utilizar todo o poder do GPS militar, que podia localizar objetos em praticamente qualquer lugar da face da Terra.

> **Em 1983, a União Soviética derrubou acidentalmente um avião civil de passageiros que saíra de seu curso. Depois [disso], o presidente Reagan anunciou que permitiria o uso civil de GPS.**

Impacto comercial

Mesmo antes da suspensão da SA, havia uma considerável atividade comercial envolvendo GPS, incluindo navegação de carros, recreação, rastreamento, mapeamento, fabricação de equipamentos, medições e atividades da marinha e da aviação, além, é claro, das operações militares. O conhecimento completo sobre onde as coisas estavam, bem como sobre onde estavam umas em relação às outras, era bom demais para as empresas ignorarem.

Companhias de viagem e empresas de logística se beneficiaram enormemente do GPS – orientar-se no mundo de repente se tornou muito mais fácil, se você sabe exatamente onde está e até onde tem que ir. O GPS tornou muito mais fácil regular o tempo, localizar e planejar, e poupou às empresas tempo e dinheiro consideráveis.

Grandes empresas que trabalhavam no setor de energia, que cavavam poços de petróleo ou que faziam oleodutos descobriram que havia muitos benefícios em saber exatamente onde suas atividades aconteciam. O GPS tornou as decisões e os planejamentos muito mais fáceis e deu àqueles que estavam na sala da diretoria uma visão distanciada do que acontecia em campo.

Para grandes fabricantes e exportadores, o GPS significou que artigos podiam ser seguidos e localizados enquanto se deslocavam pelo mundo. Isso reduziu a ameaça de roubos ou perdas acidentais, minimizando a perda de artigos e reduzindo o custo com segurança.

A partir da suspensão da SA, o potencial comercial do GPS – com frequência associado à internet e a tecnologias móveis – aumentou. Existem hoje muitos aparelhos, serviços e utilidades para o GPS, e em geral acredita-se que seu pleno potencial está longe de ser esgotado. Os consumidores se tornaram os principais impulsionadores da tecnologia de GPS e, como resultado, um número cada vez maior de aplicativos está sendo criado.

Os Dispositivos de Navegação Pessoal (PNDs, na sigla em inglês) – como os dispositivos autônomos ou em telefones – representam o maior mercado para a tecnologia de GPS; em 2007, estimou-se que os PNDs respondiam por nada menos que 90% do mercado de GPS. Hoje, a maioria dos novos telefones contêm algum tipo de aplicativo para mapeamento que utiliza GPS. A navegação de carro é um dos principais usos do consumidor, e aparelhos como os TomToms provaram ser um enorme sucesso entre motoristas. Em 2011, a empresa holandesa teve uma capitalização de mercado superior a 800 milhões de euros, e é uma das maiores marcas do setor.

Algumas empresas desenvolveram dispositivos próprios que utilizam tecnologia de GPS, o que lhes dá uma grande vantagem sobre os concorrentes. A eCourier é um bom exemplo de empresa britânica que fez isso. Fundada em 2003 por Tom Allason e Jay Bregman, a empresa oferece serviços de mensageiro e entrega que utilizam ao máximo o GPS. Os clientes podem localizar on-line, em tempo real, exatamente onde está sua entrega e, o que é crucial para o negócio, os funcionários também são rastreáveis. A empresa também se beneficia de informações sobre o trânsito em tempo real e até sobre condições do tempo. Durante anos, os serviços de mensageiros lutaram por expansão, já que os recursos de retaguarda exigidos para manter muitos mensageiros nas estradas dificultavam que fossem lucrativos. Porém, com os novos sistemas, a eCourier parece ter resolvido o problema.

> ## Algumas empresas desenvolveram dispositivos próprios que utilizam tecnologia de GPS [...] A eCourier é um bom exemplo de empresa britânica que fez isso.

O que aconteceu em seguida?

O impacto comercial do GPS parece continuar aumentando. Estima-se que o valor do mercado de GPS esteja em torno de 75 bilhões de dólares. Porém, o valor geral para os negócios é muitas vezes maior do que isso, porque o GPS se tornou uma tecnologia básica para muitas indústrias.

Atualmente, os sistemas de satélite usados são propriedade dos Estado Unidos, mas, teoricamente, outros poderão assumi-los no futuro. O GPS depende de satélites espaciais, e estes precisam ser atualizados com o passar do tempo. Isso, porém, representa uma grande motivação comercial para investimentos em tecnologia espacial.

Os planejadores do governo também compreendem que o potencial do GPS vai muito além do que apenas o uso militar. Estão sendo considerados sistemas de cobrança em estradas em que o motorista "paga por milha", algo que seria impensável e impossível no passado. Para alguns, essas ideias são um absurdo e abrem questões relacionadas a direitos e liberdades civis.

Os inventores do GPS, em particular Roger L. Easton, têm sido condecorados por seu trabalho exemplar. Easton recebeu uma medalha e foi reconhecido pelo Hall da Fama dos Inventores Nacionais.

30

A fibra ótica

Quando: 1977

Onde: Reino Unido

Por que: A tecnologia pode conduzir grandes quantidades de informação e está transformando a comunicação

Como: A possibilidade de livrar as fibras de vidro de impurezas deu a elas a capacidade de conduzir grandes volumes de dados em alta velocidade

Quem: Sir Charles Kao e George Hockam

Fato: Hoje, mais de 80% do tráfego de telecomunicação de longa distância no mundo é feito por cabos de fibra ótica

A tecnologia de comunicação evoluiu rapidamente, e é difícil acreditar que há vinte anos a transmissão de um documento era feita principalmente pelo correio ou por fax. Mas a padronização dos sistemas operacionais de computadores e a migração da mesa de trabalho para a tecnologia móvel têm sido adotadas com tanta eficiência que a comunicação global hoje depende disso.

A maioria das empresas não consegue imaginar como fazia antes dela. Soma-se a isso a proliferação do compartilhamento de vídeos e músicas na internet e o crescimento exponencial das mídias sociais. Esta é uma revolução que não poderia ter acontecido sem as fibras óticas para realizar esse trânsito maior.

Os antecedentes

Os cabos de cobre, em diversas formas, têm sido usados há décadas para transmitir dados analógicos e digitais de ponto a ponto. Porém, esses cabos têm uma série de limitações intrínsecas. A principal delas é o fenômeno conhecido como atenuação de sinal, em que o sinal se torna mais fraco a distância. Quanto mais fino o cabo de cobre, maior a atenuação. Mas quanto mais grosso o cabo, maior o custo – e com o preço do cobre entre 9 e 10 mil dólares a tonelada, e aumentando, esta é uma grande desvantagem. Além disso, nos condutores de cobre a perda de sinal depende da frequência, o que significa que quanto maior a taxa de transmissão, maior a perda.

Outro problema é que os cabos de cobre estão sujeitos a interferências eletromagnéticas quando são deixados perto de cabos de abastecimento de energia ou quando ficam próximos de equipamentos elétricos. Isso pode criar um grande risco de erro e de corrupção de dados. Além disso, os sinais transmitidos pelo cabo irradiam por toda a sua extensão, facilitando muito a escuta às escondidas daquilo que está sendo transmitido. E são afetados por diferenças de voltagem em cada uma de suas extremidades, o que constitui um motivo de erros nos dados. Quedas de energia repentinas, causadas por tempestades elétricas, por exemplo, podem fazer a mesma coisa, ou até mesmo derreter o cabo.

Nos anos 1960, uma das principais instituições de pesquisa no campo das telecomunicações era a Standard Telecommunication Laboratories (STL), criada pela Standard Telephones and Cables ao fim da Segunda Guerra Mundial. Sua localização original era o Aeródromo de Hendon, no norte de Londres, mas em 1959 a STL foi transferida – com 500 de seus funcionários – de Enfield para um moderno complexo de laboratórios na extremidade de Harlow New Town.

O jovem Charles Kao fazendo uma das primeiras experiências em fibra ótica na Standard Telecommunications Laboratory, em Harlow.

Cortesia de foto da Chinese University de Hong Kong

No início dos anos 1960, Charles K. Kao começou a trabalhar na STL quando estudava para obter seu Ph.D. na University College London. Kao nasceu em Xangai, em 1933, e mudou-se de Hong Kong para o Reino Unido para estudar engenharia elétrica na Woolwich Polytechnic; porém, foi na STL que ele e seus associados concluíram um trabalho pioneiro sobre o uso de fibras óticas como meio de telecomunicação viável.

Nos tempos vitorianos, o princípio da reflexão interna total no qual se baseia a fibra ótica foi explorado para iluminar cursos de água em fontes públicas. Mais tarde, o princípio foi utilizado em aplicações óticas de curto alcance. No início dos anos 1950, Harold Hopkins FRS criou um método para produzir um feixe coerente de fibras, desenvolvido em seu "fibroscópio", o primeiro dispositivo capaz de transmitir uma imagem útil. Seu trabalho levou à invenção do endoscópio de fibra ótica por Fernando Alves Martins, em 1963.

Entretanto, a fibra de sílica ainda não era muito usada para comunicações de longa distância por causa da grande perda de luz ao longo do percurso. A C. K. Kao é atribuído o avanço que levou à moderna telecomunicação por fibra ótica. A princípio, por mostrar que a atenuação de luz dentro das fibras era resultado de impurezas no vidro que podiam ser removidas.

Quando foi nomeado chefe do grupo de pesquisas de eletro-ótica da STL, em 1963, Kao uniu forças com um colega, George Hockman, e juntos eles começaram a provar que a potencial atenuação de luz num filamento de vidro podia ser 500 vezes menor do que o desempenho típico das fibras óticas na época.

> ## [...] houve risadas na plateia, de tão absurda que a ideia de uma luz como meio de transmissão pareceu na época, mesmo entre engenheiros profissionais.

Os dois pesquisadores estabeleceram que, para transmitir sinais óticos para comunicações comerciais e transferências de dados confiáveis, o limite de atenuação de luz teria que ser inferior a 20 decibéis por quilômetro (dB/km) – porém, no início dos anos 1960, não era comum a fibra ótica perder luz a uma taxa superior a 1.000 dB/km. Esta conclusão deu início à intensa corrida para encontrar materiais e fibras de perda pequena, adequados para atingir esse padrão.

Tudo o que era preciso, concluíram eles, era um tipo de vidro mais puro. Este ainda não existia, mas Kao e Hockman abriram caminho para o desenvolvimento de um meio melhor – se alguém pudesse ser persuadido a investir nisso. O estudo deles, "Dieletric-fibre surface waveguides for optical frequencies", foi apresentado em janeiro de 1966 no Instituto de Engenheiros Elétricos (IEE, na sigla em inglês). Aparentemente, houve risadas na plateia, de tão absurda que a ideia de uma luz como meio de transmissão pareceu na época, mesmo entre engenheiros profissionais. Mas Kao e Hockman ririam por último.

De início, a indústria também relutou em acreditar que fibras de vidro de pureza elevada poderiam ser usadas para transferir informações a longa distância e poderiam substituir fios de cobre. Kao teve que apregoar suas ideias nos Estados Unidos e no Japão durante os sete anos seguintes até a indústria começar a lhe dar atenção. Mas finalmente um meio viável foi desenvolvido: um vidro que continha menos de dez impurezas por bilhão de átomos.

Em 1966, a corporação americana Corning reuniu três cientistas para criar um produto de telecomunicação que atenderia à necessidade de uma largura de banda maior. Os doutores Robert Maurer, Donald Keck e Peter Schultz receberam uma tarefa que parecia impossível conforme definida por Kao: criar uma fibra monomodo (100 mícron de diâmetro com 0,75 mícron de núcleo) com uma perda de sinal total inferior a 20db/km (decibéis por quilômetro).

Mas, depois de quatro anos de experimentação e testes, Maurer, Keck e Schultz desenvolveram a primeira fibra ótica de baixa perda, com uma atenuação inferior a 17dB/km. Em 1977, eles haviam reduzido essa distorção para apenas 5dB/km.

Os primeiros testes em campo foram realizados em junho de 1977, nos arredores da STL. A BT testou com sucesso uma ligação de fibra ótica de 140 megabits por segundo (Mbit/s) entre Hitchin e Stevenage, no Reino Unido. Como os engenheiros realizaram verdadeiras chamadas telefônicas em serviço público, a data é apontada como a do nascimento da fibra ótica.

Impacto comercial

As linhas de telefone tradicionais podem conduzir um número muito limitado de conexões em determinado tempo, por uma distância limitada. Usando a melhor tecnologia de recepção e transmissão, uma única fibra de 9 mícrons de diâmetro pode conduzir até 400 bilhões de bits por segundo, o equivalente a 5 milhões de conversas ao telefone.

As outras desvantagens do cobre também são evitadas. Não há interferência eletromagnética: o cabo de fibra ótica pode ser deixado perto de cabos de distribuição de energia e não sofrer interferência alguma, e é impossível escutar às escondidas o que está sendo transmitido. Os cabos de fibra ótica também não são afetados por tempestades elétricas ou condutividade do solo.

Uma única fibra [ótica] de 9 mícrons de diâmetro pode conduzir até 400 bilhões de bits por segundo, o equivalente a 5 milhões de conversas ao telefone.

Kao previu em 1983 – cinco anos antes de um cabo de fibra ótica transoceânico ser utilizado pela primeira vez – que os mares do mundo um dia ficariam repletos de fibras óticas. Nos últimos cinco anos, a tecnologia de fibra ótica avançou num ritmo tremendo, de maneira bastante silenciosa e reservada, impulsionada por larguras de banda maiores em ligações backbone de longa distância, como são chamadas. Estas incluem uma rede global de cabos submarinos como a FLAG (Fibre-Optic Link Around the Globe) – um cabo de comunicação submarino de 28 mil quilômetros de extensão contendo fibras óticas que conectam Reino Unido, Japão e muitos outros lugares entre os dois.

Embora seja difícil calcular o valor comercial do uso de fibras óticas, a BBC Research estimou em janeiro de 2011 que o mercado de conectores de fibra ótica (FOC, na sigla em inglês) valia 1,9 bilhão de dólares em 2010 e em 2016 valerá quase 3,1 bilhões de dólares.

Um dos mais recentes empreendimentos no campo é a rede que está sendo implementada pela Seacom, a primeira a fornecer banda larga a países do leste da África, que antes dependiam inteiramente de conexões caras e mais lentas. África do Sul, Madagascar, Moçambique, Tanzânia e Quênia estão interconectados por meio de uma estrutura em anel protegida no continente. Um segundo par de fibras conecta a África do Sul ao Quênia, e há conexões para a França e a Índia.

Para países em desenvolvimento, onde falta uma infraestrutura de telecomunicação estabelecida há muito tempo, o advento da fibra ótica representa uma oportunidade de desenvolver serviços de tecnologia de informação e indústrias de apoio; o Quênia está rapidamente assumindo parte do volume do tráfego de centrais de atendimento antes captado pela Índia.

O que aconteceu em seguida?

A fibra ótica substituiu rapidamente o cabo em aplicações de longa distância, seja nos serviços telefônicos nacionais antigos e simples, ou em redes de comunicação global, ou ainda na comunicação corporativa segura entre locais. É favorecida pelas empresas de televisão a cabo, porque sua grande capacidade de largura de banda a torna ideal para a televisão de alta definição (HDTV).

O único problema restante são as substituições locais de conexões finais para o consumidor. A tecnologia está ali em diferentes formas, notadamente a Ethernet Passive Optical Network (EPON), mas sua implementação em nível local é inibida pelo grande investimento envolvido. Como as pessoas demandam transmissão de entretenimento e as empresas dependem mais da transferência global de dados e de videoconferências, a solução para esse problema é apenas uma questão de tempo.

Em 6 de outubro de 2009, C. K. Kao recebeu o Prêmio Nobel de Física por seu trabalho sobre transmissão de luz em fibras óticas e pela comunicação por fibra. Ele foi condecorado cavaleiro em 2010.

31

A planilha eletrônica

Quando: 1978

Onde: Estados Unidos

Por que: A invenção eliminou processos manuais entediantes e agilizou o mundo dos negócios

Como: Dan Bricklin teve a ideia da planilha eletrônica quando fazia o curso de mestrado em administração de empresas da Harvard Business School

Quem: Dan Bricklin e Bob Frankston

Fato: Em 1979, programas de softwares baseados em algoritmos matemáticos não eram considerados candidatos adequados a patentes: a primeira planilha eletrônica nunca foi patenteada

Hoje é difícil imaginar um ambiente de negócios sem planilhas eletrônicas. Essas tabelas eletrônicas são usadas para manipular informações – como pesquisas de mercado – e para elaborar projetos, bem como para as previsões financeiras para as quais essas tabelas foram originalmente criadas, no intuito de melhorá-las. Não é exagero dizer que os departamentos financeiros da grande maioria das empresas e instituições do mundo seriam incapazes de fazer o trabalho que fazem atualmente sem o software de planilha.

Mas em 1978 não havia nenhum pacote de software de planilha. A VisiCalc, primeira planilha para computadores pessoais, ajudou a revolucionar o dia a dia do trabalho em empresas grandes e pequenas. Na verdade, é reconhecida por ter ajudado a impulsionar o sucesso do computador Apple II e por introduzir o computador no mundo dos negócios.

Os antecedentes

Em 1978, Dan Bricklin estava estudando para seu curso de mestrado em administração de empresas na Harvard Business School. Ele se formara em informática pelo MIT e, antes de ir para Harvard, trabalhara para a Digital Equipment Corporation, portanto conhecia bem o potencial dos computadores. Seu "momento eureca" aconteceu quando um de seus professores foi obrigado a corrigir manualmente valores num modelo financeiro, depois de cometer um pequeno erro no quadro-negro do auditório. Bricklin ficou impressionado com a quantidade de trabalho necessária para corrigir até mesmo um erro pequeno num modelo financeiro tradicional. Ele fez uma pausa para sonhar com uma calculadora que tivesse uma esfera na parte de trás, "como um mouse", e uma grande tela que lhe permitisse brincar com os cálculos.

Provavelmente sem causar surpresa num ambiente voltado para negócios e numa época em que as empresas de tecnologia eram uma grande novidade nos Estados Unidos, Bricklin decidiu testar sua ideia: para isso, criaria um produto de verdade para vender depois que ter-

minasse o curso. Ele foi em frente e desenvolveu uma planilha eletrônica básica com seu amigo programador Bob Frankston. Esse programa permitia aos usuários fazer uma tabela básica com uma interface
de usuário interativa, semelhante aos processadores de palavras; permitia aos usuários acrescentar fórmulas e recalcular automaticamente,
resolvendo, assim, o problema que Bricklin observara durante a aula
em Harvard.

> **Um de seus professores foi obrigado a corrigir
> valores num modelo financeiro manualmente,
> depois de cometer um pequeno erro no
> quadro-negro do auditório. Bricklin ficou
> impressionado com a quantidade de trabalho
> necessária para corrigir até mesmo um erro
> pequeno num modelo financeiro tradicional.**

Bricklin usou a versão inicial de seu novo programa para uma de
suas tarefas da Harvard Business School, na qual tinha que analisar a
Pepsi-Cola. Utilizando seu protótipo de software, ele conseguiu fazer
uma apresentação impressionante, envolvendo projeções financeiras
para cinco anos e lidando com muitas variáveis e múltiplas possibilidades – realizando um trabalho difícil nos tempos do livro contábil e
das calculadoras com teclas, seu software lhe poupou incontáveis horas de trabalho.

Bricklin e Frankston desenvolveram mais o protótipo e criaram
uma versão boa o suficiente para ser vendida. Eles batizaram o programa de VisiCalc.

Impacto comercial

O potencial da VisiCalc foi rapidamente percebido. Dan Flystra,
que se formara na Harvard Business School na mesma época de
Frankston e Bricklin, e dirigia uma empresa de softwares chamada
Personal Software, ofereceu-se para publicar o software deles. Ele se

propôs a pagar a eles aproximadamente 40% de seu faturamento com a venda a indivíduos e revendedores, e 50% de qualquer venda de volume maior a fabricantes de computadores. De acordo com Bricklin, esses cálculos baseavam-se no preço inicial de um produto equivalente à calculadora da Texas Instruments (TI), num custo menor e numa divisão do percentual do lucro. Logo depois, Bricklin e Frankston formaram uma empresa separada para fazer negócios: a Software Arts, Inc. foi incorporada no início de 1979.

A VisiCalc recebeu atenção pública pela primeira vez na West Coast Computer Fair, em São Francisco, e logo depois foi lançada na Conferência Nacional de Computadores, em Nova York, no verão de 1979. Não foi um sucesso imediato, mas Bricklin e Frankston conseguiram usar parte do pagamento de royalties feito pela Personal Software para terminar de adaptar seu produto para outros computadores. A VisiCalc foi então lançada para funcionar no Tandy TRS80, no Commodore Pet e nos computadores 8-bit da Atari. Rapidamente

As planilhas eletrônicas mudaram a maneira como as empresas operam.

Bausch and Lomb Corporate Archive.

tornou-se uma campeã de vendas, tendo 600 mil cópias vendidas a 100 dólares cada uma.

Nem a Personal Software, nem a Software Arts, Inc. fizeram qualquer pedido de patente para o software. E, embora os direitos autorais e a proteção da marca tenham sido buscados e usados, nenhuma outra proteção foi empregada para impedir que outros copiassem o trabalho. Infelizmente, o que Bricklin chama de "enorme importância e valor da planilha eletrônica" não se tornou evidente durante pelo menos dois anos. Àquela altura, era tarde demais para pedir proteção de patente. De qualquer modo, no fim dos anos 1970 os programas de software baseados em algoritmos matemáticos não eram considerados candidatos a patentes.

A venda de planilhas eletrônicas cresceu exponencialmente. Mas, como acontece com qualquer produto de sucesso, surgiram os concorrentes. Embora a VisiCalc tenha sido adaptada para o IBM PC, a Lotus Corporation de Mitch Kapor, com sede em Cambridge, Massachusetts, lançou a 1-2-3 para o IBM PC em 1982. Era mais rápida, mais potente e mais flexível do que a VisiCalc, e vendeu significativamente mais a partir daí. Assim como a VisiCalc impusionara a venda do Apple II, a 1-2-3 impulsionava agora a venda do IBM PC e ajudava a estabelecê-lo como o principal computador de mesa para empresas. A Lotus acabou comprando a Software Arts em 1985. A Microsoft lançou em 1985 o Excel, uma planilha eletrônica do tipo "o que você vê é o que você tem", para o computador Macintosh da Apple, tornando a potência da Lotus 1-2-3 muito mais acessível às pessoas. O Excel foi lançado para Windows em 1987, e logo se tornou líder de mercado. Como faz parte do pacote de aplicativos Office da Microsoft, acredita-se que mais de 80% das empresas do mundo utilizem hoje o Excel. Muitos outros usam outras planilhas eletrônicas, como aquela que é fornecida dentro do Open Office da Sun Microsystems.

Assim como a VisiCalc impusionara a venda do Apple II, a 1-2-3 impulsionava agora a venda do IBM PC e ajudava a estabelecê-lo como o principal computador de mesa para empresas.

Atualmente, graças ao poder das planilhas eletrônicas, projeções financeiras para cinco anos são comuns. E o uso dessas planilhas cresceu incrivelmente, indo bem além da comunidade financeira. Hoje, as pessoas usam as planilhas eletrônicas para gerenciar projetos e para analisar informações de marketing e até estatísticas esportivas.

Os negócios simplesmente não poderiam ser feitos da maneira como são feitos hoje sem as planilhas eletrônicas. A ideia de ter que somar todos os seus números numa calculadora, anotando cada cálculo à mão, é impensável.

O que aconteceu em seguida?

O sucesso da planilha eletrônica está hoje firmemente estabelecido; mas, e seus criadores? Que fim levaram o "pai da planilha eletrônica", Bricklin, e aquele que a desenvolveu, Frankston? Bem, Frankston se tornou uma voz de destaque em assuntos de tecnologia de informação moderna, com um foco em questões de internet e telecomunicação. Ele defende a redução do papel das empresas de telecomunicação na evolução da internet, principalmente das empresas de comunicação móvel e de banda larga.

Bricklin também está ativo na indústria. Recebeu o Prêmio Grace Murray Hopper em 1981, pela VisiCalc, pouco antes de vender os direitos do programa à Lotus, e atualmente é presidente da Software Garden, Inc., uma empresa de consultoria e desenvolvimento de softwares. Bricklin também não abandonou seu primeiro amor: desenvolveu uma planilha eletrônica colaborativa, com base na internet, chamada WikiCalc. Como tal, a WikiCalc está integrando uma nova geração de planilhas eletrônicas on-line que começou a surgir nos últimos anos. A principal vantagem dos aplicativos on-line são suas características colaborativas, envolvendo vários usuários. Alguns aplicativos de planilha eletrônica oferecem até preços de ações, taxas de câmbio atuais e outras atualizações em tempo real. Parece claro que continuaremos a encontrar novos usos para essa ferramenta incrível e flexível.

32

O walkman

Quando: 1979

Onde: Japão

Por que: O walkman foi o primeiro aparelho de som estéreo de bolso e de baixo custo, e o precursor de muitas inovações que se seguiram, como o iPod

Como: A necessidade de um toca-fitas estéreo portátil e pessoal foi percebida pela Sony Corporation. Porém, a marca mais tarde foi obrigada a admitir que um inventor independente foi o primeiro a patentear o produto

Quem: Akio Morita e o engenheiro Nobutoshi Kihara, ambos da Sony (e o inventor germano-brasileiro Andreas Pavel)

Fato: Estima-se que 400 milhões de unidades de walkmans foram vendidas desde seu lançamento, em 1979

O walkman reuniu inovação técnica e um marketing inteligente no momento exato em que a cultura popular precisava disso. O primeiro walkman (chamado também de Stowaway, Soundabout e Freestyle antes de o nome corrente se fixar) tinha um toca-fitas e os primeiros fones de ouvido leves do mundo. Aparentemente temendo que os consumidores achassem o walkman antissocial, a Sony produziu as primeiras unidades com duas entradas para fones de ouvido, para que as pessoas pudessem compartilhar a música com um amigo. Mais tarde, a empresa eliminou essa característica. Hoje, depois de mais de trinta anos e cerca de 400 milhões de unidades vendidas, não é nem um pouco incomum ver pessoas andando nas ruas com fones nos ouvidos.

A universalidade do walkman ao longo das duas últimas décadas do século XX foi apoiada por excelentes campanhas publicitárias que miravam num público jovem com os conceitos de mobilidade, proximidade e liberdade proporcionada pela música.

Os antecedentes

Nos anos 1970, a indústria de áudio estava se deleitando com o sucesso do crescente mercado de aparelhos de som estéreo. A chegada do transistor, que tornou possível um receptor de faixa AM portátil, criara um boom de rádios de bolso nos anos 1960. Os "radinhos" se tornaram onipresentes numa geração para a qual os Beatles e os Rolling Stones eram companhias essenciais. Você podia levar o radinho para a praia, para o campo ou para o ônibus e sintonizá-lo em estações ilegais que tocavam aquela música ótima que ofendia seus pais e a geração deles.

A popularidade dos toca-discos com som estéreo e a pilha aumentou no fim dos anos 1960, com o som saindo de duas ou mais caixas. Depois, os rádio-gravadores e os tocadiscos portáteis se tornaram populares, permitindo aos jovens marcar presença sem ficarem limitados a sentar-se perto de um aparelho de som em casa – o que só teria impacto na vizinhança mais próxima.

Os aparelhos de bolso para fitas cassete e microcassete também eram vendidos com sucesso por empresas como Panasonic, Toshiba e

Olympus. Mas a Sony já era líder no mercado que tornava a música gravada acessível.

Em 1949, a Tokyo Telecommunications Engineering Corporation (TTEC) – como a empresa era conhecida na época – havia desenvolvido a fita de gravação magnética; e em 1950 prosseguiu, desenvolvendo e vendendo o primeiro toca-fitas no Japão. Em 1957, produziu o primeiro rádio de bolso do mundo totalmente transistorizado. Embora o transistor tenha sido desenvolvido pela Bell Labs e produzido pela Western Electric, foi a Sony que o usou pela primeira vez num pequeno rádio de bolso, criando com isso um novo mercado e dando a ele a oportunidade de reivindicar a plataforma que deu início à febre da juventude no mundo inteiro. O sucesso do rádio levou a outros lançamentos de produtos transistorizados, como a televisão de 8 polegadas e o gravador de videocassete.

Mas, com um nome como TTEC, a marca nunca se tornaria moderna, que dirá global. Em 1958, seus fundadores, Akio Morita e Masaru Ibuka, tiveram a visão de mudar o nome da empresa para Sony. Baseado na palavra "som" em latim, "Sony" era também um nome que repercutiria na cultura jovem japonesa. Na época, "sonny-boy" era como eram chamados nas ruas os jovens espertos. Morita e Ibuka queriam criar uma imagem jovem e dinâmica para sua empresa.

Morita também pode alegar ter sido a inspiração por trás do desenvolvimento do walkman. Além de se identificar muito com a cultura moderna da época, ele era apaixonado por arte e música, e também um entusiasta de ópera. Além disso, queria algo que lhe permitisse escutar suas canções favoritas durante os voos demorados que com frequência fazia. Para isso, era preciso algo que reproduzisse música tão bem quanto um bom aparelho estéreo de carro, mas que fosse portátil, permitindo ao usuário ouvir música enquanto fazia outra coisa. Ele observou que seus filhos e seus amigos pareciam querer ouvir música dia e noite, e que cada vez mais as pessoas levavam seus aparelhos de som volumosos para a praia e o parque.

O engenheiro Nobutoshi Kihara montou o dispositivo de walkman original em 1978. No início de 1979, Morita convocou uma reunião em que exibiu um protótipo derivado do gravador portátil Pressman, da Sony. Ele deu à equipe de engenheiros menos de quatro meses para produzir o modelo.

"Este é um produto que vai satisfazer aos jovens que querem ouvir música o dia inteiro" [...] [disse Morita]

O departamento de engenharia inicialmente estava cético, uma vez que o aparelho não tinha capacidade alguma para gravar. Toda a tecnologia já existia, e de muitas maneiras o walkman pode ser considerado uma evolução dos gravadores desenvolvidos para uso de secretários, jornalistas, agentes imobiliários, médicos, advogados e outros profissionais. Morita sustentou com firmeza que gravar áudio não era algo que os clientes que ele tinha como alvo queriam fazer. "Este é um produto que vai satisfazer aos jovens que querem ouvir música o dia inteiro. Eles o levarão para toda parte e não vão se importar com funções de gravação. Se pusermos no mercado um aparelho estéreo com fone de ouvido como esse, que apenas toque, será um sucesso", disse ele.

As dúvidas internas não foram silenciadas. Quando o desenvolvimento estava perto da fase final, o gerente de produção, Kozo Ohsone, estava preocupado de que o walkman fracassasse e levasse com ele sua reputação. Embora já tivesse gastado mais de 100 mil dólares em equipamentos para produzir o modelo, Ohsone não queria o risco de uma produção exagerada. Então, embora lhe tivessem pedido para produzir 60 mil unidades, ele decidiu produzir metade desse número. Se as vendas decolassem, fabricaria mais 30 mil rapidamente.

O TPS-L2, o walkman original, de metal prateado e azul, o primeiro aparelho estéreo portátil de baixo custo do mundo, foi lançado em Tóquio em 22 de junho de 1979. Antes de seu lançamento, a Sony semeou o mercado, distribuindo cem aparelhos a pessoas influentes, como editores de revistas e músicos. Jornalistas foram convidados para uma entrevista coletiva incomum. Foram levados para o Parque Yoyogi, em

Tóquio, e receberam um walkman para usar.

Os jornalistas ouviram uma explicação sobre o walkman em estéreo, enquanto funcionários da Sony faziam demonstrações do produto. A gravação os convidava a observar jovens usando walkman enquanto andavam de bicicleta, de patins e se divertindo de uma maneira geral ao se locomoverem. Apesar disso, no primeiro mês após o lançamento apenas 3 mil unidades foram vendidas, o que deixou a gerência preocupada. Porém, no mês seguinte as vendas de walkman começaram a decolar e o lote inicial de 30 mil esgotou – Ohsone teve que acelerar a produção para atender à demanda de consumidores locais e turistas.

O Walkman TPS-L2, o aparelho original da Sony, de metal prateado e azul.

Sony

No ano seguinte, o walkman foi introduzido no mercado americano; e um modelo com duas entradas para fones de ouvido, permitindo que duas pessoas ouvissem ao mesmo tempo, foi vendido no Reino Unido e em outros países. De início, diferentes nomes foram usados em diferentes mercados – Soundabout nos Estados Unidos, Stowaway no Reino Unido e Freestyle na Suécia. Morata resistiu inicialmente ao nome walkman, mas este foi proposto pelos mesmos motivos pelos quais a empresa passara a se chamar Sony: incorporava a ideia de movimento e lembrava claramente Superman. Numa viagem de negócios, Morita notou que tanto os franceses quanto pessoas que encontrou no Reino Unido lhe perguntavam quando poderiam conseguir "um walkman". O nome precedera o produto e, depois do lançamento do Walkman II, mais leve, em 1981, os nomes alternativos foram derrubados.

A miniaturização veio em seguida, com a criação, em 1983, de um walkman mais ou menos do tamanho de uma caixa de fita cassete. O

WM-20 usava uma pilha pequena e tinha um cabeçote, um cilindro de pressão e uma entrada de fone de ouvido dispostos em sequência, com uma fita cassete fixada no sentido horizontal, ao longo de sua estrutura. A partir daí, o walkman se estabeleceu como uma necessidade moderna, facilmente transportável numa bolsa pequena ou no bolso. Em 1984, foi lançado o Walkman Professional WM-D6C, com qualidade de som comparável à dos melhores equipamentos profissionais. Com isso, a Sony liderou o mercado, apesar da forte concorrência, durante toda a década de 1980 e na maior parte dos anos 1990.

Impacto comercial

O lançamento do walkman, em 1979, mudou para sempre a maneira como as pessoas ouviam música, porque pela primeira vez era possível viajar com suas gravações preferidas e não incomodar ninguém ao tocá-las. Ao fazer isso, o walkman deslanchou toda uma indústria e preparou o mercado para a digitalização da música. Quando foi interrompida, em 2010, a produção do walkman para cassete havia impulsionado, durante seus 31 anos de vida, a venda de mais de 220 milhões. A Sony afirma que, ao todo, vendeu mais de 400 milhões de aparelhos com o nome Walkman e que hoje continua a vender versões do produto para CD e minidisco.

> O lançamento do walkman, em 1979, mudou para sempre a maneira como as pessoas ouviam música [...] deslanchou toda uma indústria e preparou o mercado para a digitalização da música.

O walkman foi o produto que pôs o nome Sony na boca de uma clientela internacional. Um programa criativo de propaganda e marketing ajudou a transmitir a mensagem de que para ser jovem, ativo, esportivo, vigoroso e moderno – sem falar em rebelde – você tinha que ser visto com um walkman. O sucesso de produtos subsequentes da

Sony – incluindo o PlayStation e a linha de câmeras digitais – foi impulsionado por essa forte associação.

Mais difícil de provar, embora eminentemente argumentável, é a ideia de que o walkman teve um papel de embaixador das exportações japonesas. O walkman ajudou a superar o preconceito de que os produtos japoneses, incluindo os carros, eram de algum modo imitações de protótipos ocidentais.

Porém, a marca também ficou associada à psicologia e à sociologia. O "efeito walkman" tem sido definido por pesquisadores como promoção de isolamento, introspecção e até narcisismo, enquanto a Sony se esforça para argumentar o oposto, descrevendo-o como "a autonomia de caminhar". A Sony alega que o aparelho proporciona a seus usuários "uma trilha sonora pessoal para suas vidas", tornando interessantes até mesmo as atividades mais chatas e acrescentando um pouco de brilho a suas rotinas. Como as tecnologias do MP3 e do telefone celular têm evoluído, com fones receptores permitindo às pessoas conectar-se sem fios, o debate sobre o isolamento se intensificou – mas ainda é definido como o "efeito walkman".

O que aconteceu em seguida?

Por mais inovador que seja o conceito do walkman desenvolvido por Morita e Kihara – e não obstante este ter sido formado a partir da propriedade intelectual que havia na corporação –, o projeto foi objeto de disputas durante muitos anos e a Sony acabou tendo que admitir que seu projeto inovador não era, na verdade, o primeiro do tipo. Um inventor germano-brasileiro chamado Andreas Pavel havia produzido um toca-fitas estéreo e portátil no início de 1972. Em 1977, Pavel patenteou seu Stereobelt em Itália, Alemanha, Estados Unidos e Reino Unido – e no Japão. Em 1980, apenas um ano depois de o walkman ser lançado, os advogados de Pavel e da Sony deram início a negociações. Como resultado, a Sony se dispôs a pagar a Pavel royalties limitados, cobrindo a venda de certos modelos – mas somente na Alemanha.

Isso não foi aceito por Pavel, que queria ser reconhecido como o inventor do walkman e receber os royalties sobre as vendas em todas as jurisdições cobertas por suas patentes. Akio Morita – que tinha forte interesse pela propriedade do produto de maior sucesso de sua empresa – nunca concordaria com isso, e Pavel abriu ações judiciais que lhe consumiram 3,6 milhões de dólares e quase o levaram à falência. Porém, ele não abandonaria sua alegação. Em 2003, depois de mais de vinte anos de batalhas judiciais, Andreas Pavel recebeu vários milhões de dólares num acordo extrajudicial e foi finalmente aceito como o inventor do walkman.

> **Por mais inovador que seja o conceito do walkman [...] o projeto foi objeto de disputas durante muitos anos e a Sony acabou tendo que admitir que seu projeto inovador não era, na verdade, o primeiro do tipo.**

O walkman para fita cassete continuou sendo produzido até 2010 – na verdade, quando este livro estava sendo escrito a Sony ainda estava fabricando um modelo na China. Mas a partir de meados dos anos 1990 o CD começou a substituir o cassete. Os fabricantes (incluindo a Sony, que produziu seu primeiro Discman em 1984) migraram para os aparelhos de CD pessoais e, lidando com um boom de fabricantes de aparelhos de som para carros, abandonaram os cassetes em favor dos CDs. A pá de terra final no caixão do cassete foi jogada quando o iPod da Apple e uma série de aparelhos de MP3 e celulares passaram a oferecer aos consumidores a capacidade de armazenamento digital, para eles transportarem um mundo de músicas em todos os momentos sem terem que carregar cassetes ou CDs.

Com a morte do cassete, a Sony tem trabalhado duro para estender a marca Walkman a uma série de plataformas de música digital subsequentes. Isso começou com o Discman (mais tarde CD Walkman). Depois, vieram o MiniDisc Walkman e diversos aparelhos de som digital lançados para conquistar o mercado aberto pelo iPod. Mais recentemente, a Sony lançou o Walkman X Series, um aparelho de áudio e vídeo com tela sensível ao toque.

Até que, em 1º de março de 2005, a Ericsson, uma empresa de empreendimento conjunto estabelecida em 2001, lançou o W800i, o primeiro de uma série de celulares walkman capazes de armazenar 30 horas de música. No ano seguinte, foram vendidos 3 milhões de aparelhos desse tipo, o que demonstrou que a marca não perdeu sua magia, apesar de estar eternamente associada, na imaginação do público, ao toca-fitas prateado e azul original da Sony.

Anos **19 80**

33

O computador pessoal (PC)

Quando: 1980

Onde: Estados Unidos

Por que: O PC revolucionou a maneira como os negócios operam e criou uma importante categoria de produto

Como: O icônico IBM PC deu aos computadores de mesa credibilidade nos negócios

Quem: Don Estridge, da IBM, sua equipe... e o Sr. Bill Gates

Fato: A revista *Time* chamou o computador de "Máquina do Ano" alguns meses depois do lançamento do PC, em 1981

O s imensos computadores *mainframe* estão por aí desde o início dos anos 1950. Essas máquinas ocupavam salas inteiras e exigiam especialistas para operá-las e mantê-las. Eram caras e só eram usadas por corporações muito grandes e instituições do governo.

O IBM "PC Compatível", como ficou conhecido, teve um sucesso sem precedentes e continua sendo a ferramenta usada por quase todas as empresas do mundo, bem como o aparelho que a maioria de nós tem em casa para navegar na internet, guardar fotos e músicas, enviar e receber e-mails, escrever documentos e por aí em diante.

Os antecedentes

Em meados dos anos 1970, surgiram no mercado os primeiros computadores para o consumidor. Mas essas máquinas iniciais eram de uma espécie diferente das usinas de força deflagradas pelo Windows que existem hoje em incontáveis mesas de escritório. Os equipamentos do chamado "microcomputador" tinham como alvo inicialmente os assinantes de publicações especializadas, como as revistas *Radio-Electronics* e *BYTE*: entusiastas que estavam interessados e habilitados o bastante para construir as máquinas em casa. Esses primeiros computadores incluíam o SCELBI-8H e o Mark-8 Altair. Eram máquinas que tinham de ser programadas pelo usuário, e muitas vezes chegavam com apenas 250 bytes de Memória de Acesso Aleatório (RAM, na sigla em inglês), com luzes de indicação e interruptores sendo os únicos dispositivos para entrada e saída de dados – não havia mouse, teclado, nem visor com tela.

Só no fim dos anos 1970 a tecnologia havia melhorado o suficiente para produzir máquinas que mereciam o rótulo de "computador doméstico". O finado Steve Jobs e seu sócio Steve Wozniak lançaram o computador Apple I em 1976; o segundo computador deles, o Apple II, formou, juntamente com o PET da Commodore e o TRS-80 da Tandy, a primeira geração de microcomputadores projetados – e com preços acessíveis – para serem usados em casas e pequenas empresas. E tinham teclado e "unidade de exibição visual" (VDU, na sigla em inglês), para que as pessoas pudessem ver o que estavam fazendo.

Esses microcomputadores tinham potência de processamento e memória para sustentar uma programação básica, o processamento de palavras e os requisitos para jogos dos usuários domésticos. Uma indústria caseira cresceu fornecendo softwares e acessórios para esses computadores – jogos, linguagens programadas, processadores de palavras e bancos de dados muitos simples, impressoras, drives de discos e coisas do tipo. Pequenas empresas começaram a comprar esses computadores para usá-los em locais de trabalho, embora a maioria deles fosse usada em casa. Os computadores eram uma grande novidade, assim como os empreendedores por trás das empresas que os fabricavam – que tiveram lucros e crescimento fenomenais.

A IBM era o líder mundial em informática nessa época, vendendo quase com exclusividade para grandes empresas e governos. Viu a nova tendência para microcomputadores pequenos e o potencial para usá-los em empresas e, naturalmente, quis participar desse novo mercado.

Assim, surgiu com um plano para lançar seu próprio PC. A IBM era conhecida por ser independente – não usava peças de outros fornecedores, normalmente era responsável por toda a fabricação. Porém, percebeu que esse novo mercado estava crescendo tão rapidamente que, se seguisse seu procedimento normal, demoraria tanto tempo que poderia ficar fora de grande parte do novo negócio. Então, decidiu comprar diversos componentes para seu novo PC, mas sem perceber, na época, como seriam grandes as ramificações.

Alguém sugeriu que procurassem uma pequena empresa chamada Microsoft, e assim eles conheceram Bill Gates, que garantiu poder entregar-lhes um sistema operacional adequado no prazo.

A IBM criou a "Project Chess": uma equipe de 12 pessoas, comandada por Don Estridge e reunida para contornar procedimentos comuns da empresa para que o novo computador pudesse ser desenvol-

Don Estridge, líder do "Projec Chess", comandou o grupo que desenvolveu o novo computador da IBM em apenas 12 meses.

Cortesia de IBM Corporate Archive

vido num período bastante curto. No fim das contas, a equipe demorou apenas 12 meses.

Durante o desenvolvimento, Estridge e sua equipe hesitaram sobre o sistema operacional que usariam na nova máquina. Eles tentaram obter o direito de usar um dos sistemas operacionais para microcomputadores que predominavam na época, mas não conseguiram. Alguém sugeriu que procurassem uma pequena empresa chamada Microsoft, e assim eles conheceram Bill Gates, que garantiu poder entregar-lhes um sistema operacional adequado no prazo. Assim, a Microsoft ganhou o contrato. Em um dos melhores acordos de negócios já ocorridos no mundo, Gates comprou então um sistema operacional semelhante de uma pequena empresa insuspeita, a Seattle Computer Products, por um preço modesto, com pagamento único, e o adaptou para a IBM.

A IBM lançou seu PC em 1981, com bastante alarde. E funcionou. Grandes e pequenas empresas compraram os computadores com o nome IBM. Criadores de softwares desenvolveram programas para o novo computador, na expectativa de que o lançamento da IBM vendesse bem, estimulando a demanda. A Lotus 1-2-3, em particular, impulsionou vendas substanciais do PC, como você pôde ler no capítulo sobre planilhas eletrônicas deste livro.

Impacto comercial

O lançamento do computador de mesa é, de forma argumentável, o mais importante desenvolvimento de negócio dos últimos 50 anos. Levou a muitos outros desenvolvimentos, como o uso disseminado da internet e do e-mail, mas mesmo antes disso revolucionou os locais de trabalho – como as pessoas faziam seus trabalhos e também quais trabalhos elas tinham que fazer. O PC era potente o suficiente – e apoiado por software suficiente – para automatizar todos os tipos de funções administrativas que antes tinham de ser realizadas à mão.

E o setor de PC explodiu num mercado de crescimento rápido e altamente lucrativo, com fabricantes e revendedores de hardware e software, bem como editoras de livros e revistas e organizadores de eventos, surgindo para oferecer o que as empresas globalmente queriam dessa maravilhosa nova tecnologia.

O lançamento do computador de mesa é, de forma argumentável, o mais importante desenvolvimento de negócio dos últimos 50 anos.

É claro que algumas empresas se beneficiaram bem mais do que outras. A decisão da IBM de terceirizar seu trabalho de desenvolvimento teve muitas repercussões. Para a IBM, o uso de componentes comprados em seu PC significou que a empresa era incapaz de impedir que outros fabricantes comprassem uma série de componentes semelhantes e fizessem cópias cuidadosas do PC que não infringissem os direitos de propriedade intelectual. Um ano depois do lançamento do PC da IBM, em 1981, o primeiro computador compatível com a IBM foi lançado pela Columbia Data Products. O Compaq Portable veio logo em seguida, e os portões foram abertos: a Dell, a

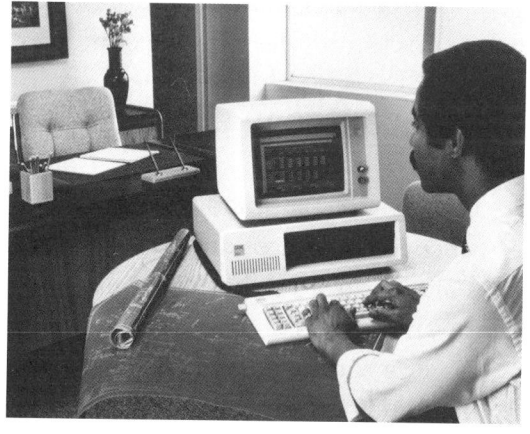

O computador pessoal da IBM de 1981.
Cortesia de IBM Corporate Archive

Compaq, a HP e outras conseguiam fabricar PCs que funcionavam como uma máquina da IBM. E a empresa que realmente permitiu que isso acontecesse foi a Microsoft, que licenciou seu sistema operacional para muitos fabricantes. O termo "IBM PC Compatível" foi amplamente usado para PCs que usavam o mesmo software e os mesmos acessórios do PC da IBM.

Em 1984, a Apple lançou seu computador Macintosh, que usava um mouse e o tipo de interface ao qual todos nós estamos acostumados hoje em dia – fabricando um computador muito mais fácil de usar que o da IBM. Porém, a Apple era a única empresa que fornecia esse computador, ao qual deu um preço mais alto que o da maioria dos PCs compatíveis com IBM; e, numa repetição das guerras dos gravadores de vídeo uma década antes, a tecnologia melhor perdeu para o computador mais barato e com mais softwares disponíveis para ele. A IBM, a Compaq, a Dell e muitas outras tiveram grandes lucros com a venda de seus computadores pessoais; a Microsoft se tornou um gigante global graças à venda de seus sistemas operacionais e subsequentes ferramentas do Office. A Intel também cresceu substancialmente por fornecer quase todos os processadores que estão no coração de cada PC. E a Apple, em determinado momento o principal fabricante de computadores pessoais, com seu Apple II, definhou e se tornou um concorrente pequeno, de nicho, embora adorada por seus fiéis seguidores, geralmente nos setores de criação e educação.

O que aconteceu em seguida?

O preço do computador pessoal caiu em meio à forte concorrência, e avanços tecnológicos aumentaram seu poder e sua capacidade a cada ano, ajudando a estabelecer um legado quase sem precedentes nos tempos modernos.

Os PCs são hoje um instrumento da vida moderna. Mais de 500 milhões estavam em uso no mundo em 2002, e acredita-se que mais de 2 bilhões de computadores pessoais tenham sido vendidos desde que as primeiras versões chegaram ao mercado. Hoje em dia, os PCs fazem parte da vida doméstica tanto quanto do ambiente de trabalho: pelo menos metade de todas as residências da Europa Ocidental tem um deles. E o número continua a crescer; acredita-se que 1 bilhão de computadores pessoais estavam em uso em 2008, e espera-se que esse número dobre em 2014.

Atualmente, PCs de todos os formatos – computadores de mesa, laptops e servidores – são a principal plataforma de computação no mundo. São usados para todo tipo de objetivo, desde pagar contas até conversar e jogar.

> **Hoje em dia, os PCs fazem parte da vida doméstica tanto quanto do ambiente de trabalho: pelo menos metade de todas as residências da Europa Ocidental tem um deles.**

Pode ser que não seja assim para sempre, com os smartphones e tablets cada vez mais realizando funções que antes tinham de ser executadas num PC. No fim de 2011, previu-se que haverá mais pessoas comprando smartphones e tablets do que PCs, com a base instalada de usuários certamente superando a dos PCs logo em seguida. Hoje, é impossível dizer com certeza o quanto a computação vai evoluir com esses aparelhos móveis, mas é certo que a tendência será substancialmente em favor deles. Tudo começou, porém, com o simples PC.

34

O controle remoto infravermelho

Quando: 1980

Onde: Canadá

Por que: O controle remoto infravermelho mudou para sempre a maneira como as pessoas assistem televisão e reafirmou a hierarquia familiar em casa

Como: Um engenheiro eletrônico que trabalhava com caixas de distribuição de cabos criou um controle remoto de televisão associado à tecnologia de luz infravermelha

Quem: Paul Hrivnak

Fato: O primeiro controle remoto sem fio teve que ser abandonado depois que a célula de seu receptor fotossensível foi ativada por raios de sol

É impossível pensar em televisão sem pensar em controle remoto. Este se tornou tão onipresente quanto o próprio aparelho de TV. Apesar de ser um foco de tensões na família, e material para autores de comédias em todos os lugares, esta é uma ideia de negócio que mudou a maneira como as pessoas assistem à televisão – mudando também a natureza da programação da televisão em geral.

Os antecedentes

Os primeiros controles remotos para televisão foram desenvolvidos pela empresa de eletrônica Zenith, que em 1950 lançou o Lazy Bones, um dispositivo com fio para operar uma televisão à distância. O fio, porém, logo provou ser uma ameaça à segurança e ficou claro que ele tinha de ser eliminado para tornar o controle remoto viável comercialmente.

Cinco anos depois, a Zenith lançou o Flashmatic, o primeiro controle remoto sem fio para televisão do mundo. Funcionava emitindo um raio de luz para uma célula de receptor fotossensível localizada na televisão. Mas o receptor não fazia distinção entre um raio do Flashmatic e uma luz comum, o que significa que a luz do sol direta com frequência ativava os controles. Além disso, o dispositivo tinha que ser apontado precisamente para o receptor.

Porém, um grande avanço aconteceu apenas um ano depois, quando do um prolífico inventor da Zenith, Robert Adler, desenvolveu o Space Command, amplamente considerado o primeiro controle remoto para televisão do mundo. De maneira única, o Space Command usava sons para se comunicar com a televisão; quando um botão era pressionado, este batia numa haste de alumínio dentro do dispositivo, produzindo um som de alta frequência que era captado pelo receptor do aparelho de TV. Quando diferentes botões eram pressionados, diferentes intensidades de som eram produzidas, o que permitia executar muitas funções.

Com a chegada [...] da TV a cabo, com sua maior seleção de canais, a necessidade de um controle remoto com mais botões se tornou clara.

Apesar de aumentar em um terço o custo do aparelho de TV, o controle remoto Space Commander mostrou ser popular entre consumidores atraídos pelo conceito de poder operar uma televisão sem levantar da cadeira. O som do pequeno martelo interno batendo nos tubos ganhou o apelido de "clicker", que permanece até hoje.

Mas a tecnologia de ultrassom de Adler tinha defeitos que a tornaram inadequada para o futuro da televisão a longo prazo. Com a chegada do serviço interativo Ceefax teletext, da BBC, nos anos 1970, bem como da TV a cabo, com sua maior seleção de canais, a necessidade de um controle remoto com mais botões se tornou clara. O Space Comander, porém, tinha apenas quatro (canal acima, canal abaixo, ligar/desligar e tirar o som), e acrescentar outros significaria adicionar mais hastes, aumentando o tamanho do dispositivo.

Foi em 1980 que a primeira versão do que viria a ser reconhecido como um controle remoto de televisão "moderno" apareceu. O Viewstar TV, desenvolvido durante dez anos pelo engenheiro canadense Paul Hrivnak, era uma caixa receptora de cabos com um controle remoto que usava tecnologia de luz infravermelha, permitindo um alcance maior, pouco uso de energia e, o que talvez tenha sido mais crucial, com muito mais botões para controlar todas as facetas da operação de uma televisão.

Impacto comercial

Os sistemas de controle remoto infravermelho da Viewstar foram um sucesso imediato e que se manteve. Em cinco anos, a empresa havia vendido mais de 1 milhão de unidades – chegando a 1,6 milhão em 1989. Fabricantes de televisão rapidamente entenderam e, nos anos 1990, o controle remoto havia se firmado na cultura popular, gerando estereótipos como o do "viciado em TV" e o fenômeno de "zapear". Mas talvez o maior indicador do impacto do controle remoto não seja a adoção da tecnologia em si, e sim a maneira como ele alterou de maneira fundamental as transmissões de televisão.

Inevitavelmente, o impacto comercial do controle remoto se estendeu além do dispositivo em si, que era, e é, normalmente fornecido na compra de um aparelho eletrônico sem qualquer custo extra. Os canais comerciais e, em menor grau, as emissoras de serviços públicos, tiveram que se adaptar rapidamente. Com o controle remoto, os telespectadores já não precisavam ficar sentados assistindo a uma demorada sequência de anúncios ou de créditos finais de um filme por não quererem se levantar e mudar de canal. Eles podiam mudar de canal imediatamente, o que significa que a paciência com as partes mais chatas de um programa subitamente deixou de existir.

> ## Talvez o maior indicador do impacto do controle remoto seja [...] a maneira como ele alterou de maneira fundamental as transmissões de televisão.

Enfrentando esse tempo de atenção menor, as redes de TV recorreram a uma variedade de soluções que fizeram uma reviravolta nos antigos modelos. Um exemplo foi o método de "comprimir" os créditos de um programa, que teve como precursor um programa da National Broadcasting Company (NBC). Descobriu-se que os telespectadores mudavam de canal imediatamente quando o programa terminava e os créditos começavam, então a rede de TV decidiu transmitir os últimos minutos do programa e os créditos simultaneamente, comprimindo os créditos numa parte da tela e obrigando as pessoas a continuar assistindo.

Essa prática é comum hoje em dia, e reações semelhantes ao controle remoto podem ser encontradas em toda parte, como os anúncios no meio dos programas, e não entre eles (para impedir que os telespectadores interessados mudem de canal); os programas que começam com uma sequência de ação, e não com os créditos de abertura; e a maior utilização de histórias com muitas tramas e suspense para manter o interesse. Em alguns casos, programas inteiramente originais foram criados numa resposta direta à nova proliferação dos controles remotos.

A Music Television (MTV), estabelecida em 1981, era aparentemente perfeita para o novo mercado influenciado pelo controle remoto, com seus videoclipes de três minutos, curtos o bastante para prender até mesmo a atenção radicalmente reduzida da geração que zapeava. Entretanto, a MTV descobriu que mesmo esses segmentos curtos eram longos demais para manter o interesse do telespectador e, por isso, criou uma comédia em desenho animado, *Beavis and Butthead*, que passava intermitentemente durante um videoclipe, enquanto a música continuava no fundo. O controle remoto para TV chegou para valer e teve um impacto comercial concreto sobre o modo como é feita a programação de televisão.

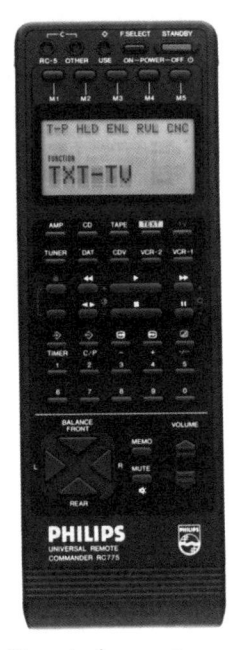

O controle remoto Philips RC775, um dos primeiros controles remotos universais multimarcas, lançado nos anos 1980.

Philips

Uma pesquisa no início dos anos 2000 descobriu que havia mais de 400 milhões de controles remotos nos Estados Unidos – uma média de quatro por residência. Inevitavelmente, é provável que esse número seja bem maior agora, já que os controles remotos são fornecidos juntamente com quase todos os produtos eletrônicos.

Hoje, o mercado de controles remotos universais é enorme. O grupo de pesquisas de mercado e consultoria Parks Associates previu que em 2012 o faturamento chegaria a 1,9 bilhão de dólares, graças à proliferação de opções de conteúdo, ao maior investimento em entretenimento doméstico e tecnologias e ao contínuo desejo do consumidor por muitos produtos.

O que aconteceu em seguida?

Os controles remotos universais começaram com o lançamento – por Steve Wozniak, cofundador da Apple – do CL9 CORE ("Cloud 9" Controller of Remote Equipment), em 1987 – o primeiro controle remoto totalmente programável, que podia "aprender" a interagir com diversos aparelhos em casa. O desenvolvimento da tecnologia wi-fi permite agora um alcance e uma compatibilidade maiores dos controles remotos, com potencial para uso em muitos aparelhos ao mesmo tempo.

O que está claro é que o controle remoto mudou a maneira como vemos o mundo – sem sair do sofá.

Os dispositivos de controle remoto são hoje usados para uma ampla série de funções, como controlar calefação, iluminação, dispositivos de segurança, persianas e consoles de jogos em modernas "smart homes". Empresas como Logitech, Universal Electronics Inc., Philips, RTI Technologies Inc., Creston e AMI disputam uma participação no lucrativo mercado com controles remotos cada vez mais sofisticados e atraentes.

Os controles remotos também estão começando a convergir com aparelhos portáteis e smartphones – com softwares que utilizam telas grandes e teclados para aumentar a utilidade, usados com frequência para controlar programas e executores de mídia num PC em wi-fi, ou mesmo, em alguns casos, o próprio PC. Algumas pessoas argumentam até que o controle remoto de televisão tem sido o catalisador de avanços modernos em direção à portabilidade em tudo – de portas de garagem a telefones celulares e laptops. O que está claro é que o controle remoto mudou a maneira como vemos o mundo – sem sair do sofá.

35

O post-it

Quando: 1980

Onde: Estados Unidos

Por que: O modesto post-it se tornou um elemento básico de comunicação no mundo ocidental

Como: O "defeito" de um novo adesivo estimulou a experimentação, que levou ao "momento eureca"

Quem: Spencer Silver e Art Fry, da 3M

Fato: Em 1999, os bloquinhos de post-it estavam gerando vendas superiores a 1 bilhão de dólares para a 3M

Os difundidos bloquinhos de papel amarelo com adesivo se tornaram um artigo tão básico em escritórios que é difícil acreditar que eles só existem há mais ou menos 30 anos. O post-it figura com proeminência em quase todo armário de escritório, e é usado por todo mundo, do diretor ao estagiário. O modesto post-it introduziu um novo método de comunicação nos escritórios americanos depois que começou a ser vendido, em 1980. Exemplo fantástico de produto que ostenta versatilidade e absoluta simplicidade em medidas iguais, o post-it oferece uma tela em branco para as listas de tarefas de escritório, ou mesmo de casa, e continua sendo o acompanhamento explicativo perfeito para o memorando deixado na mesa de um colega.

Os antecedentes

O post-it teve um período de gestação bastante longo na 3M, o conglomerado multinacional que está por trás do produto. No fim dos anos 1960, o Dr. Spencer Silver, químico e funcionário da 3M, estava trabalhando em uma série de novos adesivos. Um das substâncias desenvolvidas por ele era uma substância colante nova, mas cheia de defeitos. O adesivo de Silver era incapaz de grudar completamente nas superfícies com as quais entrava em contato, o que o tornava basicamente inútil para qualquer tipo de colagem permanente. Porém, em vez de descartar a substância, Silver começou a tentar encontrar uma utilidade para um adesivo tão fraco. As tentativas de uso da substância incluíram um produto chamado Post-It Bulletin Board – um simples quadro de avisos coberto com uma camada do adesivo de Silver, no qual podiam ser postos lembretes e folhetos sem a necessidade de tachinhas.

Embora o produto tenha sido lançado, as vendas nunca decolaram, mas isso manteve Silver trabalhando em sua substância e, o que é mais importante, deu a ele motivo para discuti-la com seus colegas. Um desses colegas era Art Fry, que se interessou imediatamente após ver uma das apresentações do produto feitas por Silver. Engenheiro químico pós-graduado, Fry começara trabalhando como vendedor antes de ingressar na 3M e acabara assumindo um cargo na divisão de desenvolvimento de

Art Fry com sua invenção simples mas eficiente: o post-it.

Cortesia de foto de 3M

produtos. Ele viu imediatamente o potencial do adesivo de Silver e começou a pensar em melhores utilizações para aquilo. O "momento eureca" aconteceu durante uma missa na igreja. Integrante do coro, Fry estava constantemente procurando métodos melhores para marcar as páginas do livro de hinos religiosos. Os pedacinhos de papel que ele usava estavam sempre caindo do livro de cânticos, mas, com uma pequena quantidade do adesivo de Silver, as tiras de papel ficaram no lugar, tornando-se, assim, marcadores perfeitos.

A política da 3M de permitir aos funcionários usar um percentual de suas horas de trabalho para reformular seus próprios projetos permitiu que Fry tivesse tempo para começar a desenvolver sua ideia de marcador de livro. Ele ajustou as propriedades do adesivo para que este não deixasse resíduo algum nas páginas e começou a entregar protótipos a seus colegas para saber a reação deles. O problema era que os marcadores de livro eram duráveis demais. Todos que receberam as amostras grátis as usaram repetidamente, o que significava que não havia necessidade alguma de consumir outros. Só quando usou um de seus marcadores para anotar uma informação que estava lendo foi que ele descobriu todo o potencial de uso do adesivo de Silver em tiras de papel.

> Embora o produto tenha sido lançado, as vendas nunca decolaram, mas isso manteve Silver trabalhando em sua substância e, o que é mais importante, deu a ele motivo para discuti-la com seus colegas.

Fry e Silver haviam chegado a um quadro de avisos móvel e a um método de comunicação inteiramente novo no escritório. Fry começou a entregar pilhas de tiras de papel com adesivo a colegas. Logo, toda a empresa estava usando-as e a 3M decidiu dar a Fry os recursos que ele precisava para desenvolver o produto comercialmente.

Impacto comercial

Quase uma década depois de Silver desenvolver a base para o post-it, a 3M começou a testar a invenção de Fry, sob o nome "Press & Peel Pads", nos mercados de quatro cidades – Denver, Richmond, Tampa e Tulsa. A resposta foi tênue, para dizer o mínimo. Mas tanto Fry quanto a 3M relutaram em desistir do produto, levando em conta que este havia sido tão popular entre os funcionários da própria empresa. Numa última tentativa de gerar um rebuliço em torno dos Press & Peel Pads, a 3M lançou uma campanha mais focada e com mais recursos em Boise, Idaho. Amostras foram entregues em escritórios, papelarias foram persuadidas a pôr displays nas lojas, jornais locais foram convencidos a publicar notícias sobre o produto e, o que é mais importante, pessoas contratadas temporariamente pela 3M foram enviadas para fazer demonstrações.

Os recursos extras de marketing provaram valer a pena e a cidade respondeu com grande entusiasmo, dando à 3M confiança para se comprometer com um lançamento comercial completo em 1980.

O produto inicial foi lançado em dois tamanhos – 7,62 x 12,7 cm e 3,81 x 5 cm, a um preço inferior a 1 dólar para cada bloco de cem folhas. A administração da 3M, porém, ainda não estava contente com o nome e foi neste momento que surgiu Post-it, numa tentativa de associá-lo ao Post-it Bulletin Board. A ideia era de que alinhar os dois produtos em termos de marca criaria uma maior consciência de ambos pelo consumidor.

Com todo o peso da equipe comercial da 3M ficou por trás do produto, este se tornou lucrativo em um ano, apesar da enorme quantidade de amostras grátis distribuídas. Em 1984, as vendas haviam chegado a 45 milhões de dólares, e 15 anos depois o faturamento chegou à marca de 1 bilhão. A patente do produto expirou há mais de uma década, e desde então vários produtos semelhantes foram introduzidos no mercado, mas o nome do produto e o famoso "amarelo canário" – a cor do papel usado durante a fase de protótipo – ainda são marcas registradas da 3M.

O que aconteceu em seguida?

Mas que fim levaram os homens por trás do post-it? Eles nunca receberam participações nem foram formalmente compensados pelo desenvolvimento do produto de alguma outra forma que não fosse o salário da 3M, mas permaneceram na empresa e ambos desenvolveram novos produtos, embora nenhum tenha sido nem de longe tão bem-sucedido.

Hoje, a 3M fabrica mais de 4 mil produtos da marca Post-it usados em escritórios e casas do mundo inteiro. A tecnologia evoluiu e os métodos digitais de comunicação – como o e-mail e a mensagem instantânea – tornaram-se parte do dia a dia da vida moderna, mas o post-it ainda tem um papel importante a desempenhar. Produtos da marca Post-it ainda são usados para lembretes, indicações e anotações em documentos, apesar do ataque violento da comunicação eletrônica. É improvável que eles se tornem redundantes enquanto os papéis ainda mudarem de mãos e os memorandos ainda forem impressos. E mesmo se esse dia chegar, versões digitais dos bloquinhos amarelos enfeitam monitores de computadores há anos, provando que o princípio do simples post-it se prolongará por muitos anos.

> Hoje, a 3M fabrica mais de 4 mil produtos
> da marca Post-it usados em escritórios
> e casas do mundo inteiro.

36

O CD

Quando: 1981

Onde: Alemanha, Holanda e Japão

Por que: O armazenamento de dados em mídia ótica revolucionou as indústrias de música e softwares

Como: A conexão de um disco ótico a um aparelho de som por meio de luz

Quem: Inventado por James Russell e produzido mais tarde pela Sony e pela Philips

Fato: Mais de 200 bilhões de CDs foram vendidos em 25 anos, desde que eles foram lançados

Os discos compactos (CDs) ajudaram a prenunciar a era digital na indústria da música e, na segunda metade do século XX, eles foram a mídia de escolha para o público consumidor de discos. A invenção do CD e a tecnologia relacionada a ele mudaram a indústria da música para sempre, bem como muitos outros setores, incluindo alguns sem ligações próximas com a mídia. A tecnologia do CD foi emprestada ao DVD e ao CD-ROM e, assim, entrou em escritórios e casas para outros usos além de música e entretenimento.

Embora os amantes da música possam agora preferir um MP3 a um CD, a tecnologia do laser digital e do CD ainda faz parte de nossas vidas e está gerando renda direta ou indiretamente para muitos tipos de negócios. A criação do CD foi uma das grandes ideias de negócios da era e seu legado continua até hoje.

Os antecedentes

James Russell era um renomado inventor e cientista que trabalhava no Battelle Memorial Institute (BMI), no recém-inaugurado Pacific Northwest Laboratory, em Richland, no estado de Washington, quando iniciou a pesquisa que levaria à invenção do CD. O ano era 1956 e Russell, um amante da música, estava determinado a encontrar um jeito melhor de ouvir música do que em discos de vinil. Ele estava frustrado com a maneira como o vinil estava sujeito a arranhar e entortar, bem como com a interferência da poeira. Russell ansiava por uma gravação com um som mais claro e mais definido e achava que outras pessoas desejavam o mesmo.

> **Numa tarde de sábado, ele projetou um sistema em que não haveria contato algum entre o disco e o aparelho. Pensou que um raio de luz ou laser poderia ser usado.**

Russell realizou uma série de experiências e logo concluiu que o maior problema eram os arranhões feitos pela agulha do aparelho no disco. Ele tentou de toda maneira tornar o som melhor, inclusive diferentes tipos de agulha. Mas todas as suas soluções chegaram a um beco sem saída e o problema básico continuava: o contato físico entre a agulha e o disco, por mais leve que fosse, sempre causaria problemas.

Numa tarde de sábado, ele projetou um sistema em que não haveria contato algum entre o disco e o aparelho. Pensou que um raio de luz ou laser poderia ser usado para transmitir informações do disco para o aparelho. Sabia que a gravação de dados digitais já existia, sendo usada em cartões para perfuração e fitas magnéticas. Seu raciocínio foi de que zeros e uns binários podiam ser substituídos por luz e escuridão. A informação simplesmente precisava ser condensada para funcionar no novo formato. Durante os anos que se seguiram, Russell continuou trabalhando e acabou criando o primeiro sistema de gravação e reprodução fonográfica digital-para-ótico do mundo, e o patenteou em 1970.

Na cabeça de Russell, essa era uma pesquisa revolucionária e o potencial era enorme. Ele viu que essa tecnologia não estava restrita à música e poderia também ser usada para armazenar e executar todo tipo de dado. Viu o potencial comercial de sua invenção e esperou que algum fabricante a levasse adiante. Porém, embora sua invenção tenha despertado algum interesse em editores de revistas e periódicos na época, ele não encontrou ninguém disposto a lhe dar apoio comercial. Sem desanimar, continuou a trabalhar e aprimorar suas ideias e acumulou uma grande coleção de patentes para a tecnologia do CD. Criou também protótipos e construiu uma obra que teria um grande impacto nas revoluções ótica e digital que aconteceriam mais tarde, naquele século. Enquanto isso, continuou a enviar a fabricantes de tecnologia informações sobre os CDs, na esperança de que eles se interessassem. Seus protótipos foram vistos na época por muitos grupos interessados, mas a aceitação ainda era lenta. Russell era um homem à frente de seu tempo, mas, felizmente para ele, não muito à frente.

Como muitos inventores, ele não estava sozinho em sua busca de novas técnicas de gravação de som e dados digitais. Na Philips, dois engenheiros, Klass Compaan e Pete Kramer, haviam criado um disco

A Philips orgulhosamente apresenta o CD.
Philips

de vidro que podia ser lido por um raio laser – para alguns, este foi de fato o primeiro CD.

Eli S. Jacobs, um investidor em capital de risco com base em Nova York, soube das invenções de Russell e ficou convencido do valor delas. Ele comprou os direitos da BMI e estabeleceu uma empresa, a Digital Recording Corporation, para aprimorar o produto e encontrar apoio comercial. Porém, Jacobs não estava apenas interessado em música, mas também em vídeo, e seu apoio levou à criação de um disco de vídeo de vinte minutos, em 1973. Jacobs achou que os CDs poderiam ser usados para executar filmes – e ele estava certo, mas também um pouco à frente de seu tempo.

Grandes fabricantes de produtos eletrônicos, como a Philips e a Sony, estavam agora começando a perceber o potencial da gravação e reprodução digital e começaram a trabalhar para estabelecer os direitos e a tecnologia que lhes permitiriam fazer isso. Em 1978, a Sony demonstrou publicamente o funcionamento de um disco ótico com um tempo de execução de mais de duas horas. Poucos depois, a Philips também demonstrou sua tecnologia e as duas empresas trabalharam juntas para criar os primeiros CDs comercialmente viáveis.

As empresas compreenderam que os CDs causariam uma grande ruptura no mercado de música. Porém, seus méritos tinham que ser vendidos ao público. Elas também enfrentaram o problema da adoção do produto, já que aparelhos caros eram necessários para usar o novo formato. Seria muito custoso e arriscado para qualquer uma das empresas fazer isso sozinha; elas entenderam que se ambas introduzissem produtos semelhantes, mas separadamente, isso causaria confusão no público e minaria seus interesses. As duas empresas teriam que trabalhar juntas para lançar os produtos e levar o público a uma nova forma de ouvir música. Embora empreendimentos conjuntos em tecnologia como esse sejam hoje bastante comuns, no fim dos anos 1970 essa conduta em negócios era rara, e a colaboração era de certa forma um salto corajoso.

Em 1980, as duas empresas criaram um "livro vermelho" de padrões e definições que estipulava como os CDs seriam feitos. Então, um ano depois, numa fábrica na Alemanha, foram fabricados os primeiros CDs de teste com os padrões acordados, e a preparação para levá-los ao mercado foi concluída. A Sony lançou *52nd Street*, de Billy Joel, em CD, que foi vendido juntamente com os aparelhos de CD para motivar os consumidores a experimentar o novo formato. A Sony iniciou também uma campanha de publicidade memorável, com o slogan "Som Perfeito para Sempre" – uma referência à deterioração da fidelidade que os discos de vinil apresentavam com o passar do tempo.

Impacto comercial

O primeiro disco gravado para CD foi *The Visitors*, do ABBA, e em 1983 muitos outros músicos estavam seguindo o rastro da banda e lançando seus discos digitalmente. Foi grande a atenção que a mídia deu aos CDs. Isso ajudou a criar mais empolgação no público, e logo os CDs e aparelhos de CD estavam sendo comprados aos borbotões. Em 1985, o disco *Brothers in Arms*, do Dire Straits, vendeu mais de 1 milhão de CDs, e a essa altura estava claro que os CDs seriam um tremendo sucesso.

O formato logo provou que sua utilidade ia além da alternativa superior à gravação analógica de sons, levando a outra revolução nos negócios com o desenvolvimento do CD-ROM.

O Sony CDP 101.

Sony

Nos anos que se seguiram, cada vez mais músicas foram lançadas em CD, e logo se acreditou que a morte do vinil era inevitável. As gravadoras começaram a se concentrar nos CDs da mesma forma que já haviam se concentrado no vinil e nos cassetes, a maioria delas concluindo a migração para o formato em meados dos anos 1990. No início dos anos 2000, os discos de vinil eram uma raridade e o domínio do CD no mundo da música estava firmemente estabelecido.

Mas o formato logo provou que sua utilidade ia além da alternativa superior à gravação analógica de sons, levando a outra revolução nos negócios com o desenvolvimento do CD-ROM (Real-Only Memory).

A tecnologia ótica usada no CD é digital, o que significa que é possível armazenar qualquer tipo de dado. Em 1985, a Sony e a Philips colaboraram uma com a outra mais uma vez para criar o "Livro Amarelo", um padrão universal usado para o armazenamento e a reprodução de qualquer tipo de dado num CD. Quando os primeiros drives de CD-ROM para computadores passaram a ter preço acessível aos consumidores, no início dos anos 1990, o CD transformou a computação. O formato podia armazenar uma quantidade de dados milhares de vezes maior do que a tecnologia existente (disquetes e fitas) permitia, o que significou que o armazenamento em larga escala de multimídia, como vídeo, era viável pela primeira vez.

O CD-ROM logo tornou outros formatos obsoletos para a distribuição de software e dados em PCs; um exemplo do efeito que o formato teve no mundo da computação está na natureza mutável dos jogos para PC, que começaram a incorporar música de alta fidelidade e *cutscenes* de ação ao vivo (de início, muitas vezes gratuitamente) à experiência, o que se tornou possível graças à maior capacidade de armazenamento do CD. Consoles de jogos exclusivos começaram a usar os formatos – inicialmente o Sony Playstation, em 1995 – e logo os discos óticos se tornaram o padrão no mundo dos computadores, relegando outros formatos mais antigos ao reino das lembranças.

Nos anos 1990, os principais fabricantes de produtos eletrônicos do mundo estavam envolvidos na produção de CDs, aparelhos de CD e drives de CD. Hoje, o interesse se voltou para o que pode ser alcançado em termos visuais e auditivos. Um empreendimento conjunto de empresas de tecnologia – incluindo a Apple, a Dell e a Sun Microsystems – aprimorou os padrões e as definições da tecnologia do DVD. Ao fazer isso, elas estavam realizando o que Eli S. Jacobs havia previsto aproximadamente vinte anos antes.

O CD como meio de armazenamento de dados tem sido agora amplamente superado por formatos mais novos, como o DVD e o pen drive, que oferecem maior capacidade. Mas sua influência não deve ser esquecida; 200 bilhões de CDs foram vendidos no mundo inteiro em trinta anos, desde que a Sony e a Philips finalizaram o padrão na Alemanha. E tecnologias óticas que estão surgindo, como o Blue-Ray, devem toda a sua existência ao pequeno disco prateado.

O que aconteceu em seguida?

O CD de música está sendo rapidamente dispensado pelos consumidores. O desenvolvimento de formatos digitais de música – a começar pelo MP3 – tornou a disponibilização imediata de música uma realidade. Muita gente já não tem vontade de visitar uma loja de discos local para comprar mídia física, preferindo a facilidade e a conveniência dos mercados de MP3 on-line, como o iTunes. De fato, a tecnologia digital quase matou o mercado dos CDs de uma música só, com os downloads respondendo por mais de 99% das vendas totais. A venda de discos físicos continua sendo o domínio tradicional do CD, com dados de 2011 indicando uma participação de 82,2%. Mas este é um número que está em constante declínio, com as vendas caindo 12,9% entre 2008 e 2009.

> Embora tenha provado ter sido quase um
> ponto de partida na busca interminável por
> uma disponibilização de conteúdo mais
> simples e mais eficiente, o CD pode receber
> o crédito por ter causado uma reviravolta
> na indústria da música.

Essa queda nas vendas não é uma grande preocupação para as gravadoras, que adotaram a tecnologia digital, uma vez que esta economiza muito dinheiro no custo da produção. As implicações para os negócios das lojas de disco, porém, são graves; basta observar o fim das tradicionais lojas britânicas Woolworths e Our Price, para saber que estes são tempos difíceis para a indústria. Embora o vinil esteja tendo um ressurgimento modesto, com as vendas do formato antes moribundo crescendo 55% no primeiro semestre de 2011, o CD tem sido deixado de fora dessa expansão, talvez por ser uma tecnologia ainda nova demais para ser considerada colecionável e velha demais para ser considerada útil.

Embora tenha provado ter sido quase um ponto de partida na busca interminável por uma disponibilização de conteúdo mais simples e mais eficiente, o CD pode receber o crédito por ter causado uma reviravolta na indústria da música, bem como por ter sido o primeiro de muitos formatos de mídia ótica que viriam.

37

A regra 20-70-10

Quando: 1981

Onde: Estados Unidos

Por que: Mudou a maneira como as empresas gerenciam, motivam e demitem seus funcionários

Como: Quando era o CEO da General Electric, Jack Welch lutou pela eficiência nos locais de trabalho

Quem: Jack Welch

Fato: Welch aumentou o faturamento da General Electric de 26,8 bilhões para 130 bilhões de dólares

Jack Welch ganhou a reputação de ser um dos CEOs menos condescendentes dos Estados Unidos. O homem que comandou a General Electric por vinte anos ganhou admiradores e detratores em medidas quase iguais. Para alguns, ele é um líder empresarial pioneiro que levou os Estados Unidos corporativamente em recessão a um crescimento sem igual. Para outros, é o brutal responsável por cortes de custos e empregos que pôs milhares de pessoas para fora do trabalho em sua busca de lucro e autoengrandecimento.

Uma das máximas mais famosas de Welch nos negócios – a regra 20-70-10 – é tão polêmica quanto ele próprio. Para explicar de maneira simples, ao fim de cada ano, Welch demitia os 10% de seus gerentes que tinham pior desempenho, punha 70% em treinamento e oferecia a opção de compra de ações e recompensas aos 20% melhores.

Os antecedentes

Welch ingressou na General Electric (GE), uma das maiores empresas do mundo, em 1960 e abriu caminho para o topo da empresa até alcançar o cargo de CEO em 1981 – posto que manteria durante os vinte anos seguintes. O futuro poderia ter sido muito diferente, porque, depois de pouco mais de um ano na GE, ele ameaçou deixar a empresa após um aumento de salário insatisfatório. Welch achou que estava sendo ignorado pela gerência da enorme empresa. Porém, um colega veterano o persuadiu a ficar, entendendo que um funcionário talentoso como Welch deveria (e de fato conseguiria) aproveitar cada oportunidade para brilhar.

Ao longo de sua carreira na GE, Welch passou a ter um interesse cada vez maior por eficiência, práticas motivacionais e qualquer estratégia de negócio que pudesse melhorar o desempenho da empresa. Talvez não houvesse empresa melhor do que a GE para ajudar um gerente novato a evoluir. A GE era, e ainda é, uma grande empresa com controle direto e participações em uma série de diferentes indústrias e mercados. Alguns setores eram de nível internacional, outros tinham mau desempenho e não davam lucro. Esse ambiente dava à mente aguçada de Welch muitos precedentes para reflexão – exemplos de práticas boas e ruins.

> ## A regra 20-70-10 tornou-se o fundamento do estilo de administração de Welch: investir e melhorar o que você faz bem e descartar qualquer coisa que esteja falhando.

Welch desenvolveu a crença de que aproximadamente 20% dos gerentes da GE eram excepcionais e deveriam ser mais bem recompensados do que seus colegas (este era o Grupo A). Porém, cerca de 70% eram menos dinâmicos, mas ainda assim produtivos e úteis; estes formavam o grupo maior, o Grupo B. Ele achou que o Grupo B deveria receber treinamento para pôr em prática seu potencial. Enquanto isso, os 10% que estavam por baixo (Grupo C) eram, na opinião de Welch, muito pouco eficientes e ele julgou que seria do interesse de todos se eles saíssem. A regra 20-70-10 (também conhecida como diferenciação) tornou-se o fundamento

Jack Welch assume como presidente da General Electric.
Cortesia de foto da General Electric

do estilo de administração de Welch: investir e melhorar o que você faz bem e descartar qualquer coisa que esteja falhando.

Impacto comercial

Depois de se tornar CEO da General Electric, em 1981, Welch começou a reformular e aprimorar a empresa. Ele tinha pouco tempo para aspectos em que esta não estava tendo bom desempenho. Queria ser o nº 1 ou o nº 2 no mundo e, se não houvesse chance alguma de a GE alcançar esse status elevado, ele preferiria desistir da empresa completamente. Sua visão sobre os gerentes era um pouco diferente. Ele achava que não fazia sentido investir tempo e dinheiro num indivíduo que nunca teria sucesso.

A estratégia de diferenciação de Welch recompensava aqueles que tinham um bom desempenho com uma opção de compra de ações e outros benefícios. Durante seu período como CEO, o número de funcionários acionistas da GE aumentou significativamente. Os críticos, que tendem a atacar sua política de corte de 10%, às vezes negligenciam esse aspecto de sua postura. Oferecer a opção de compra de ações inspira os funcionários a se esforçar mais e a ter um desempenho melhor, por terem uma participação na empresa.

Já para aqueles que estão no grupo dos 70%, a perspectiva de recompensas maiores é um incentivo, enquanto a demissão dos 10% mantém todo mundo em alerta. Porém, Welch passou a defender um período de três anos de avaliação antes de qualquer redução significativa no número de funcionários. Ele queria que essas decisões fossem tomadas com base em informações confiáveis da administração, e não apenas por instintos.

O que aconteceu em seguida?

Welch se aposentou na GE em 2001, mas continuou a disseminar suas ideias sobre negócios e administração. É autor de livros como *Paixão por vencer – a bíblia do sucesso* e *Jack definitivo – segredos do executivo do século*. Ele também faz palestras para líderes empresariais e estudantes no mundo, aparecendo regularmente na prestigiosa Sloan School of Management, do MIT. Seu trabalho lhe rendeu elogios de muitos gerentes importantes. O modelo de diferenciação tem sido empregado por outras grandes organizações – como a Microsoft, a Motorola e a Dow Chemical – e é considerado por muitas empresas a base de seu sucesso.

> Para alguns, a diferenciação é eticamente duvidosa e cria uma atmosfera competitiva demais, em vez de um ambiente propício ao desenvolvimento de uma equipe.

Porém, outros não têm sido tão elogiosos. Críticos de Welch sugerem que sua insistência em remover 10% dos gerentes é arbitrária e não é científica. De fato, mesmo Welch admite que esta nunca foi uma medição precisa. À medida que o tempo passa, as exigências são cada vez maiores e, portanto, aqueles que estão nos 70% são cada vez mais pressionados. Empresas menores argumentam que somente empresas tão grandes e com tantos recursos quanto a GE podem implementar essa estratégia. Além disso, exercer uma política como a da diferenciação exigiria a falta de restrições legais, o que nem sempre é possível. Para alguns, a diferenciação é eticamente duvidosa e cria uma atmosfera competitiva demais, em vez de um ambiente propício ao desenvolvimento de uma equipe.

Atualmente, o modelo de diferenciação de Welch tem sido discretamente engavetado ou modificado por muitas organizações que já o praticaram, mais notadamente a própria GE. A severidade do corte de 10% tem levado líderes empresariais a buscar estratégias mais flexíveis. Talvez seja uma pena que esse aspecto evidenciado de um modelo que também envolve desenvolvimento de equipe, recompensas e propriedade tenha dominado tanto o debate. Entretanto, o modelo de diferenciação continua a influenciar teóricos e líderes empresariais e continuará por algum tempo, mesmo que os modelos deles próprios levem em conta apenas partes da ideia revolucionária de Welch.

38

A câmera digital

Quando: 1981

Onde: Japão

Por que: As câmeras digitais permitiram a fotógrafos amadores e profissionais obter imagens quase ilimitadas e deletá-las à vontade, sem necessidade alguma de carregar rolos de filmes

Como: A possibilidade de armazenar imagens em disquetes permitiu aos pioneiros da câmera digital sonhar pela primeira vez com um mundo sem filmes

Quem: Sony

Fato: Em 2010, um recorde de 143 milhões de unidades foram vendidas no mundo, enquanto a câmera digital se aproximava de seu aniversário de 30 anos

O desenvolvimento da captura e do armazenamento de imagens sem utilização de filme transformou completamente o mercado de máquinas fotográficas em apenas duas décadas, permitindo aos fabricantes oferecer características avançadas a usuários comuns e proporcionando um trampolim para os sensores de câmera encontrarem seu caminho em uma série de outros aparelhos – dos telefones celulares aos laptops.

A câmera digital eliminou a necessidade do processo caro e demorado de revelar, imprimir e liberar fotografias, oferecendo um processo bem mais atraente e com um custo muito mais acessível.

Hoje, a criação de imagens digitais é uma indústria de muitos bilhões de dólares, e mesmo as câmeras com filme e com especificação profissional de outrora perderam o valor. E com as tecnologias digitais evoluindo e avançando o tempo todo, não há sinal de que as coisas vão desacelerar em algum momento próximo.

Os antecedentes

O deslocamento do mercado de máquinas fotográficas do filme para a imagem digital não pode ser atribuído inteiramente a uma única empresa ou dispositivo. Não obstante, a Sony Mavica, de 1981, é reconhecida como a primeira câmera digital comercializada.

Na época de seu lançamento, os sistemas baseados em filme dominavam o mercado de câmeras fotográficas completamente. Mas, ao tomar emprestadas algumas ideias que estavam começando a ganhar força no mercado de câmeras de vídeo, a Sony conseguiu lançar um tipo de câmera completamente novo. O protótipo da Mavica foi anunciado ao mundo numa entrevista coletiva lotada em Tóquio, em agosto de 1981, e o negócio de produzir câmeras mudou para sempre.

O nome Mavica é uma abreviação de Magnetic Video Câmera, e a tecnologia desta câmera tem sua origem mais no mundo das câmeras de vídeo do que nos sistemas baseados em filme que dominavam completamente o mercado de máquinas fotográficas na época.

Ao tomar emprestadas algumas ideias que estavam começando a ganhar força no mercado de câmeras de vídeo, a Sony conseguiu lançar um tipo de câmera completamente novo.

A Mavica fundamentava-se no armazenamento baseado em filme magnético que já era usado em câmeras de vídeo há anos, e tinha um chip de captura chamado dispositivo de carga acoplada, ou CCD (na sigla em inglês) – uma "caixa preta" digital que ainda hoje está no cerne da maioria das câmeras digitais.

A Mavica foi descrita oficialmente como uma câmera de vídeo estático, já que tecnicamente as imagens não eram armazenadas de forma digital, e sim em disquetes de duas polegadas. Mas, considerando que a Sony tivera um papel principal no desenvolvimento do CCD, e que a Mavica claramente estabeleceu um balizador que outras empresas rapidamente seguiriam, não há dúvida de que ela merece ser chamada de "pioneira da era digital".

Impacto comercial

Hoje, as câmeras digitais são universalmente conhecidas e amadas no mundo inteiro. A Global Industry Analysts estimou, no início de 2011, que em 2015 as vendas passarão de 138 milhões de unidades no mercado global de câmeras digitais. Mas, como aconteceu com tantas tecnologias emergentes, o começo não foi grande coisa do ponto de vista comercial.

A Mavica original, por exemplo, nunca chegou realmente a uma produção em massa, embora tenha despertado bastante interesse pelo potencial que oferecia. Era difícil trabalhar com as imagens analógicas NTSC – apenas 50 podiam ser armazenadas em cada disco e a máquina tinha que estar conectada a uma TV para que fosse possível ver as imagens gravadas.

Só no começo dos anos 1990 o mercado de câmeras digitais começou a ganhar impulso. O início daquela década foi marcado pela chegada da Model 1, da desconhecida Dycam, que oficialmente reivindica ter lançado a primeira câmera realmente digital a chegar ao mercado.

> ## A Mavica original [...] nunca chegou realmente a uma produção em massa, embora tenha despertado bastante interesse pelo potencial que oferecia.

A Model 1 só podia tirar fotos em preto e branco e tinha um armazenamento interno de apenas um megabyte. Mas, a 499 libras, finalmente as câmeras sem filme começavam a fazer uma tentativa de se tornar populares. Seguindo de perto os passos da Dycam veio a Kodac DCS100, outro sistema totalmente digital que mostrou que os fabricantes de máquinas fotográficas estabelecidos estavam começando a levar a sério a tecnologia da câmera digital.

A DCS100 foi desenvolvida em torno de uma Nikon 2 padrão, com o processamento e o armazenamento acontecendo numa caixa separada, que tinha de ser montada no ombro. Isso estava longe de ser elegante, e não é surpresa que ela nunca tenha sido um sucesso comercial no mercado de massa. Mas pela primeira vez foi dada a fotógrafos sérios a opção de "virar digital" sem qualquer comprometimento da qualidade da imagem.

O problema, porém, era que todas essas máquinas iniciais eram produtos de nicho, destinados a fotógrafos profissionais. E havia pouca coisa indicando que o verdadeiro futuro das câmeras digitais estava no mercado de massa. Uma empresa que teve um papel crucial na mudança foi a Apple, com sua linha QuickTake de câmeras digitais – uma série de produtos que sugeria que essas câmeras podiam ser bonitas, atraentes e simples.

Mas a QuickTake não durou muito – a qualidade da imagem foi considerada péssima, ela podia armazenar apenas oito imagens e só funcionava com um computador Macintosh. Steve Jobs interrompeu o projeto três anos depois de seu lançamento e a Apple não voltou a fabricar câmeras digitais. O que a QuickTake conseguiu fazer foi despertar as marcas de câmeras mais estabelecidas para a ideia de que a tecnologia digital podia ser vendida ao consumidor comum, e isso realmente foi um pontapé inicial.

No fim dos anos 1990, o modelo Cyber-shot, da Sony, entrou em cena, voltada para um mercado de consumidores que aumentava rapidamente. Embora presa a várias tecnologias de propriedade, como o sistema de cartão de memória MemoryStick, a Cyber-shot foi um bestseller da Sony no mundo todo.

A Sony logo entrou em outro mercado emergente, o das câmeras digitais de reflexo por lente única (DSLR) – uma tecnologia que combina um visor tradicional com a tecnologia digital – e comprou a indústria peso-pesado Minolta em 2005. A Sony é hoje a terceira maior marca de DSLR digital no mundo, atrás apenas da Nikon e da Canon, embora graças à Cyber-shot esteja no geral apenas atrás da Canon – e se aproximando o tempo todo. O relatório da Global Industry Analysts mencionado anteriormente previu que a DSRL impulsionará o crescimento do mercado e a venda de unidades globalmente em 2015.

O que aconteceu em seguida?

Hoje, as câmeras com filme são pouco mais do que relíquias de uma era passada, e grande parte do mercado de câmeras fotográficas mudou para a tecnologia digital. Além disso, o material básico das câmeras do mercado de massa passou a ser apenas mais um componente e, como resultado, elas conquistaram espaço em tudo – das babás eletrônicas aos computadores, passando, é claro, pelo enorme mercado de telefones celulares. Embora tradicionalmente os smartphones tenham uma qualidade inferior à das câmeras exclusivas, a crescente sofisticação de suas lentes significa que eles estão cada vez mais rivalizando com suas colegas exclusivas.

A ascensão da câmera digital destinada ao consumidor teve um impacto profundo na indústria de revelação de fotos. As antes onipresentes lojas de revelação de fotos nas ruas principais foram exterminadas pela preponderância da tecnologia digital, que permite aos consumidores ver, editar e imprimir suas fotografias em casa, eliminando da equação o serviço externo.

Outro aparelho que viu o seu fim com a chegada da câmera digital foi a câmera de filme instantâneo (popularmente conhecida como Polaroid), incrivelmente popular. A capacidade de imprimir fotos imediatamente já não é uma novidade, e a Polaroid interrompeu a produção de suas máquinas em 2008, embora versões comemorativas tenham sido lançadas desde então.

A ascensão da câmera digital destinada ao consumidor teve um impacto profundo na indústria de revelação de fotos.

A Kodak DCS100.

cortesia de foto da Kodak

39

Os sistemas de acesso remoto sem chave (RKE)

Quando: 1983

Onde: Estados Unidos

Por que: Os sistemas de acesso remoto sem chave permitiram aos proprietários de carro proteger seus veículos com o toque de um botão

Como: Inspirada pelos dispositivos para abrir portas de garagem criados nos anos 1950, a tecnologia do código único foi desenvolvida para aumentar a segurança

Quem: General Motors e Renault, embora com aprimoramento da Nanoteq, na África Sul

Fato: O sistema de codificação KeeLoq seleciona um código a partir de 4.294.976.295 combinações possíveis

Os sistemas de acesso remoto sem chave (RKE, na sigla em inglês) são tão difundidos hoje em dia que vender um carro sem essa vantagem seria considerado arcaico. Ideia de negócio que combina facilidade de uso com custo baixo – e, o mais importante de tudo, segurança – o sistema de acesso remoto sem chave tornou os atos de entrar e sair mais fáceis.

Os antecedentes

Os exemplos modernos de tecnologia de acesso remoto remontam aos anos 1950, quando dois inventores completamente desconhecidos um do outro desenvolveram os primeiros dispositivos para abrir portas de garagem a distância, em Washington e Illinois. Esses primeiros sistemas, embora enaltecidos como coisas da era espacial, eram na verdade bastante simples, consistindo em nada mais do que um transmissor de rádio pequeno e de baixa potência e um receptor correspondente, que abria a porta da garagem.

> Uma questão fundamental de segurança foi identificada: os sinais de rádio usados pelos dispositivos eram todos os mesmos, o que significava que qualquer pessoa que tivesse um transmissor podia abrir a porta da garagem de qualquer outra pessoa.

Isso era perfeitamente adequado quando esse produto era caro, considerado por muitos um luxo. Mas quando um número maior de pessoas adquiriu os dispositivos para abrir garagem, uma questão fundamental de segurança foi identificada: os sinais de rádio usados pelos dispositivos eram todos os mesmos, o que significava que qualquer pessoa que tivesse um transmissor podia abrir a porta da garagem de qualquer outra pessoa.

Só nos anos 1970 as empresas começaram a introduzir tecnologias de segurança básicas nos dispositivos para abrir garagens. Essas medidas

O Renault 25 introduziu o fechamento central por controle remoto, feito por um transmissor infravermelho.

Renault

primitivas baseavam-se em vários botões escondidos que correspondiam à configuração do receptor, permitindo 256 combinações possíveis – o suficiente para impedir talvez, seus vizinhos de invadir sua garagem, mas ainda não suficiente para ser considerado um substituto viável da chave.

Mais de uma década depois, os primeiros sistemas de acesso sem chave começaram a aparecer em novos modelos de veículos, com a General Motors e a Renault oferecendo uma versão do acesso sem chave em alguns de seus modelos já em 1983. Embora a segurança tivesse melhorado em relação aos botões dos primeiros dispositivos (os códigos internos eram exclusivos para cada carro e bem maiores), o sistema era muito caro e seu alcance era fraco. Além disso, criminosos logo começaram a explorar uma falha escancarada na segurança: dispositivos secretos baratos, conhecidos como "grabbers", podiam interceptar o sinal de rádio quando este estava sendo transmitido e replicá-lo, o que significava que basicamente eles adquiriam imediatamente um clone da chave de seu carro e podiam facilmente entrar nele.

Claramente, a tecnologia não estava madura, e muitos ainda preferiam a segurança e inconveniência da tradicional chave aos riscos e à conveniência da versão à distância.

Impacto comercial

O avanço que finalmente tornou os sistemas de acesso sem chave uma alternativa viável veio no fim dos anos 1980: a introdução da tecnologia de segurança "code hopping" ("código de salto"). Essa tecnologia teve como precursores dois cientistas que trabalhavam numa empresa de segurança sul-africana, a Nanoteq, onde eles criaram a tecnologia de codificação KeeLoq, ainda hoje usada por muitos fabricantes de veículos e empresas que fornecem segurança.

Em vez de usarem apenas um código, o transmissor e o receptor KeeLoq vêm com um chip que contém um algoritmo que gera um código de uso (geralmente 40 caracteres) a partir de mais de 4 trilhões de combinações possíveis. Esse código é usado uma única vez. Quando o botão do dispositivo é pressionado, este envia o código para o receptor, que está esperando essa combinação específica e executa uma ação, como abrir uma porta. O código é, então, alterado de acordo com a fórmula, e da próxima vez que o dispositivo for pressionado, um código diferente será enviado. Isso torna os "grabbers" inúteis – se eles copiarem um código enviado pelo transmissor, o receptor vai ignorá-lo, porque a essa altura estará esperando um código diferente.

Essa tecnologia foi vendida à empresa de tecnologia Microship Ltd. nos anos 1990, por 10 milhões de dólares. A segurança aprimorada exponencialmente provou ser a peça final do quebra-cabeça, tornando-se em poucos anos um padrão industrial e sendo adotada por uma série de fabricantes de veículos, como a Chrysler, a General Motors e a Jaguar.

O que aconteceu em seguida?

Os carros modernos fabricados sem RKE se tornaram uma curiosidade tão grande quanto os carros dos anos 1980 que não tinham essa tecnologia. A penetração no mercado é completa e o RKE é hoje instalado como padrão na grande maioria dos novos veículos.

Os fabricantes [...] estão começando a oferecer modelos de carro sem chave alguma, com o dispositivo de acesso remoto sendo o único meio de entrar no carro e ligá-lo.

Novos dispositivos de acesso remoto oferecem recursos como a ignição remota – o que significa que é possível ligar e desligar um carro sem a chave. E espera-se que versões mais novas do sistema de acesso remoto sejam capazes de exibir informações sobre o carro, como por exemplo se ele está trancado ou destrancado. Os fabricantes têm tanta confiança nessa tecnologia madura que alguns estão começando a oferecer modelos de carro sem chave alguma, com o dispositivo de acesso remoto sendo o único meio de entrar no carro e ligá-lo – e acabando de vez com a tradicional chave.

Uma tecnologia que também está ganhando popularidade é o acesso sem chave passivo. Este recurso aciona a tranca do carro, abrindo-o, quando o transmissor está dentro de um determinado raio do veículo, e tranca o carro automaticamente quando o transmissor sai desse raio, o que acrescenta mais um nível de conveniência e segurança. A ideia é bastante popular, e estima-se que um terço dos carros na Europa já venha com esse dispositivo.

Além disso, o formato tradicional do dispositivo de acesso remoto está enfrentando um novo desafio na figura do smartphone. Existem hoje aplicativos disponíveis para esses dispositivos que usam o chip do telefone para replicar o sistema de autenticação usado pelos sistemas de acesso sem chave. Essa convergência pode sinalizar mais uma mudança na maneira como vemos os sistemas de fechamento.

O que quer que o futuro reserve para o acesso sem chave, este sempre receberá o crédito por ter revolucionado completamente a maneira como entramos em nossos veículos. O fato de a tecnologia estar expandindo cada vez mais para outras áreas, como a segurança em casa, é apenas mais uma prova de que a revolução não para aqui.

40

O aspirador de pó dyson (dual cyclone)

Quando: 1986

Onde: Wiltshire, Inglaterra

Por que: James Dyson reescreveu o manual do aspirador de pó simples e se tornou uma inspiração para fabricantes, inventores, empreendedores e designers

Como: O desempenho ruim do aspirador de pó doméstico de Dyson levou-o a descobrir que um modelo sem bolsa sofreria menos obstruções. Quase dez anos depois, seu modelo Dual Cyclone estava sendo vendido com sucesso no Japão

Quem: James Dyson

Fato: O aspirador de pó Dual Cyclone acelera as partículas de poeira à velocidade de 414 m/s em torno do cone

O único atrativo para a compra do aspirador de pó comum era o alívio para o trabalho manual, um desejo resumido no slogan "It beats as it sweeps as it cleans" ("Ele bate enquanto varre e limpa"). O slogan do aspirador Dyson, "Say goodbye to the bag" ("Diga adeus à bolsa") demonstra o quanto a tecnologia que dominava o mercado de aspiradores de pó desde a virada do século XX foi abalada pelo Dual Cyclone. A invenção surgiu quando James Dyson percebeu que a tecnologia industrial do ciclone podia ser miniaturizada para o lar. Ao dispensar a bolsa porosa (que rapidamente entope, o que resulta em perda da função), o aspirador de pó Dual Cyclone ofereceu maior eficiência e um design contemporâneo.

Os antecedentes

As origens da invenção de James Dyson, sua patenteação e a subsequente comercialização do aspirador de pó sem bolsa estão nos sucessos e erros do próprio Dyson num empreendimento anterior. Em 1971, quando trabalhava na casa de fazenda de 300 anos que comprara, mas que não tinha dinheiro para reformar, ele se aborreceu com as deficiências do carrinho de mão de construção que estava usando. Nos milhares de anos desde os primórdios da invenção desta ferramenta, pensou ele, ninguém jamais parou para pensar e disse: "Eu podia projetar isso melhor".

Três anos depois, ele estava produzindo o Ballbarrow, um modelo de carrinho de mão bem mais estável e com um design mais simpático ao usuário, que foi um sucesso imediato junto ao público de jardinagem. O Ballbarrow nunca foi, porém, adotado pelo comércio do setor de construção, no qual o ressentimento foi "quase maçom", ensinando a ele a importante lição de que o profissional de hábitos arraigados sempre resistirá muito mais tempo às inovações do que o consumidor.

A Kirk-Dyson, empresa fabricante do Ballbarrow, teve um bom desempenho no mercado doméstico em meados dos anos 1970, mas estava endividada demais e teve dificuldades ao tentar entrar no mercado americano. Em 1979, Dyson foi demitido de sua própria empresa, depois de uma disputa sobre direitos. Ele queria manter a propriedade intelectual que criara – algo que aconselha aos designers todos os meios. Seus sócios, incluindo sua irmã Shanie e o marido dela, quiseram vender a empresa, e rapidamente o fizeram. Como resultado, James Dyson ficou sem falar com sua irmã e seu cunhado durante dez anos e aprendeu a lição, diz ele, de que não se dever fazer negócio com parentes.

> **Dyson logo percebeu que, apesar da confiança na tecnologia do aspirador de pó ao longo de gerações, essa tecnologia era fundamentalmente imperfeita.**

Em 2005, Dyson ressuscitou o conceito bola-versus-roda, aplicando-o a seus aspiradores de pó e tornando-os mais fáceis de serem manobrados. Mas a invenção pela qual ele é mais conhecido, o aspirador de pó Dual Cyclone, surgiu dos processos industriais do Ballbarrow, e não da tecnologia deste. Sua inspiração, mais uma vez, veio de um trabalho doméstico em outra casa de fazenda, para a qual ele se mudara com a família.

Frustrada com o desempenho ruim de seu velho aspirador de pó com recipiente vertical, a família Dyson comprou um potente aspirador com recipiente cilíndrico, mas descobriu que este também perdia o poder de sucção depois de pouco tempo de uso. Dyson começou a experimentar bolsas usadas e bolsas novas, notando uma rápida piora na sucção depois de pouco tempo de uso: "Só podia ser porque os poros da bolsa – feitos para deixar apenas o ar sair – estavam entupindo com o pó e impedindo a sucção", concluiu ele.

Dyson logo percebeu que, apesar da confiança na tecnologia do aspirador de pó ao longo de gerações, essa tecnologia era fundamentalmente imperfeita. A partir desse momento, ele declarou guerra a toda a indústria que se desenvolvera em torno de um produto defeituoso. Por mais que você mexa, argumentou ele, a bolsa sempre será o ponto fraco.

Se o transtorno se limitasse à arena doméstica, James Dyson talvez continuasse a viver com ele. Porém, sua revolução na engenharia foi estimulada porque, mais ou menos na mesma época, ele teve que lidar com um problema semelhante no trabalho. Uma máquina de revestimento em pó havia sido instalada na fábrica do Ballbarrow. O excesso de pó era coletado no compartimento por algo que basicamente era um enorme aspirador de pó com telas em vez de uma bolsa. O processo tinha que ser interrompido de hora em hora para limparem a tela, e este tempo ocioso era um problema custoso.

Investigando, Dyson descobriu que grandes empresas de revestimento em pó usavam um ciclone – um cone alto que fazia o pó fino girar no ar por força centrífuga. Ele conseguiu uma cota para construir um desses em sua fábrica, mas o custo estava além dos recursos da empresa. Em vez disso, ele próprio começou a fazer um ciclone, e usou o modelo que estava mais próximo e disponível, numa serraria que havia por perto, onde o ciclone era usado para coletar serragem.

Armado com desenhos que fizera na serraria, ele soldou um ciclone de 9 m, feito de lâminas de aço, e o instalou acima da máquina de revestimento em pó, depois de descartar a tela com seu filtro de pano. A produção do dia seguinte prosseguiu sem qualquer interrupção, já que todo pó que escapava era atraído para canais que o empurravam para as paredes do cone invertido. O pó caía em espiral e era coletado numa bolsa localizada embaixo, para ser reutilizado.

Este sucesso estimulou os pensamentos de Dyson a voltar ao problema de seu aspirador de pó em casa. Aquele ciclone era como jogar fora a bolsa do aspirador e nunca ter que substituí-la. Não havia motivo algum, pensou ele, para o ciclone não funcionar em miniatura. Na mesma noite, em outubro de 1978, ele foi para casa e ligou o velho aspirador Hoover Junior para provar que a acumulação de pó era o problema, e não a sucção. Então, ele fez uma versão do ciclone em papelão, com 30 cm de altura, prendeu-a no Hoover e começou a aspirar o pó em sua casa.

Dyson havia aprendido que num ciclone (um cone com a ponta virada para baixo) o ar é forçado lateralmente no alto, o que o força a mover-se para baixo em espiral. A velocidade de uma partícula revolvendo dentro de uma parede curva triplica, e se o diâmetro da curva diminui, como numa câmera em formato de cone, ela continuará a acelerar. Num aspirador de pó, um ciclone acelera as partículas de poeira de aproximadamente 9 m/s, na entrada, para 414 m/s, no fundo, onde ele está se movimentando a 144g41m/s. A massa das partículas a essa velocidade aumenta quando elas são impelidas para as laterais do cone. Assim, o ar no centro fica livre de toda a matéria e pode ser expelido por um exaustor enquanto a poeira cai numa cavidade. Este é o princípio de todos os aspiradores Dyson. James Dyson não o inventou, mas projetou sua aplicação para um aspirador pequeno.

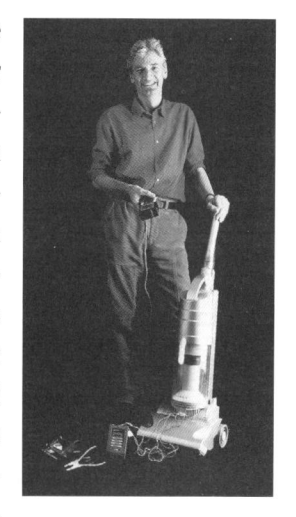

James com seu hoje famoso DC01.

Dyson

Impacto comercial

Em 1979, Dyson fundou a Air Power Vacuum Cleaner Company em sociedade com Jeremy Fry. Ele passou os três anos seguintes fazendo protótipos de designs variados e usando diferentes materiais. Seu método sempre foi fazer uma mudança de cada vez, testando-a para ver se ela melhora o desempenho. Por isso, ele levou quatro anos para chegar ao protótipo funcional. Um problema difícil – os comportamentos diferentes de partículas de tamanhos e formatos diferentes no ciclone – exigiu uma série de modificações para que fosse resolvido. A solução foi combinar dois ciclones: um deles interno, para capturar o pó mais fino; e uma câmara externa, mais lenta, para separar objetos maiores, como fios de cabelo e pedaços de papel. É isso que quer dizer Dual Cyclone.

Em 1982, Fry e Dyson chegaram à conclusão de que tinham

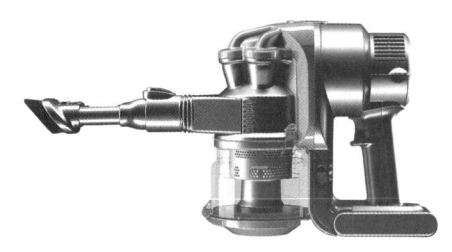

Inovando sempre: o DCI 6, um aspirador de pó portátil que não perde a sucção.

Dyson

uma invenção e decidiram vender a licença para fabricá-la, mudando o nome da empresa para Prototypes Ltd. O fracasso nos mercados britânico e americano – devido em grande parte à resistência à mudança por parte dos fabricantes tradicionais – foi seguido de um sucesso, em 1986, no Japão, onde o aspirador G-Force foi lançado pela Apex Inc. Apesar de custar 1.200 libras, o G-Force foi um sucesso como produto de nicho e a venda dos direitos ao Japão permitiu a Dyson montar sua própria fábrica em Malmesbury, Wiltshire.

A robustez de sua estrutura e o fato de você poder ver a poeira sendo coletada na câmera transparente estavam entre as muitas inovações que atraíram compradores.

A fábrica e o centro de pesquisas foram abertos em 1993, e o aspirador DC01 logo se tornou um ícone de design. Seu impacto no mercado foi fruto tanto das cores fortes do modelo quanto da sua tecnologia. A robustez de sua estrutura e o fato de você poder ver a poeira sendo coletada na câmera transparente estavam entre as muitas inovações que atraíram compradores. Em setembro de 1994, depois de vencida a resistência dos grandes varejistas, o Dyson havia superado todas as outras marcas de aspirador de pó no Reino Unido. Em 2005, ele tornou-se líder de mercado nos Estados Unido.

Em dezembro de 2006, James Dyson foi condecorado cavaleiro por sua contribuição inovadora à indústria britânica. Com a continuidade das vendas, estima-se que sua fortuna pessoal tenha chegado a 1,45 bilhão de libras em maio de 2011.

Em outubro de 2010, o Dyson Group relatou ter dobrado seus lucros para 190 milhões de libras e chegado a um volume de negócios de 770 milhões de libras, o que foi atribuído em grande parte às vendas internacionais. A médio prazo, a empresa tem como alvos a América do Sul, a Índia e a China, enquanto aumentam as vendas no Reino Unido e nos Estados Unidos, seus dois principais mercados.

O que aconteceu em seguida?

Nas décadas que se seguiram desde que o aspirador de pó Dyson foi lançado, o princípio do Dual Cyclone foi aprimorado com o acréscimo de um ciclone menor e de alta velocidade para lidar com maiores volumes de ar, conhecido como Root Cyclone e usado a partir do modelo DC07. Em 2005, o conceito do Ballbarrow foi aplicado ao aspirador de pó DC15, que utiliza uma bola, em vez de rodas, para facilitar sua movimentação. Muitas variantes foram acrescentadas ao mix de produtos, incluindo limpadores a vácuo portáteis (DC16) e limpadores de pelos de animais.

Além disso, a marca Dyson expandiu seu alcance e passou a incluir um inovador secador de cabelo de alta velocidade e baixo consumo de energia e um ventilador sem pás, o Air Multiplier, consolidando ainda mais a posição da marca no mercado varejista global.

Embora já não seja o único aspirador de pó sem bolsa no mercado, o Dyson Dual Cyclone continua a liderar o mercado no Reino Unido e tornou-se uma marca importante no Japão e na Austrália.

41

Os computadores tablets

Quando: 1989

Onde: Estados Unidos

Por que: Os tablets estão começando a transformar a maneira como as empresas operam

Como: Uma série de tecnologias combinadas

Quem: Jeff Hawkins, da Palm Computing, e mais recentemente a Apple

Fato: Mais de um bilhão de aplicativos são baixados para o iPad a cada mês

Os tablets são uma das surpresas do mercado de tecnologia para o consumidor no século XXI. Durante muitos anos, foram vistos como um passo intermediário e uma espécie de meio-termo: sem potência suficiente para serem aparelhos domésticos e grandes demais para serem realmente portáteis. Mas depois que a Apple lançou seu iPad, a venda de tablets decolou.

A Apple, que, de forma argumentável, possui os clientes mais entusiasmados e dedicados do mundo, capturou a tendência com seu iPad. Depois que o lançou, a venda de tablets disparou. Embora tenha gerado muitos imitadores, este aparelho icônico continua sendo o incontestável rei dos tablets.

Os antecedentes

Talvez seja surpreendente descobrir que os primeiros tablets eletrônicos podiam ser encontrados já no fim do século XX. As versões iniciais podiam detectar movimentos de escrita à mão com um estilete elétrico. Muitas outras tentativas de criar aparelhos comerciais foram feitas na fase final do século XX, mas tiveram pouco impacto. O pequeno tablet eletrônico e os aparelhos "pen" se tornaram disponíveis ao longo dos anos 1980 e eram usados como agendas e blocos de anotação. Vários deles – incluindo o Organiser, da Psion, e o Palm Pilot – alcançaram vendas razoáveis, mas nenhum deles se estabeleceu como produto de continuidade significativa.

O Gridpad, criado por Jeff Hawkins, fundador da Palm Computing, representou um grande passo para a

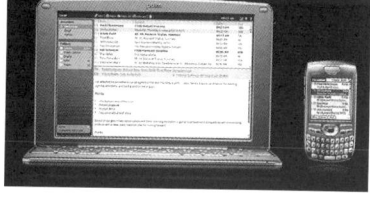

O Gridpad, criado por Jeff Hawkins em 1989.

HP Communications

computação portátil, em 1989. Tinha um sistema operacional DOS e uma caneta era usada para inserir comandos. O aparelho foi vendido por 2.370 dólares e comprado por pessoas envolvidas em coleta de dados, sendo usado no trabalho, e não no lazer.

Ao longo dos anos 1990 e no início do século XXI, empresas de computadores estavam experimentando a tecnologia da tela sensível ao toque e algumas – como a Microsoft, a IBM e a Go Corporation – lançaram tablets. Mas nem empresas nem consumidores compraram esses aparelhos em números significativos. Os tablets não conseguiam demonstrar claramente um papel. A maioria dos avanços em aparelhos portáteis serviu apenas para beneficiar o mercado de telefones celulares. Em 2007, porém, a Apple lançou o iPod Touch, para aclamação geral da crítica, e, ao fazer isso, estabeleceu as bases para o iPad, que chegou em 2010.

> **O Gridpad, criado por Jeff Hawkins, fundador da Palm Computing, representou um grande passo para a computação portátil, em 1989.**

Impacto comercial

Apesar do fracasso dos primeiros tablets, quando Steve Jobs, fundador da Apple, anunciou o iPad ao mundo, os consumidores entraram num frenesi. Mais de 3 milhões de unidades foram vendidas nos primeiros 80 dias após o lançamento, em abril de 2010. As vendas esgotaram e os clientes não conseguiam comprá-los com rapidez suficiente. No fim do ano, quase 15 milhões de iPads haviam sido vendidos, e a procura ainda era muito grande no mundo inteiro.

A Apple tem cultivado um amor e uma afeição por seus produtos que com certeza causam grande inveja em outros fabricantes de eletrônicos. Também tem trabalhado duro para se posicionar como a opção sofisticada num mundo onde a tecnologia não era considerada nada sofisticada. A Apple é a marca adorada por artistas plásticos, músicos, alguns tecnólogos e pessoas de vanguarda – ou pelo menos é o que se diz. Foi ajudada também pelo fato de que Steve Jobs era um orador talentoso e carismático, que construíra uma personalidade cativante que lembrava o cara simpático do cybercafé, e não o CEO de um conglomerado global.

Depois do lançamento do iPad, outros fabricantes lançaram seu tablets para tentar conseguir uma fatia do negócio. A Samsung, a Toshiba, a Blackberry e outros tentaram imitar o sucesso do iPad, mas não chegaram nem perto.

Quando o iPad foi lançado, quase todos o adoraram – mas não sabiam muito bem para que o usariam. Nos 15 meses seguintes, os usos surgiram: as pessoas o utilizam para fazer apresentações em reuniões, para tomar notas em reuniões e até para emitir e enviar recibos para clientes. E, é claro, também para enviar e-mails, para pesquisar na internet e para o entretenimento. Era tão divertido usar o iPad que homens e mulheres de negócios importantes do mundo inteiro souberam imediatamente que esse era um produto que mudaria o jogo.

> **A Apple tem cultivado um amor e uma afeição por seus produtos que com certeza causam grande inveja em outros fabricantes de eletrônicos. Também tem trabalhado duro para se posicionar como a opção sofisticada num mundo onde a tecnologia não era considerada nada sofisticada.**

Hoje, muitos observadores preveem que a maioria das empresas de computação passará a adotar aparelhos como os tablets em cinco anos, impulsionada pela facilidade de uso e portabilidade e favorecida pelo acesso sem fio ilimitado a dados armazenados, impressão e links na internet.

A outra área de impacto significativo nos negócios são os aplicativos. Conhecidos como "apps", os aplicativos chamaram a atenção de muitas redes sociais. Algumas delas, como o Facebook, abriram seus sistemas de modo a permitir a programadores criar aplicativos que podem funcionar em sua arquitetura. A indústria teve um boom enquanto fabricantes de jogos, profissionais de marketing, grandes empresas, praticantes de hobbies e outros tentavam criar o próximo grande aplicativo. A Apple fez isso e diz que seus usuários estão agora baixando cerca de 1 bilhão de aplicativos por mês. Sozinha, a empresa é responsável por um mercado de aplicativos de mais de 2,5 bilhões de dólares – e não há fim à vista. O Android, do Google, e outros sistemas operacionais têm suas próprias "economias de aplicativos" equivalentes. Isso é uma vantagem para pequenas empresas, algumas das quais estão se tornando importantes por seus próprios méritos.

O que aconteceu em seguida?

As batalhas tecnológicas e comerciais nesse espaço ainda estão acontecendo e ninguém pode saber ao certo aonde elas levarão. Atualmente, a Apple está reinando absoluta e o iPad é o tablet escolhido pela maioria das pessoas. Porém, os aparelhos da Android são consideravelmente mais baratos e, como esse mercado se expande rapidamente, parece inevitável que outros concorrentes mordam a fatia da Apple.

Os tablets ainda estão começando, mas parece certo que serão uma parte maior do mundo dos negócios num futuro próximo.

Anos **19 90**

42

Os serviços de entrega internacional em 24 horas

Quando: 1991

Onde: Universidade de Ghent, Bélgica

Por que: A entrega urgente de encomendas transformou muitas indústrias que dependem do transporte de bens físicos

Como: A demanda de serviços de correio mais rápidos inspirou um estágio avançado do conceito "pronto para ir"

Quem: Mark Kent, professor de logística da Universidade de Ghent, liderado pela FedEx Corporation

Fato: Mais de 15,6 milhões de pacotes são entregues no mundo a cada dia só pela UPS

Uma hora ou outra todos nós precisaremos enviar uma encomenda, um presente ou um documento com urgência. Nos tempos pré-industriais, suas opções eram um corredor, um cavaleiro ou um pombo-correio, com índices de sucesso variados. Mensageiros a pé corriam quilômetros para entregar suas notícias, e muitas maratonas contemporâneas baseiam-se em históricas rotas de mensageiros.

Hoje, graças a corporações como a UPS, a FedEx e a DHL, a maioria das encomendas entre Estados Unidos, Europa e Ásia pode ser entregue de um dia para o outro, o que transformou a eficiência dos serviços de empresas nesses continentes. Hoje essenciais para milhões de escritórios, hospitais e empresas de moda, os serviços de correio em 24 horas têm exercido um papel crucial de estimular o crescimento do comércio internacional e o desenvolvimento de negócios.

Mais de 12 milhões de pacotes são entregues no mundo a cada dia só pela UPS.

UPS

Os antecedentes

É possível argumentar que os serviços de correio em 24 horas existem desde os tempos antigos – mas só para distâncias curtas. No Reino Unido, um mercado de entregas no mesmo dia surgiu em empresas de táxi de Londres no fim dos anos 1970, logo expandindo para incluir motociclistas especializados. Muitas empresas de entrega rápida regionais surgiram no país, ganhando popularidade em instituições jurídicas que precisavam transferir documentos assinados confidenciais entre partes em prazos restritos. O sucesso dos primeiros mensageiros rápidos persuadiu muitos freelancers a entrar no mercado.

Serviços de "localizador de mensageiro" [...] permitem aos clientes rastrear suas remessas em cada etapa da viagem, via GPS.

É claro que em muitos casos o correio comum podia fornecer o mesmo serviço de uma empresa de entrega rápida. Entretanto, algumas organizações suscetíveis a prazos se desiludiram com o serviço nacional, considerando-o caro demais e não confiável; além disso, muitos temiam que ações de grevistas pudessem atrasar a transferência de documentos. Hoje, empresas de correio rápido maiores – como a UPS, a FedEx e a DHL – dominam uma parcela substancial do mercado porque são vistas como capazes de oferecer serviços mais seguros e confiáveis.

A posição dessas empresas no mercado não é casual; elas têm trabalhado duro para desenvolver benefícios que podem proporcionar a seus clientes maior paz de espírito. Estes incluem serviços de "localizador de mensageiro", que permitem aos clientes rastrear suas remessas em cada etapa da viagem, via GPS. A revista *Information Week* descreveu a tecnologia de localização em tempo real "Sense Aware", da FedEx, como uma das melhores ideias para resolver problemas de negócios e considerou a organização um dos maiores inovadores tecnológicos nos Estados Unidos.

É comprensível, portanto, que, ao iniciar suas operações, em 1973, tenha sido a FedEx quem lançou o primeiro serviço de entrega no dia útil seguinte nos Estados Unidos. Depois, em 1991, seu serviço "ExpressFreighter®" garantiu pela primeira vez a entrega de encomendas enviadas entre Estados Unidos, Europa e Ásia.

Porém, foi Mark Kent, professor de logística da Universidade de Ghent, na Bélgica, quem primeiro teve a ideia de que um conceito "pronto para ir" podia ser adotado por centenas de mensageiros de prontidão – uma ideia que se valia de empresas independentes prontas para entrar em ação de acordo com a necessidade do cliente, a qualquer dia ou hora. A UPS exemplifica isso com seu serviço "Next Flight Our", que, segundo ela, forneceu o primeiro serviço de entrega no mesmo dia e hoje oferece entregas garantidas às 8h do dia seguinte.

Impacto comercial

Os serviços de entrega em 24 horas são hoje parte integral do sucesso da indústria de remessas expressas, um dos maiores e mais firmes setores do mundo. Em 2003, a indústria de entregas expressas estava contribuindo com 64 bilhões de dólares para o PIB global e sustentava 2,6 milhões de empregos no mundo. Em 2010, as divisões de entrega expressa da DHL e da FedEx registraram um faturamento combinado de mais de 37 bilhões de dólares. Juntas, a UPS e a FedEx entregam mercadorias equivalentes a 3,5% do PIB global.

Considerando que muitas empresas no mundo empregam hoje uma estratégia de produção imediata, mantendo estoques mínimos e dependendo de recebimentos de última hora de peças e materiais, a entrega expressa é hoje mais importante do que nunca; aeroportos, portos e terminais ferroviários têm um papel crucial na manutenção das linhas de produção em funcionamento. Estima-se que o Aeroporto Internacional de Memphis – um grande terminal de voos situado a apenas alguns quilômetros do escritório central da FedEx – tenha um efeito de 20,7 bilhões de dólares sobre a economia global.

Como os mercados cresceram, diversas indústrias passaram a depender da rápida transferência de mercadorias, incluindo o setor médico, que com frequência utiliza correios rápidos para transferir órgãos para transplantes. Num caso desses, um serviço eficiente pode salvar uma vida.

O setor de moda, quando é uma indústria realmente internacional, também depende fortemente da ajuda de correios rápidos para transferir mercadorias requisitadas para passarelas e para serem fotografadas por revistas entre Londres, Nova York, Paris e Milão. Muitas publicações de moda empregam diversos estagiários ou funcionários subalternos em cada departamento para empacotar e enviar roupas por correios rápidos privados ou internos. Esses serviços podem também ser usados por marcas de moda para transferir novos suprimentos de regiões de indústrias de preços acessíveis – como Índia e Bangladesh – para fábricas de nações ocidentais.

> **Considerando que muitas empresas no mundo empregam hoje uma estratégia de produção imediata [...] entrega expressa é hoje mais importante do que nunca.**

Além de operarem suas próprias aeronaves, em termos reais, uma maneira de as empresas de correio rápido fornecerem seus serviços é utilizando-se da alocação de espaço de bagagem não utilizado por passageiros de empresas aéreas comerciais. Alguns serviços de correio rápido oferecem grandes descontos nas tarifas aéreas em troca do uso do espaço de bagagem de um viajante. Isso lhes permite transportar documentos de forma rápida e fácil passando pela alfândega de um país. Ao chegar a seu destino, o passageiro simplesmente dá a papelada a um agente da alfândega que está à espera e este cuida do processo daí em diante.

O ano de 2011 marcou vinte anos desde que o primeiro serviço de correio internacional em 24 horas foi disponibilizado ao mercado. Depois de seu avanço inovador, a FedEx continua sendo líder nas remessas de um dia para o outro, embora a UPS seja hoje o maior serviço de entrega de encomendas do mundo. Empregando atualmente mais de 400 mil pessoas para entregar 15,6 milhões de pacotes diariamente a 8,5 milhões de clientes no mundo, muitas vezes no dia seguinte, o modelo da UPS é um exemplo excelente do sucesso dos serviços de entrega em 24 horas. Com um faturamento de 49,6 bilhões de dólares, a UPS também mostra que esta é uma indústria lucrativa tanto para as empresas de correio rápido, quanto para os clientes a que elas atendem.

O que aconteceu em seguida?

Embora o mercado dos serviços de correio em 24 horas permaneça firme, a maior aceitação de documentos judiciais importantes processados digitalmente poderá limitar as fronteiras profissionais dos serviços de entrega rápida. Em 2010, a UPS teve um decréscimo de 1,80% no número de funcionários, o que é relativamente pouco no contexto de uma recessão; porém, para uma empresa com quase meio milhão de empregados, isso representa a perda de emprego para mais de 7 mil pessoas.

Há outros fatores em jogo. A FedEx relatou que o custo maior do combustível e uma demanda menor reduziram em 20% seu faturamento no último trimestre de 2009, para depois haver uma recuperação das vendas ano a ano, com 18% no primeiro trimestre de 2010. Em 2011, a empresa estava relatando um faturamento anual total de 39,3 bilhões de dólares.

Consequentemente, a perspectiva dos serviços de correio em 24 horas continua sendo positiva; o futuro, porém, pode ser delicado. No contexto da recessão global, os serviços de correio em 24 horas sem dúvida serão afetados na medida em que as empresas viverem mudanças nos padrões de comércio e gastos.

43

O smartphone

Quando: 1992

Onde: Estados Unidos

Por que: O smartphone mudou a percepção da comunicação móvel e proporcionou a pessoas envolvidas em negócios um escritório em movimento

Como: A IBM revelou a ideia de um híbrido de telefone celular e Assistente Pessoal Digital (PDA)

Quem: Diversas empresas, principalmente IBM, Apple e Blackberry

Fato: Especialistas preveem que 300 milhões de smartphones serão vendidos no mundo em 2013

Muitas ideias detalhadas nestas páginas podem ter suas origens remontadas a décadas atrás e a inovações criadas na era vitoriana, se não antes. Não é o caso do smartphone; na verdade, faz mais ou menos vinte anos que o mais antigo ancestral deste aparelho foi apresentado ao público. O iPhone – certamente o membro mais famoso da família do smartphone – só existe há mais ou menos cinco anos, e a maioria de seus primos é ainda mais jovem.

Porém, durante sua curta vida, o smartphone já transformou o modo como as pessoas trabalham, o modo como elas fazem compras, o modo como se comunicam e o modo como passam seu tempo ocioso. O smartphone abalou as indústrias de tecnologia de informação e comunicação, criando mercados satélites próprios. E, abolindo a ordem tecnológica estabelecida, pavimentou o caminho para incontáveis aparelhos igualmente inovadores.

Os antecedentes

Basicamente, o smartphone é produto de duas tecnologias bem diferentes: o telefone celular e o assistente pessoal digital (ou PDA). Ambos são, eles próprios, relativamente recentes. Embora o trabalho para chegar aos telefones celulares tenha começado muito tempo atrás, nos anos 1950, só nos anos 1980 esse desenvolvimento realmente começou a acelerar; empresas como a Motorola, com o DynaTac, e a Nokia, com o Cityman, produziram telefones que se encaixavam perfeitamente na cultura corporativa contemporânea e criaram um mercado explosivo para os aparelhos móveis.

Enquanto isso, o PDA havia evoluído, graças a uma sucessão de invenções nos anos 1970. Em 1974, George Margolin inventou um aparelho modular que parecia uma calculadora mas podia ser reelaborado para um teclado. Quatro anos depois, uma pequena empresa chamada Lexicom criou um tradutor de línguas eletrônico portátil com funções que incluíam módulos, base de dados e editor de texto intercambiáveis. No mesmo ano, dois jovens inventores, Judah Klausner e Bob Hotto, conceberam um aparelho que parecia e funcionava como uma calculadora mas podia ser usado também para armazenar detalhes essenciais, como nomes, números de telefones e memorandos básicos.

No início dos anos 1990, tanto os PDAs quanto os celulares estavam se tornando grandes negócios. Para o mercado de PDA, a Hewlett-Packard lançou o Jaguar, em 1991, e a Apple começou a trabalhar no popular Newton, um aparelho que transformava anotações à mão em memorandos e dava aos usuários uma seleção de vários jogos simples. Enquanto isso, o telefone celular estava demonstrando um potencial cada vez maior; a tecnologia Group System for Mobile Communications (GMS) chegou em 1990, proclamando o nascimento dos telefones de segunda geração (2G), e a primeira mensagem de texto foi enviada dois anos depois.

Tendo este pano de fundo, Frank Canova, engenheiro da IBM, surgiu com a ideia de acrescentar funções de agenda ao telefone celular e criou uma equipe de 40 funcionários para trabalhar no projeto em tempo integral. O produto, chamado Simon, acabou sendo projetado para combinar as funções de telefone celular, pager, PDA e máquina de fax num aparelho baseado num microprocessador que tinha duas formas de memória: ROM, para as funções centrais de um computador; e PRRAM, uma forma de memória de acesso remoto, para as informações básicas do usuário.

O Simon estava à frente de seu tempo em vários aspectos. As funções centrais incluíam uma série de aplicativos rudimentares, como calendário, calculadora, agenda de endereços e relógio mundial; o sistema de entrada era acelerado com uma capacidade de texto previsível; e o teclado relativamente antiquado era substituído pela

Motorola Mobility, Inc, Legacy Archives Collection, Schaumburg, Illinois.

Motorola

313

tecnologia de tela de toque, que se tornou possível graças a uma tela de visor de cristal líquido (LCD) de 1,5 polegada. Quando o produto fez sua estreia como protótipo, na convenção de indústrias COMDEX, em 1992, impressionou imediatamente – relatou-se que um participante disse que era a primeira vez que uma empresa punha um computador num telefone celular, em vez de por um telefone celular num computador.

> **Frank Canova, engenheiro da IBM, surgiu com a ideia de acrescentar funções de agenda ao telefone celular e criou uma equipe de 40 funcionários para trabalhar no projeto em tempo integral.**

Mas logo que o produto foi lançado oficialmente, na primavera de 1994, os problemas começaram. A data de remessa, marcada originalmente para abril, foi adiada devido a bugs na capacidade de fax do celular. Quando finalmente o produto chegou às prateleiras, os consumidores não se impressionaram; o Simon era um pouco pesado demais para caber num bolso de casaco de tamanho médio, quebrava com facilidade, a tela era pequena demais e a bateria acabava após apenas uma hora de uso contínuo.

Após meses de poucas vendas, o Simon foi retirado do mercado – estima-se que tenham sido fabricadas apenas 2 mil unidades. Mas, ao provar que um telefone móvel podia ser combinado a uma agenda pessoal eletrônica, o Simon representou um passo crucial para o surgimento dos smartphones mais tarde. Nos anos que se seguiram, uma onda de produtos semelhantes chegou ao mercado, facilitada pela criação do Protocolo para Aplicações sem Fio (WAP, na sigla em inglês) padrão para telefones celulares, no fim dos anos 1990.

Antes da introdução do WAP, diversas empresas de celulares haviam começado a explorar maneiras de criar telefones com conectividade para internet sem fio. Como resultado, uma miríade de tecnologias havia surgido, com pouca coisa em comum entre elas. Em resposta, quatro dos principais nomes do mercado – Nokia, Motorola, Ericsson e Phone.com – reuniram-se para criar o fórum WAP em 1997, com o objetivo de formular um padrão comum para a conectividade sem fio.

Os procedimentos do fórum WAP levaram ao estabelecimento de um conjunto claro de protocolos de internet compatíveis com uma série de redes de telefone celular e que deram àqueles que desenvolviam celulares um novo tipo de servidor, chamado WAP gateway, que podia pegar uma página na internet e traduzi-la para um conteúdo sem fio usando uma linguagem de programação propícia para o celular. Com essa inovação, os pioneiros do WAP haviam criado uma ponte entre os aparelhos móveis e a explosiva internet, e permitido que o smartphone se tornasse uma realidade comercial.

Antes mesmo de os padrões do WAP serem introduzidos, em 1999, os fabricantes de celulares haviam começado a testar no mercado telefones que ofereciam conectividade básica com internet. Em 1996, fora lançado o Nokia 9000 Communicator, que incluía um teclado integrado capaz de fornecer acesso à internet. Um ano depois, a Ericsson lançou um telefone conhecido como Penelope, que permitia ao usuário enviar e receber e-mails; este foi o primeiro aparelho abertamente rotulado de "smartphone". Porém, depois da criação do WAP, houve uma enxurrada de produtos móveis com capacidade para internet.

Em 2000, a Ericsson, ávida para capitalizar em cima do grande interesse despertado pelo Penelope, lançou o R380, um aparelho compacto e ultraleve que incluía um modem embutido e utilizava um novo sistema operacional móvel conhecido como Symbian, criado especificamente para o smartphone. Dois anos depois, a Palm – que já conquistara um grupo de adeptos substancial na comunidade empresarial graças à agenda eletrônica Palm Pilot – revelou o Treo, que oferecia toda a funcionalidade dos PDAs existentes da Palm e mais o bônus do acesso ao e-mail. Enquanto isso, a Research In Motion (RIM), uma empresa jovem com sede no Canadá, começou a experimentar um sucesso considerável com sua família de smartphones BlackBerry.

A primeira oferta da RIM, o 850, lançado em 1999, parecia um pager, e seu alcance era limitado para os padrões de hoje – usava inclusive pilhas AA. Mas aos poucos a RIM começou a acrescentar novas funções ao BlackBerry, como roaming internacional e o push e-mail, que transferia automaticamente os e-mails do servidor do usuário para seu aparelho celular. A empresa também dobrou o tamanho da tela e da memória, e em seguida lançou o SureType, um teclado padrão com duas letras em cada tela, o que permitiu aos fabricantes reduzir o tamanho tão drasticamente que o aparelho podia caber no bolso do usuário. Em 2005, as vendas do Blackberry da RIM aumentaram 46%, chegando a 3,2 milhões de unidades – e não cairiam até o primeiro trimestre de 2011.

Então, em 2007, o surto de evoluções em torno do smartphone chegou a um ponto alto com o lançamento do iPhone, talvez o smartphone mais conhecido no mercado atual. O iPhone nasceu da visão de Steve Jobs, fundador da Apple, para um aparelho que tivesse o potencial da tela de toque e uma série de vantagens adicionais, como música e conectividade com internet, e ao mesmo tempo oferecesse a conveniência da mobilidade de um aparelho celular. Em 2005, Jobs determinou o

O BlackBerry Bold 9900 é a mais recente tentativa da BlackBerry de acompanhar o iPhone.

Blackberry

desenvolvimento de um projeto ultrassecreto em colaboração com a AT&Y Mobility, sem poupar despesas. De salas para testes de robôs montadas para testar as antenas do iPhone a modelos em escala de cabeças humanas usados para medir radiação, a Apple fez todos os esforços para tornar seu smartphone um sucesso.

No caso do iPhone, a Apple conseguiu adaptar seu sistema operacional de desktop, o OS X, para um aparelho móvel pouco maior do que a mão de um homem, e seus criadores conseguiram utilizar o poder do navegador de internet Safari. Isso significava que, em vez de ter que comprimir as páginas de internet num formato menor, o iPhone podia mostrar cada página em seu formato original.

Usando uma tecnologia que já fora projetada para tablets, a Apple transformou a experiência da tela de toque, criando uma interface baseada em ícones que permitia aos usuários manipular de tudo – de faixas de música e álbuns de fotografias a documentos do Word – usando apenas os dedos. E todo o processo era super-rápido, graças à capacidade avançada do novo chip ARM 11.

Impacto comercial

Logo em seguida ao lançamento do iPhone veio o Android, um aparelho baseado na colaboração entre indústrias e no compartilhamento de conhecimento. O Android foi o primeiro de uma série de produtos desenvolvidos pela Open Handset Alliance, um consórcio de empresas de tecnologia formado para criar padrões abertos para aparelhos móveis; além disso, o software foi lançado em código aberto, portanto fabricantes de todos os tipos e tamanhos podiam desenvolver seus próprios Androids.

Esse sistema de cooperação fez com que o mercado fosse inundado por variantes do Android e levou o smartphone a picos ainda maiores de venda e popularidade. Relatórios recentes preveem que a venda global de smartphones chegará a 420 milhões de unidades este ano, e a mais de um bilhão em 2016. De acordo com um relatório divulgado pela empresa especializada em pesquisas Olswang em março de 2011, o índice de adoção do smartphone aumentou bastante nos últimos meses; mais de 20% dos consumidores do Reino Unido possuem hoje um smartphone, e esse percentual chega a 31% entre pessoas de 24 a 35 anos.

O smartphone já provocou uma enorme mudança nas indústrias de tecnologia e comunicação. De acordo com a Gartner, as remessas de PCs tiveram seu primeiro declínio de ano a ano para seis trimestres nos primeiros três meses de 2011 – e um fator significativo nessa queda foi o surgimento do smartphone, que oferece todas as principais funções de um computador de mesa com muito mais liberdade e flexibilidade. Enquanto isso, muitos comentaristas acreditam que o iPhone preparou o terreno para incontáveis soluções móveis igualmente inovadoras. Antes, operadoras de celulares eram o pivô da indústria e fabricantes eram pressionados a criar produtos tão baratos e agradáveis quanto possível para satisfazê-las. Mas agora, como explicou a revista *Wired* em 2008, "todo fabricante está correndo para criar um telefone que os consumidores vão amar, em vez de um telefone que as operadoras vão aprovar".

O smartphone já provocou uma enorme mudança nas indústrias de tecnologia e comunicação.

Além disso, a atual geração de smartphones deu origem a toda uma nova indústria baseada em aplicativos. A ideia de um mercado on-line para aplicativos de telefone veio de Marc Benioff, ex-estagiário da Apple que cresceu e se tornou CEO da Salesforce.com. Benioff sugeriu a ideia a Steve Jobs, que a transformou na seguinte proposta comercial: a Apple pegaria aplicativos que podem ser baixados e que foram criados por terceiros e os publicaria num mercado central conhecido como Appstore. Quando um aplicativo fosse baixado, a Apple dividiria os lucros com aquele que o desenvolveu. Assim que começou a funcionar, no verão de 2008, a Appstore se tornou um enorme sucesso; nos três primeiros dias, os downloads feitos por usuários geraram um faturamento de 21 milhões de dólares para aqueles que desenvolveram os aplicativos.

Desde então, criadores de aplicativos da BlackBerry, da Nokia e da Android lançaram suas próprias "appstores" e os aplicativos se tornaram um fenômeno global. Mais de 10 milhões de aplicativos já foram baixados, cobrindo de tudo: de notícias a jogos, passando por planejamento de viagens e comparação de preços. De acordo com uma empresa de pesquisa, o faturamento no mundo com aplicativos para consumidores chegará a 38 bilhões de dólares em 2015, e está surgindo um tipo inteiramente novo de empresa de desenvolvimento, que vai de lojas especializadas cobrando 50 mil libras para produzir um único aplicativo a kits para você mesmo construir aplicativos que custam menos de 100 libras por projeto.

Ao alterar ritmos fundamentais do comportamento das pessoas, o smartphone também deixou sua marca em inúmeros outros setores, principalmente na indústria de varejo. Em 2010, o montante das transações móveis globais chegou a 162 bilhões de dólares. Muitos acreditam que esse crescimento inexorável levará ao fechamento de dezenas de lojas de cimento e tijolos, às quais falta a conveniência da compra móvel. Tardiamente, porém, firmas de varejo estão começando a acordar para o potencial do comércio móvel. Em abril de 2011, um estudo britânico descobriu que 74% dos varejistas estavam desenvolvendo uma estratégia móvel, baseada no iPhone.

A paisagem dos negócios também se transformou. De acordo com uma pesquisa de executivos divulgada no ano passado, 34% das pessoas hoje usam mais seus smartphones do que seus computadores para tarefas relacionadas ao trabalho, e espera-se que as maiores mobilidade e flexibilidade do smartphone levem a um surto de trabalho móvel, enquanto executivos ocupados optam por trabalhar em casa, com toda a funcionalidade oferecida por um computador de mesa de um escritório. À medida que um número cada vez maior de empregados começa a trabalhar a distância, a questão da proteção ao smartphone se torna cada vez mais importante, criando uma enorme fonte de renda para empresas de segurança em tecnologia de informação; de fato, a Global Industry Analysts prevê que a indústria de softwares de segurança para smartphones chegará a um valor global de 2,99 bilhões de dólares em 2017.

O que aconteceu em seguida?

O smartphone é uma tecnologia tão jovem que é difícil prever aonde ele irá em seguida. Atualmente, parece provável que veremos uma convergência cada vez maior entre smartphones e tablets – as telas enormes dos últimos celulares HTC e Samsung certamente sugerem limites indistintos. O mercado poderá até se acomodar numa espécie de híbrido de smartphone e tablet com todas as funções centrais de um computador de mesa – criando o primeiro escritório realmente móvel.

No momento, porém, a indústria de smartphones está envolvida numa guerra total em torno dos sistemas operacionais: o iOS da Apple está disputando o controle do mercado com o Android, o Symbian e o sistema interno da Nokia. Embora os sistemas do Google e da Apple tenham atualmente a maior parte das vendas e da seleção de aplicativos, o conflito ainda não chegou a um momento decisivo. O futuro do smartphone, e em particular da tecnologia que ele utiliza, poderá depender do resultado.

44

Os mecanismos de busca

Quando: 1993

Onde: Estados Unidos

Por que: Os mecanismos de busca revolucionaram nossa capacidade de navegar na gigante e sempre expansiva internet

Como: O crescimento exponencial da internet significou que uma sucessão de inovadores viu a necessidade de ajudar as pessoas a encontrar o que elas queriam

Quem: Uma série de estudantes de Ph.D. e cientistas de computação, em especial David Filo, Jerry Yang, Larry Page e Sergey Brin

Fato: O Google recebe cerca de 1 bilhão de pedidos de busca todos os dias

Hoje em dia, aceitamos como naturais os mecanismos de busca. A questão de como encontrar a informação que os usuários realmente querem desafia os programadores de computadores desde os primórdios da internet. Com mais de 600 bilhões de páginas de informações na internet, e crescendo rapidamente a cada dia, as chances de as pessoas encontrarem o que precisam sem recorrer a um mecanismo de busca seriam pequenas. E a internet não teria crescido e se tornado o que é hoje.

Não seríamos capazes de usar a internet da maneira como usamos, acessando-a em computadores de mesa, laptops e cada vez mais em aparelhos móveis, inúmeras vezes, todos os dias. Nossas vidas seriam diferentes. E é claro que o Google, hoje uma das empresas mais valiosas e mais conhecidas do mundo, não existiria.

Os antecedentes

Nos anos 1950, os diversos grupos envolvidos na construção da internet enfrentavam um problema: como a quantidade de informação disponível crescia, como as pessoas encontrariam o que estavam procurando? A não ser que soubessem a localização específica do arquivo que queriam, seria como procurar uma agulha num palheiro.

A solução veio na forma dos sistemas de recuperação de informação (IR), que procuravam documentos por meio de palavras-chaves pré-especificadas, conhecidas como "metadados", construindo um banco de dados com os resultados no qual os usuários podiam então pesquisar. Um dos primeiros sistemas a usar a IR foi apropriadamente chamado de "Sistema para Análise Mecânica e Recuperação de Texto" (SMART, na sigla em inglês), desenvolvido na Universidade Cornell nos anos 1960.

> Só no fim de 1993 alguém teve a brilhante ideia de incluir um formato, de modo que mesmo pessoas sem grande conhecimento sobre linguagens de programação pudessem procurar informações.

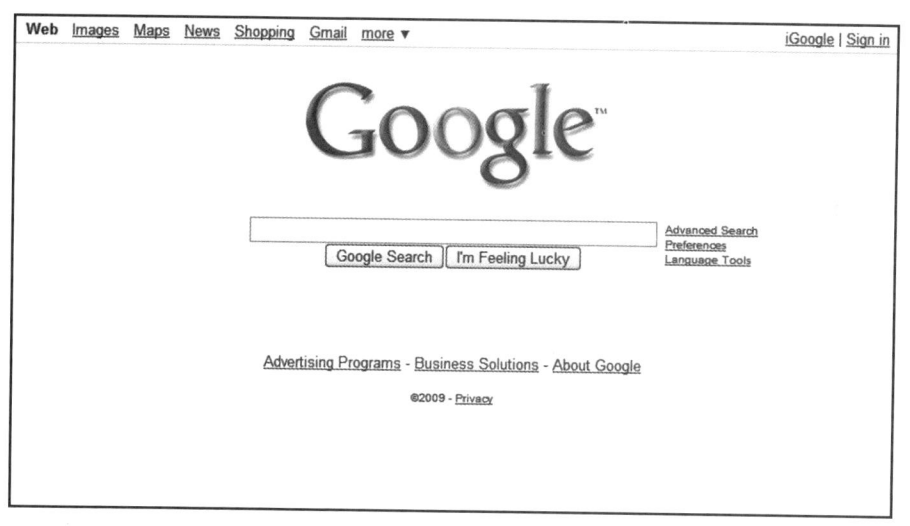

A página clássica do Google.

Em 1993, as coisas estavam ficando mais avançadas. Matthew Gray, um estudante do Instituto de Tecnologia de Massachusetts (MIT), apareceu com a ideia de um "robô" que automaticamente faria uma busca na internet, procurando informações. O World Wide Web Wanderer salvaria informações nas páginas da internet – como títulos e algumas palavras-chaves das primeiras linhas do texto – pondo-as num banco de dados, conhecido como "índice".

Embora de maneira alguma o World Wide Web Wanderer tenha sido o primeiro mecanismo de busca, só no fim de 1993 alguém teve a brilhante ideia de incluir um formato, de modo que mesmo pessoas sem grande conhecimento sobre linguagens de programação pudessem procurar informações. O JumpStation, lançado em dezembro de 1993, não apenas fez a internet engatinhar e a indexou como permitiu às pessoas pesquisar nela também, tornando-se o primeiro mecanismo de busca do tipo que conhecemos hoje.

Criado por um jovem cientista de computação chamado Jonathon Fletcher, o JumpStation nunca teve a capacidade de criar uma marca duradoura no mundo – na verdade, sobrecarregou os servidores da

323

Universidade de Stirling em seu primeiro dia. Outro problema que limitou seu impacto foi o fato de ser uma absoluta novidade – ninguém sabia realmente como usá-lo, que dirá explorá-lo e desenvolvê-lo, além dos confins do departamento de informática da Stirling. Embora o Jumpstation tenha sido indicado para o prêmio "Best of the Web" em 1994, Fletcher não conseguiu assegurar investimentos em seu empreendimento e o interrompeu no mesmo ano.

Porém, ajudar as pessoas a encontrar informações on-line estava agora se tornando uma atividade popular. Muitos meios iniciais de pesquisa, como o Lycos, o Yahoo! e o InfoSeek, eram portais – sites que tinham de tudo, combinando a função de busca com serviços de e-mail, esportes, atualizações sobre o clima e uma miríade de outros serviços. De todos os sites populares na época, o AltaVista era o único mecanismo de busca genuíno; embora tenha tido um sucesso inicial considerável, chegando a um pico de 80 milhões de acessos por dia em 1997, acabou sendo ofuscado por nomes mais novos no mercado, e depois de ter seu controle transferido diversas vezes, acabou ficando com a Yahoo!.

O Yahoo! originalmente recebera o nome decididamente menos atrativo de "David and Jerry's Guide to the World Wide Web", por causa de seus fundadores, David Filo e Jerry Yang. A dupla abriu a empresa num trailer, quando estava fazendo Ph.D. na Universidade de Stanford. A ideia era "ficar em dia com seus interesses pessoais na internet", mas o site logo ganhou popularidade na comunidade muito ligada em internet do Vale do Silício, e Filo e Yang o incorporaram como negócio em março de 1995.

O que diferenciava o Yahoo! de seus concorrentes era o fato de ser mais um "diretório da rede" do que um mecanismo de busca ou um portal. O Yahoo! contava com uma equipe de pesquisadores humanos para organizar todas as informações em categorias, que eram então usadas para ajudar as pessoas a encontrar o que estavam procurando. Isso tornou mais fácil encontrar informações, mas os resultados apresentados quando alguém fazia uma busca não eram necessariamente os mais relevantes.

Embora o Yahoo! tenha crescido rapidamente, o mecanismo de busca que mais mudou o jogo chegou em 1998, quando dois estudantes de Ph.D. em Stanford, Larry Page e Sergey Brin, revelaram um projeto no qual estavam trabalhando há dois anos. Diferentemente dos sites incrementados de seus concorrentes, a página de busca tinha um design simples, minimalista (Page e Brin admitiram mais tarde que isso era porque eles não estavam familiarizados com o processo envolvido na construção de sites chamativos). Eles batizaram o site de "Google", fazendo uma brincadeira com a palavra "googol", um termo matemático para o número 1 seguido de 100 zeros, que eles disseram que refletia a quantidade aparentemente infinita de informações que estavam planejando organizar.

Estética à parte, a principal diferença entre o Google e seus concorrentes era o modo como ele "classificava" as informações. Outras ferramentas de busca baseavam suas classificações na frequência com que um termo pesquisado aparecia em cada site: quanto mais vezes a palavra buscada aparecia, mais no alto o site aparecia na lista de classificação. Isso favorecia sem querer os sites abastecidos por spams que simplesmente repetiam as mesmas palavras muitas vezes, portanto Brin e Page apareceram com uma nova fórmula, pela qual cada site seria classificado de acordo com a quantidade de outros sites ligados a ele. Eles desenvolveram um algoritmo complexo que levava em conta o número de "backlinks", bem como onde e como as palavras-chaves eram mencionadas. Isso eliminava o spam, porque as pessoas tendiam bem menos a fazer links com sites dúbios, o que significava que as páginas mais próximas do topo eram as mais relevantes.

Brin e Page chamaram o novo sistema de "PageRank" e, embora o mecanismo tenha levado algum tempo para se estabelecer, especialistas logo ficaram impressionados. Apenas três meses após o lançamento, a *PC Magazine* atribuiu ao Google "uma habilidade assombrosa para retornar resultados extremamente relevantes". A criação de sites de múltiplas linguagens ajudou o Google a estabelecer o controle do mercado de mecanismos de busca no início do novo milênio. Em junho de 2000, Brin e Page assinaram um acordo para fornecer listagens de buscas-padrões ao Yahoo!, consolidando a posição do Google no topo da lista de mecanismos de busca.

O Google se recusou a se acomodar em seus louros. No mesmo ano do acordo com a Yahoo!, introduziu a Barra de Ferramentas Google, um navegador que permitia aos usuários fazer buscas na internet sem ter que acessar primeiramente a página do Google. Lançou também serviços nas línguas chinesa, japonesa e coreana e, o que talvez tenha sido mais crucial, um programa de anúncios automático conhecido como AdWords. O empreendimento foi concebido mais ou menos na época da falência das empresas pontocom: os fundadores do Google perceberam, quando se aproximava a crise de março de 2000, que o site precisava encontrar uma maneira de ganhar dinheiro. Embora até então se opusessem à ideia de propaganda (pensando com horror nos anúncios lacrimejantes dos banners piscantes nas páginas de seus concorrentes), Brin e Page perceberam que precisavam encontrar um modo de vender anúncios que não arruinasse a estética minimalista que haviam criado para o site.

O AdWords do Google foi uma revolução. Os usuários podiam ativar suas contas apenas com um cartão de crédito, especificar suas próprias palavras-chaves e dizer ao Google quanto estavam dispostos a pagar por cada clique que seu anúncio recebesse. Se quisesse um feedback, o usuário podia baixar um relatório específico para ele, ou falar com um especialista do Google. Os clientes ficaram impressionados com esse mecanismo simples e pessoal de propaganda – e, como seus anúncios eram mostrados em resultados de busca relacionados, eles sabiam que as pessoas que os viam tinham um interesse genuíno naquilo que estavam vendendo.

Impacto comercial

Desde que estabeleceu o controle sobre o mercado de mecanismos de busca, há uma década, o Google se tornou uma potência financeira global; o faturamento da empresa com anúncios chegou a 28 bilhões de dólares em 2010. Além disso, seu sistema de classificação transformou a paisagem da propaganda.

Além de criar o setor de propaganda pay-per-click, a inovação do PageRank do Google deu origem a toda uma nova indústria: a de otimização do mecanismo de busca (SEO, na sigla em inglês). O algoritmo do PageRank de Brin e Page continua sendo um segredo guardado "a sete chaves", o que significa que os administradores do site não sabem realmente o que põe uma página acima de outra nos resultados de busca. Mas isso não os impede de tentar adivinhar. Hoje em dia, a tentativa de levar sites para o alto dos resultados de busca no Google é um grande negócio; acredita-se que a indústria da SEO valha cerca de 16 bilhões de dólares.

Empresas gastam hoje milhões em seus sites, na esperança de obter uma classificação melhor no Google. Aquelas que têm uma classificação alta podem perceber os enormes benefícios no tráfego maior e nas vendas maiores que sua posição traz. Empresas de destaque, como a cheapflights.com.uk, conquistaram seu sucesso graças a uma boa posição no mecanismo de busca, e empresas inteiras são configuradas pela ordem de classificação no Google. Por exemplo, estima-se que 85% dos usuários da internet utilizam mecanismos de busca para acessar informações sobre hotéis, portanto sites com um bom design e otimizados em mecanismos de busca são essenciais para hoteleiros de todos os tamanhos.

A revolução dos mecanismos de busca provavelmente continuará veloz nos próximos anos. Um relatório da Zenith Optimedia, divulgado em julho de 2011, previu que a propaganda nos sites crescerá 31,5% entre 2011 e 2013, e grande parte desse crescimento terá como foco a SEO e a propaganda pay-per-click, enquanto um número cada vez maior de empresas passa a ver o marketing dos mecanismos de busca como uma alternativa de custo compensador em relação aos canais tradicionais.

Empresas gastam hoje milhões em seus sites, na esperança de obter uma classificação melhor no Google.

O que aconteceu em seguida?

Enquanto o crescimento do Google continua, outros mecanismos de busca tentam acompanhá-lo. O Yahoo! tem a segunda maior participação no tráfego dos mecanismos de busca, mas, em recente entrevista ao *New York Times*, até mesmo a CEO Carol Bartz admitiu que a empresa parou de tentar acompanhá-lo. "Nunca fomos uma empresa de busca. Era mais 'Estou no Yahoo! e vou fazer uma busca'", explicou. Assim como muitos de seus adversários, o Yahoo! ramificou-se em outras tecnologias, transformando-se num "portal" que inclui notícias, e-mail e canais de compras.

Quem sabe como será o espaço dos mecanismos de busca em 2021?

Porém, novos desafios surgiram nos últimos anos. O Bing, mecanismo de busca lançado pela Microsoft em 2009, cresceu continuamente desde seu lançamento. Em julho de 2011, superou o Yahoo! como segundo mecanismo de busca mais popular no Reino Unido. A Microsoft também assinou um acordo com o mecanismo de busca Baidu, que, com sede em Pequim, domina atualmente o setor de mecanismos de busca na China. O Baidu controla hoje 74% do mercado chinês com faturamento com anúncios, e o Google apenas 23%. E na Rússia o Yandex ostenta uma participação de 64% no mercado do tráfego de mecanismos de busca. Como site mais popular na Rússia, atraiu 38,3 milhões de usuários individuais em março de 2011 e faturou 1,3 bilhão de dólares ao se tornar público na Nasdaq, em maio de 2011. A oferta pública inicial foi a maior já feita a uma empresa pontocom nos Estados Unidos desde que o Google ofereceu suas ações, em 2004.

Esses dados mostram que o Google, apesar de toda a sua dominação, ainda tem muitos concorrentes e precisa continuar evoluindo para continuar sendo líder de mercado. Mas, independentemente do que fizer, ainda é mais do que certo que daqui a dez anos a empresa será tão dominante quanto é agora. No início do milênio, poucos de nós usávamos o Google. Quem sabe como será o espaço dos mecanismos de busca em 2021?

45

Os anúncios pay-per-click

Quando: 1996	
Onde: Estados Unidos	
Por que: O método pioneiro de pagamento transformou o mundo emergente da propaganda on-line	
Como: Cobrando de empresas apenas quando seus anúncios eram clicados, os modelos de pagamento pay-per-click asseguraram eficiência e valor ao dinheiro	
Quem: Os fundadores do Open Text e, mais tarde, o GoTo.com	
Fato: Em 2010, 4,9 trilhões de anúncios pay-per-click foram exibidos nos Estados Unidos	

É fácil ignorá-los, mas esses links que você vê do lado direito da tela e atravessando o alto das páginas de suas buscas na internet não aconteceram por acaso. Na verdade, um enorme esforço foi feito para criar anúncios de tamanho pequeno voltados especificamente para aquilo que você está procurando.

A propaganda pay-per-click, ou PPC, funciona cobrando do anunciante por cada vez que alguém clica no link dele. A quantia cobrada depende da popularidade da busca – quanto mais comum a palavra-chave, mais caro custa para ter seu anúncio exibido ao lado da lista de resultados, e também há mais competição.

Mas não há dúvida de que o PPC é uma das maneiras mais eficientes de divulgar sua empresa. Para grandes firmas que dependem disso, como a Amazon, significa milhões de cliques por dia. De fato, trata-se de uma modalidade revolucionária de marketing – garantindo efetivamente a anunciantes que cada centavo gasto se traduzirá em uma visualização do site deles.

Os antecedentes

Quando foi introduzida, em 1996, a propaganda PPC causou protestos de usuários do mecanismo de busca Open Text, pioneiro no ramo. Pessoas ficaram escandalizadas com a ideia de anúncios serem apresentados como resultados de texto apenas: mal podiam acreditar que alguém tentaria confundir inocentes usuários da internet tentando transmitir anúncios como se fossem verdadeiros resultados de busca (apesar de os anúncios serem claramente identificados).

Mas, como modelo, o PPC não é completamente novo. Na verdade, a ideia estava por aí há algum tempo. Desde os anos 1950, anunciantes astutos vinham negociando acordos com publicações pelos quais eles pagavam uma comissão por cada resposta recebida a seus anúncios em jornais e revistas. Se não tinham resposta alguma, não pagavam – exatamente como funciona hoje o modelo PPC.

Como acontece com muitas boas ideias, a ideia de exibir anúncios simples, com base em texto, junto a resultados de busca foi rejeitada completamente depois dos protestos de usuários do Open Text. Durante algum tempo, os anunciantes recorreram aos banners e pop-ups fortemente coloridos (e, nos anos 1990, cada vez mais irritantes). Estes eram vendidos com base num custo por impressão – ou seja, os anunciantes pagavam antecipadamente para seus banners serem exibidos um determinado número de vezes por mês.

Só em 1998 a ideia da busca paga foi ressuscitada por um mecanismo de busca pouco conhecido chamado GoTo.com. Na época, a GoTo vendia todas as suas listagens a quem fizesse a melhor oferta, baseando-se na ideia de que os sites que queriam gastar mais para aparecer no alto provavelmente seriam também os mais relevantes para a busca do usuário.

Em retrospecto, esse modelo tinha vários defeitos, mas o "momento eureca" da GoTo aconteceu quando esta decidiu cobrar os anunciantes não pelas impressões, mas pelo número de pessoas que clicavam seus anúncios. O anúncio podia ser visto por muitos usuários, mas se não fosse relevante – se alguém não clicasse no link – o anunciante não pagaria um centavo. Além de ser uma indicação perfeita de que o anúncio era eficiente, isso abriu a internet a toda uma nova geração de pequenos anunciantes com orçamentos de marketing restritos.

O problema do GoTo, porém, era que, como mecanismo de busca, ele simplesmente não tinha usuários suficientes para criar o número de cliques que se traduziria no dinheiro que o site precisava para se sustentar.

Mas isso aconteceu ainda nos primeiros tempos da internet, e empresas como a GoTo eram flexíveis o bastante para mudar seu modelo completamente.

Assim, a GoTo decidiu acabar totalmente com sua oferta de busca, fazendo, em vez disso, parcerias com outros mecanismos de busca. Sua ideia era simples: o mecanismo de busca forneceria os resultados, a GoTo forneceria o mecanismo e o software para os anunciantes porem links "patrocinados" no alto das listagens de busca e eles dividiriam o faturamento entre eles. Funcionou. Em 2001, a GoTo estava impulsionando os mecanismos de busca MSN, AOL, AltaVista e Yahoo!.

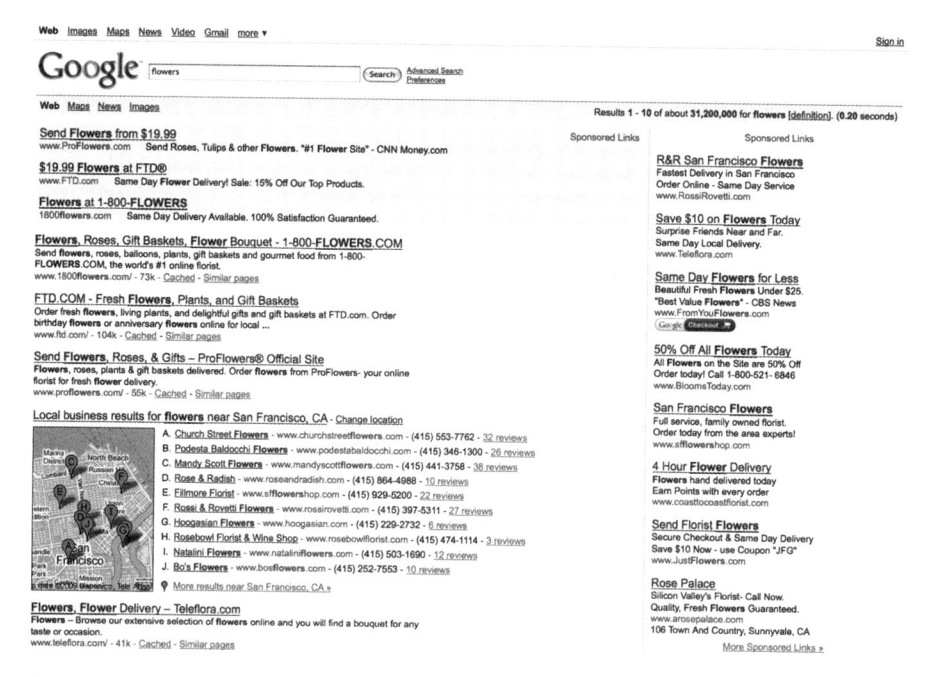

O modelo de PPC do Google é demonstrado aqui, com links relevantes na parte de cima e na lateral da página de resultados de busca.

Google

O Google encontrou uma maneira de "classificar" os anúncios e decidir aqueles que deveriam estar em cima.

O único mecanismo de busca que a GoTo não convenceu a usar seus serviços, porém, foi o Google. Apesar das tentativas de persuadir o Google a fazer uma parceria, os fundadores deste mecanismo de busca, Sergey Brin e Larry Page, haviam visto claramente o potencial do PCC e não quiseram dividir sua fatia da torta.

No entanto, a oferta do Google titubeou diante do primeiro obstáculo. Lançada em 2000, esta ainda se baseava no clássico modelo "custo por quilômetro" para o pagamento de anúncios em banner: os anunciantes pagavam por mil impressões, e não por clique. Depois de mais ou menos seis meses sem conseguir persuadir os anunciantes a soltar

333

dinheiro, o Google percebeu que aquilo estava errado e decidiu optar pelo modelo PPC do GoTo – com algumas mudanças cruciais.

O que diferenciava a nova oferta do Google do esquema de seus rivais era seu modelo de proposta de preço – a quantia que os anunciantes propunham para ter seus anúncios exibidos no alto da página. O Google percebeu que os usuários não clicavam imediatamente nos anúncios se estes não fossem completamente relevantes. Para fazê-los clicar no link (e, portanto, para o Google ganhar dinheiro), era preciso exibir os anúncios ao lado da maioria dos resultados visados possível.

O Google encontrou uma maneira de atribuir uma "pontuação de qualidade" aos anúncios. Combinando as palavras-chaves que os anunciantes usavam, a qualidade (e popularidade) da página à qual o anúncio era ligado e o índice de cliques neste, o Google encontrou uma maneira de "classificar" os anúncios e decidir aqueles que deveria estar em cima. A posição do anúncio dependeria de sua relevância para uma busca específica, da relevância da página de entrada à qual ele estaria ligado e do número de cliques que ele recebesse.

Usando um algoritmo, o Google combinou então esses três fatores com seu sistema de proposta – assim, embora os anunciantes não pudessem simplesmente comprar seu caminho no topo, esperava-se que eles pagassem uma certa quantia de dinheiro para chegar mais alto. O usuário encontrava o que estava procurando, o anunciante tinha seu site visualizado e o Google recebia mais em "faturamento não percebido" – todo mundo saía ganhando.

Embora a oferta do novo AdWords tenha causado uma tempestade no comércio on-line no início dos anos 2000, foi o surgimento do Google AdSense, em 2003, que realmente começou a gerar renda. O Google produziu um código que permitia a criadores de sites e blogueiros – ou afiliados, como eles são conhecidos – pôr anúncios em seus próprios sites, recebendo, portanto, sua própria parte do faturamento.

Essa inovação significou que as empresas já não estavam limitadas a simplesmente anunciar ao lado das listagens de busca. Usando o mesmo sistema de suas listagens do mecanismo de busca, o AdSense selecionava palavras-chaves no texto de um site ou blog e exibia ao lado destas anúncios relevantes, altamente direcionados. Foi uma sensação: todos – dos menores blogueiros a alguns dos sites mais populares na internet – começaram a abolir os berrantes anúncios em banner quando perceberam que podiam gerar dinheiro usando os anúncios discretos e mais relevantes do Google. Os blogueiros, em particular, ficaram muito impressionados: ali estava uma maneira de ganhar dinheiro com seus hobbies, e com muito pouco incômodo.

Impacto comercial

Depois de comprar em 2003 a GoTo – mais tarde rebatizada de Overture –, a Yahoo! ficou razoavelmente confiante de que sabia como maximizar o potencial financeiro de sua nova aquisição. De qualquer modo, não havia como dizer quanto o Google estava ganhando com sua nova oferta, porque esta não publicava suas informações financeiras.

> **A vantagem do modelo PCC para os donos de empresas era que, como este se baseava em cliques, e não em impressões, eles podiam ter confiança de que seus anúncios estavam funcionando, a cada única vez.**

Até 2004, ou seja, quando o Google abriu seu capital. Enquanto o resto do Vale do Silício continuava a lamber suas feridas depois do desastroso estouro da "bolha ponto com", três anos antes, o Google se preparava para pôr suas ações na Nasdaq. Há relatos sobre alvoroço na diretoria da Yahoo! quando saíram os primeiros resultados trimestrais do Google: não apenas o AdWords conquistara uma parcela considerável do mercado como, de algum modo, o Google estava conseguindo ganhar o triplo da quantia que a Overture estava faturando.

Não há dúvida de que o mercado foi abalado pela revelação: isso não apenas levou diversos mecanismos de busca a trocar o Overture – ou Yahoo! Search Marketing, como era então conhecido – pelo Google (em 2006, a Overture havia perdido todos os seus parceiros), como também indicou a mecanismos de busca rivais que a única maneira como eles podiam maximizar o faturamento com a propaganda de busca era construindo seus próprios sistemas. Apropriadamente incentivada, a rede MSN da Microsoft começou a trabalhar em sua própria versão do AdWords.

Não apenas grandes empresas foram afetadas pelo AdWords. Muitas opções de marketing de pequenas empresas mudaram para sempre também. Hoje, em vez de gastar em anúncios nos classificados de jornais, ou mesmo em campanhas com grandes banners nos sites, as empresas podem designar uma quantia exata a ser gasta no marketing do mecanismo de busca – e quando o limite que elas estabeleceram é alcançado, o anúncio deixa de ser exibido. A vantagem do modelo PCC para os donos de empresas era que, como este se baseava em cliques, e não em impressões, eles podiam ter confiança de que seus anúncios estavam funcionando, a cada única vez.

O que aconteceu em seguida?

Desde o surgimento do Adwords, o Google continua a aprimorar seu algoritmo para manter os anúncios tão relevantes quanto possível. Isso, por sua vez, tem afetado quais são os anunciantes que conseguem chegar ao alto das páginas de busca. Além disso, gerou uma nova indústria no marketing do mecanismo de busca. Empresas cobram uma comissão para ajudar clientes a redigir seus anúncios corretamente, e chegam a recomendar mudanças no site de um cliente para dar a este a melhor chance possível de chegar ao topo dos resultados.

No Reino Unido, com os consumidores fazendo
quase 5 bilhões de buscas por mês [...]
o marketing em buscas é hoje a maior forma
de propaganda na internet.

E embora o Google seja hoje claramente líder no mercado de busca, capturando 65,1% das pesquisas na internet nos Estados Unidos em julho de 2011, seus adversários têm trabalhado duro para alcançá-la. A Microsoft continuou a aprimorar sua oferta de busca, o que culminou com o lançamento do Bing em junho de 2009, enquanto uma aliança estratégica entre a Bing e a Yahoo! parece ter permitido a ambas fortalecer suas posições no mercado. Dados da Comscore mostram que a Bing comandava respeitáveis 14,4% do mercado de busca americano em julho de 2011, enquanto a Yahoo! mantinha a segunda posição, com 16,1%, depois de ter 15,9% em junho.

Enquanto isso, os mecanismos de busca se tornaram uma das maneiras mais populares de gastar dinheiro com propaganda. Em 2010, a indústria do marketing em mecanismos de busca cresceu 12% só nos Estados Unidos, enquanto anunciantes com pouco dinheiro eram atraídos pela perspectiva de ver exatamente para onde seu dinheiro estava indo. E esse crescimento não mostra sinal algum de retração. Um estudo recente realizado pela Econsultancy e pela Sempo (Search Engine Marketing Professional Organization) previu que em 2011 os gastos no setor de marketing em mecanismos de busca na América do Norte cresceriam de 16,6 bilhões de dólares para 19,3 bilhões de dólares, tendo um aumento de 2,7 bilhões de dólares.

Enquanto isso, no Reino Unido, com os consumidores fazendo quase 5 bilhões de buscas por mês (de acordo com a ComScore, em novembro de 2010), o marketing em buscas é hoje a maior forma de propaganda na internet, possuindo uma parcela de 60% do mercado.

Isso sem dúvida se deve, em parte, a ferramentas que mecanismos como o Google, o Bing e o Yahoo! disponibilizaram aos anunciantes, permitindo a eles acompanhar tudo – do número de cliques que recebem todos os dias aos termos mais populares usados nas buscas, e até mesmo o percentual de cliques que se traduz em vendas. De fato, anunciantes estão destinando proporções maiores de seus gastos com propaganda ao PPC todos os anos, afastando-se das formas mais tradicionais de propaganda – em particular, jornais locais e revistas impressas. O PPC finalmente dá aos executivos de marketing a resposta para a pergunta-chave deles: que parte de seus gastos com propaganda funciona? Como é fácil calcular o retorno do investimento, o PPC parece determinado a continuar sendo uma parte importante do marketing num futuro próximo.

46

O cartão de pagamento com radiofrequência

Quando: 1996-97	
Onde: Coreia do Sul e Hong Kong	
Por que: O cartão de pagamento com radiofrequência tornou a compra de bilhetes de viagem mais simples, mais rápida e mais conveniente nas maiores redes de transporte do mundo	
Como: O cartão Octopus, em Hong Kong, foi a primeira tecnologia de cartão inteligente sem contato implementada numa rede de transportes inteira	
Quem: Mass Transit Railway (MTR) Corporation e outros	
Fato: Em Hong Kong, 95% das pessoas com idades entre 16 e 65 anos têm um cartão Octopus. Em agosto de 2011, as transações diárias com o Octopus foram estimadas em mais de 14 milhões de dólares, com mais de 11 milhões de contas	

Quando as principais empresas de transporte de Hong Kong se reuniram, em 1997, para lançar a tecnologia do cartão de pagamento por radiofrequência em toda a rede de transportes do país, isso teve um efeito dominó no mundo. Sistemas de pagamento semelhantes para o transporte público existem hoje em Moscou, Washington, Londres e uma série de outros grandes centros de transportes. Além disso, a ideia de micropagamentos sem dinheiro não está restrita à compra de bilhetes de viagens; fabricantes de telefones e bancos estão cada vez mais interessados na tecnologia do micropagamento em compras no varejo em geral.

Hong Kong continua na vanguarda da revolução do micropagamento. Ali, o Octopus pode ser usado para uma ampla série de pequenas transações – da compra de comestíveis ao pagamento de multas em bibliotecas. Outras economias desenvolvidas estão chegando lá rapidamente, e o futuro sem cunhagem é hoje considerado uma possibilidade bastante real.

Os antecedentes

Em meados dos anos 1990, Hong Kong estava precisando muito de troco. Como se estivessem aderindo a um velho ditado britânico, "cuide do *pence**", as pessoas em Honk Kong estavam acumulando moedas com a cara da rainha estampada, achando que estas seriam valorizadas no futuro. A falta de moedas em circulação estava tornando as pequenas transações em dinheiro cada vez mais difíceis. Problemas particularmente graves estavam sendo vividos nos centros de transportes de Hong Kong, onde milhões de passageiros tinham que comprar bilhetes de valores pequenos para ir ao trabalho e voltar todos os dias. O governo de Hong Kong precisava de uma maneira de tirar as moedas da equação.

Antes de o Cartão Octopus ser lançado, os passageiros de Hong Kong pagavam antecipadamente por suas viagens com o Common Sto-

---

* Moeda divisionária (1/100 de libra). (*N. do E.*)

red Value Ticket, um cartão com faixa magnética. Numa mudança que provaria ser visionária, a Mass Transit Railway (MTR) Corporation havia exigido que o esquema dos Common Stores Value Tickets fosse estendido a todas as outras grandes redes de transportes de Hong Kong, criando uma uniformidade nos bilhetes – e uma história de

O extremamente bem-sucedido cartão Octopus abriu caminho para a tecnologia do pagamento com radiofrequência.

Octopus

colaboração entre as diferentes redes muito antes do empreendimento conjunto do Cartão Octopus se tornar realidade, em 1997. Em 1994, a MTR juntou forças com a Kowloon-Canton Railway Corporation, a Kowloon Motor Bus Company, a Citibus e a New World First Bus para formar a Creative Star Limited (mais tarde rebatizada de Octopus Card Limited).

A MTR era e ainda é predominantemente estatal e tinha (e tem) influência considerável sobre outras redes de transportes. Na verdade, a MTR continua sendo a maior acionista da Octopus.

> ## Como são usadas ondas de rádio, os cartões funcionam dentro de um alcance de alguns centímetros do leitor, sem a necessidade de realmente passar o cartão no leitor.

Em 1994, a MTR e outras quatro grandes redes de transportes em Hong Kong fundaram uma empresa chamada Creative Star Ltd. A empresa mais tarde mudaria seu nome para Octopus Holdings Ltd., permitindo aos acionistas diversificar a oferta de produtos e gerar mais lucro. Porém, a Creative Star Ltd. foi fundada com o objetivo expresso de modernizar os bilhetes em Hong Kong e aliviar a crise da falta de troco. Com essa finalidade, a companhia decidiu implementar um sistema de bilhetes sem dinheiro e incumbiu o ERG Group, hoje operando sob o nome Videlli, de desenvolver a tecnologia para um sistema de pagamento em cartão de acesso.

Embora tenha se tornado o primeiro lançamento em larga escala de um sistema de bilhetes de transporte sem dinheiro, bem como um modelo em que muitos países ocidentais buscaram inspiração, o Octopus de Hong Kong não foi, na verdade, o primeiro sistema com cartão de acesso. Seul, a capital da Coreia do Sul, vizinha próxima e rival econômica de Hong Kong, introduziu o sistema de cartão de acesso Upass em 1996, um ano antes do lançamento do Octopus.

O programa Upass foi introduzido apenas numa base limitada, e desde então evoluiu para o cartão T-Money, amplamente usado em Seul. Curiosamente, o Upass incorporou a clássica tecnologia de 1k Mifare, da Philips, em seu cartão de acesso, enquanto o ERG Group optou por usar a tecnologia FeliCa, da Sony, quando desenvolveu o cartão Octopus. A Mifare e a Sony continuam sendo dois dos principais fornecedores de tecnologia para sistemas de cartão de acesso: a Mifare domina os mercados dos Estados Unidos e da Europa; a Sony está na frente na Ásia.

Todas as tecnologias de microchip usadas nos cartões de acesso – incluindo aqueles produzidos pela Mifare e pela Sony – funcionam usando identificação por radiofrequência (RFID). As radiofrequências se movem entre um leitor e um microchip no cartão, permitindo que os dados sejam lidos e depois escritos no chip. Como são usadas ondas de rádio, os cartões funcionam dentro de um alcance de alguns centímetros do leitor, sem a necessidade de realmente passar o cartão no leitor, o que explica porque algumas pessoas se referem a esses cartões como cartões inteligentes "sem contato".

A tecnologia RFID reconhece quando um passageiro começa e termina uma viagem, ou faz uma compra no varejo, e deduz a quantia apropriada no cartão. Os leitores mostram a quantia deduzida e o nível de crédito restante no cartão. Muitos sistemas de cartão desse tipo atualmente em uso exigem que seu dono recarregue o cartão on-line ou pessoalmente. Alguns cartões, como o Octopus, permitem ao usuário acionar o Automatic Add Value Service, que recarrega o cartão automaticamente depois que os créditos caem abaixo de um certo nível.

Impacto comercial

Num certo sentido, o Octopus sempre foi destinado ao sucesso em Hong Kong. Os passageiros tiveram três meses para trocar os Common Stored Value Tickets pelo cartão Octopus, sem que eles perdessem a validade. Isso contrasta marcadamente com o cartão Upass, de Seul, e com as encarnações posteriores do cartão de pagamento por radiofrequência, como o Oyster Card no Reino Unido, onde a adoção foi gradativa e opcional.

> As vantagens dessa tecnologia são muitas.
> A mais importante delas para o usuário
> é a conveniência.

Não é surpresa alguma que 3 milhões de pessoas em Hong Kong tenham aderido ao Octopus nos primeiros três meses. Elas não tinham escolha. Porém, a influência do governo por si só não explica a contínua adesão e a afinidade pelo Octopus desde seu lançamento – 95% dos moradores de Hong Kong com idade entre 16 e 25 anos têm um Octopus. Mas isso não explica a rápida implementação da tecnologia do cartão de pagamento com radiofrequência em sistemas de transporte em todo o mundo, depois da experiência em Hong Kong.

O Metrô de Moscou se tornou a primeira rede de transportes da Europa a começar a usar essa tecnologia, em 1998. A Washington Metro Rail abriu caminho nos Estados Unidos um ano depois, com seu SmarTrip Card. Boston e São Francisco operam sistemas de cartão com identificação por radiofrequência. Londres lançou em 2003 o Oyster Card, usado hoje em mais de 80% das viagens no metrô e em 90% de todas as viagens de ônibus em Londres.

As vantagens dessa tecnologia são muitas. A mais importante delas para o usuário é a conveniência – um cartão que pode ser usado para diversos objetivos diferentes. Os passageiros não precisam se preocupar em comprar bilhetes individuais para as viagens ou em ter a quantia certa ao fazer isso. As empresas de transportes que emitem esses cartões se beneficiam de uma segurança maior e de menos trapaceiros dispostos a não pagar. Como a maioria das redes de transportes depende fortemente de subsídios do governo, o dinheiro que seria investido para combater esses problemas pode ser devolvido aos cidadãos em forma de taxas ou preços mais baixos.

Os sistemas de cartão de pagamento com radiofrequência também aumentaram a velocidade com que os passageiros podem cruzar as barreiras na hora do rush – o que é particularmente importante em metrópoles movimentadas como Moscou, Londres e Hong Kong. O tempo de transação padrão para os leitores dos transportes em Hong Kong é de 0,3 segundos. E a introdução desse cartão também eliminou o congestionamento diante dos estandes de venda e o número de funcionários necessários para vender bilhetes, reduzindo ainda mais as despesas operacionais.

O que aconteceu em seguida?

A infiltração da tecnologia do cartão com identificação por radiofrequência em cidades como Moscou, Washington e Londres é quase inteiramente restrita às redes de transporte. Como ideia de negócio, portanto, a tecnologia está em fase embrionária. Para entender todo o seu potencial, é preciso olhar para o oriente. Em nenhum lugar essa tecnologia permeia tão completamente a vida diária como em Hong Kong.

Desde o lançamento do Octopus, em 1997, lojas, mercados de alimentos, estabelecimentos com self-service, lugares de lazer, escolas, estacionamentos e pontos de acesso a edifícios foram adaptados para incorporar o uso do cartão. O microchip da tecnologia RFID é hoje tão pequeno que os moradores de Hong Kong não precisam nem levar um cartão. Os microchips podem ser inseridos em relógios, chaveiros e ornamentos, e esses produtos geram novos faturamentos para a Octopus Cards Ltd.

Em graus variados, Taiwan e o Japão seguiram os passos de Hong Kong. O Easy Card, introduzido em 2002 em Taiwan somente para objetivos de transporte, pode agora ser usado para pequenas compras no varejo, assim como também o Suica Card, no Japão. Parece quase inevitável que outros países que usam a tecnologia com objetivos de transporte acabem ampliando seu uso para incluir micropagamentos no varejo.

O Reino Unido também começou a fazer avanços nessa área. Em setembro de 2007, a Barclaycard lançou seu cartão OnePulse, efetivamente um cartão de crédito que funciona com radiofrequência. O OnePulse permite aos usuários fazer compras no varejo no valor de até 15 libras sem ter que digitar uma senha. O Visa, o Mastercard e o American Express têm hoje essa funcionalidade, mas nenhum outro grande fornecedor de cartões no Reino Unido já tirou vantagem disso.

> **Para entender todo o seu potencial [do cartão com radiofrequência], é preciso olhar para o oriente. Em nenhum lugar essa tecnologia permeia tão completamente a vida diária como em Hong Kong.**

Uma possível explicação para hesitação no Reino Unido (além do fato de as redes de transporte serem desregulamentadas) e em outros lugares é o temor em relação à segurança dos dados. Em 2010, houve reações em Hong Kong quando divulgou-se que a Octopus Card Ltd. estava vendendo dados dos clientes a profissionais de marketing. Uma solução radical é o cartão de identificação compulsório MyKad, da Malásia, que contém uma impressão digital biométrica guardada no microchip e funciona como cartão para caixa eletrônico, carteira de motorista e chave pública. Porém, é improvável que isso reduza os temores daqueles que se preocupam com a privacidade. A maioria dos cartões com radiofrequência em uso são registrados anonimamente, e poucos usuários optam por fornecer detalhes pessoais.

É mais provável que as vantagens comerciais para os fornecedores e a conveniência para os usuários vençam no final. A tecnologia de microchip FeliCa, da Sony, já está incorporada a seus telefones no Japão e suspeita-se que a Apple pretende fazer o mesmo em seu iPhone. Enquanto isso, no Reino Unido, a Transport for London planeja introduzir uma tecnologia que permita aos passageiros pagar pelas viagens usando cartões de crédito e de débito sem contato; esperava-se que o sistema estivesse funcionando em toda a capital antes dos Jogos Olímpicos de 2012. Pode ser que os cartões de pagamento com radiofrequência logo se tornem coisa do passado, mas sua tecnologia tem um longo futuro pela frente.

47

O carro híbrido

Quando: 1997

Onde: Japão

Por que: O carro híbrido tem o potencial de reduzir o impacto ambiental da indústria automobilística

Como: A Toyota desenvolveu a unidade de força híbrida de Victor Wouk para lançar o primeiro carro híbrido comercial

Quem: Victor Wouk e Toyota

Fato: Os carros híbridos como o Toyota Prius produzem 90% menos de poluentes comparados aos carros não híbridos

Estritamente falando, o primeiro veículo híbrido pode ter sido o Lohner-Porsche Elektromobil, exibido na Exposição de Paris de 1900. Embora no início este fosse um veículo puramente elétrico, Ferdinand Porsche acrescentou um motor de combustão interna para recarregar as baterias, tornando-o um verdadeiro híbrido, por definição. Na primeira metade do século XX, houve tentativas de combinar tecnologias para obter uma propulsão mais eficiente, mas nenhuma delas foi além da fase de protótipo e, o que é mais importante, nenhuma delas chegou à produção.

Mas se alguém pode receber o crédito pela invenção da unidade de força híbrida, trata-se de Victor Wouk, irmão de Herman Wouk, autor de *O motim do Caine* e muitos outros best-sellers. Porque, embora também nunca tenha chegado ao mercado, sua invenção foi concebida tendo em mente uma produção em massa e desenvolvida para um programa comercial.

A Toyota desenvolveu sua tecnologia de maneira independente e alegou – merecidamente – ser a primeira a lançar um carro híbrido comercial, em 1977. Na época, o projeto da bateria e o programa de supervisão do motor haviam alcançado o nível de confiança exigido. Tentativas anteriores de fabricar um produto híbrido – como a série Audi Duo em 1989 – baseavam-se em sistemas elétrico e de combustão interna separados, portanto a alegação da Toyota de ser a primeira a desenvolver um produto híbrido é incontestável.

Os antecedentes

Victor Wouk era um engenheiro eletricista e empreendedor que, nos anos 1960, dedicava-se a combinar os benefícios das emissões baixas de um carro elétrico com a potência de um motor a gasolina para produzir um veículo híbrido. Quando soube do Programa Federal de Incentivo ao Carro Limpo, realizado pela Agência de Proteção Ambiental (EPA, na sigla em inglês) dos Estados Unidos, submeteu um projeto e ganhou um subsídio de 30 mil dólares para desenvolver um protótipo.

O carro que ele escolheu como veículo para sua unidade de força foi um Buick Skylark, ao qual ele adaptou um motor de corrente elétrica direta de 20 kw e um motor rotativo do Mazda RX-2. O veículo foi testado em laboratórios para testes de emissão da EPA em

Wouk posa orgulhosamente com seu Buik Skylark híbrido, de 1972, no local de testes da EPA.

Cortesia de Caltech Archives

Ann Arbor, onde demonstrou o dobro da eficiência de combustível de um carro não convertido. Seus índices de emissão correspondiam a mais ou menos um décimo dos índices de emissão de um carro médio com motor a gasolina. Entretanto, o projeto foi derrubado quando se percebeu que a gasolina era tão barata nos Estados Unidos que um carro híbrido não teria vantagem alguma no mercado, apesar de seus benefícios ambientais.

Embora o governo americano tenha tido outras iniciativas para veículos limpos, como a Parceria Para Uma Nova Geração de Veículos (PNGV, na sigla em inglês) em 1993, coube a fabricantes japoneses o desenvolvimento e lançamento de um produto híbrido. Na verdade, pode-se dizer que a PNGV entregou o prêmio à Toyota, porque excluía fabricantes estrangeiros.

> ## Pode-se dizer que o lançamento do Prius, em 1997 [...] antes da cúpula de Kyoto sobre aquecimento global – marcou o nascimento do carro híbrido comercialmente viável.

No mesmo ano, ressentida com a postura protecionista do governo dos Estados Unidos, a Toyota dirigiu seus esforços de pesquisa para o projeto secreto G21. Esta iniciativa acelerada de desenvolvimento de um produto levou ao Sistema Híbrido Toyota (SHT), que combinava um motor de combustão interna movido a gasolina com um motor elétrico. O primeiro carro híbrido "como conceito" da empresa foi revelado no Salão de Automóveis de Tóquio de 1995.

Pode-se dizer que o lançamento do Prius, em 1997 – 2 anos antes do previsto e antes da cúpula de Kyoto sobre aquecimento global – marcou o nascimento do carro híbrido comercialmente viável, já que naquele ano a Toyota vendeu 18 mil unidades só no Japão.

Impacto comercial

Na época em que o Prius surgiu, não estava claro se a tecnologia híbrida prevaleceria sobre os veículos totalmente elétricos, e o financiamento de pesquisas estava dividido entre esses dois mecanismos. Porém, o lançamento do Prius foi um fator decisivo, e a primeira leva de veículos elétricos – como o Honda EV Plus, a picape elétrica Chevrolet S-10 e o próprio RAV4 EV da Toyota – acabou sendo retirada.

No ano 2000, o Prius foi introduzido nos mercados de automóveis americano e britânico e, em 2002, mais de 100 mil unidades haviam sido vendidas. Com um preço inicial de 22 mil dólares, esse modelo de nicho provou ser um sucesso significativo para a Toyota, e logo diversos nomes de Hollywood estavam tentando incrementar suas credenciais verdes ficando atrás de um volante híbrido, o que deu ao Prius mais publicidade positiva.

O lançamento do Prius teve na verdade um efeito estimulante sobre todo o mercado de automóveis híbridos. As pesquisas sobre veículos elétricos e híbridos-elétricos continuaram e o desenvolvimento de baterias – em particular as baterias de íon-lítio – tornou os híbridos mais efi-

O Toyota Prius, o primeiro carro híbrido comercial.

Cortesia de foto da Toyota (GB)

cientes. Além disso, o Prius equilibrou o jogo entre os veículos híbridos e aqueles totalmente elétricos, de modo que agora, assim como nos anos 1970, a questão em aberto é qual dos mecanismos prevalecerá. Não obstante, o Prius tem um forte grupo de apoio, com mais de 2,2 milhões de veículos vendidos globalmente segundo dados de maio de 2011.

O que aconteceu em seguida?

Não demorou muito para o híbrido da Toyota ter um rival em seu encalço: o veículo Insight, da Honda, em 1999. Desde então, esses fabricantes japoneses têm dominado o mercado internacionalmente, apesar dos esforços da Ford (que produziu o primeiro veículo utilitário esportivo híbrido, o Escape Hybrid, em 2004), da Audi e da GM.

A venda de veículos híbridos no mundo aumentou rapidamente nos últimos anos e a Toyota continua sendo líder de mercado, mas outros fabricantes estão entrando na disputa. No Salão de Automóveis de Genebra de 2010, a Volkswagen anunciou o lançamento do Touareg Hybrid em 2012, bem como planos para introduzir versões híbridas-elétricas a diesel de seus modelos mais populares no mesmo ano. Porém, espera-se que o Peugeot 3008 Hybrid4, com lançamento previsto para o segundo semestre de 2011, torne-se o primeiro produto híbrido-elétrico a diesel do mundo. A Audi, a Ford, a Mercedez-Benz e a BMW tinham planos para lançar híbridos antes do fim de 2011.

> ## Os carros híbridos ocupam hoje um nicho de mercado seguro, principalmente entre pessoas que querem um veículo favorável ao meio ambiente.

Esses projetos parecem reforçar o fato de que os carros híbridos ocupam hoje um nicho de mercado seguro, principalmente entre pessoas que querem um veículo favorável ao meio ambiente. Deve-se observar, porém, que eles ainda respondem por apenas pouco mais de 1% das vendas de carros no mundo, e persistem os temores de que melhorias em baterias, motores e, sobretudo, na infraestrutura para recarregar os carros elétricos podem minar – e acabar eliminando – o mercado de veículos elétricos híbridos. Contudo, o legado dos carros híbridos, como um passo significativo no progresso rumo a viagens mais favoráveis ao meio ambiente, permanecerá.

48

O MP3

Quando: 1998

Onde: Estados Unidos e Coreia do Sul

Por que: Os aparelhos de MP3, em particular o iPod, transformaram a indústria da música, prenunciando o atual mundo de downloads e compartilhamento de arquivos

Quem: SaeHan Information Systems, Diamond Multimedia e, principalmente... Apple

Fato: Mais de 100 milhões de unidades de iPod foram vendidas em 6 anos, desde seu lançamento

Entre num ônibus ou trem hoje em dia e você certamente verá pelo menos alguns pares de inconfundíveis fones de ouvido enfeitando as cabeças de passageiros. Há dez anos, porém, o MP3 era um aparelho reservado aos tecnófilos sérios deste mundo: sem as características básicas de uma plataforma de apoio, sem um design eficiente e sem facilidade de uso.

A Apple mudou tudo isso com um produto que utilizava com sucesso um software que o acompanhava e que tinha um design leve e sedutor, criando o primeiro aparelho de MP3 atraente ao mercado de massa – e levando a própria Apple a novas alturas inimagináveis. Ideia de negócio que enxergou o mérito de fazer uma tecnologia bonita, o iPod mudou a maneira como o mundo ouve música.

Os antecedentes

A história do iPod pode ser retrocedida a 1987, quando a empresa alemã Fraunhofer-Geschellschaft começou a desenvolver o projeto Eureka. Conforme discutido anteriormente, o walkman havia criado um mercado óbvio para se ouvir música em movimento. Com o objetivo de ampliar esse sucesso, o Eureka tentou encontrar uma maneira de converter arquivos de música digital retirados de um CD em arquivos que fossem muito menores, mas sem o enorme compromisso com a qualidade que o CD normalmente tinha.

Encabeçado pelo cientista Dieter Selzer – que trabalhava há alguns anos na melhoria da qualidade vocal numa linha de telefone – o padrão que mais tarde se tornou o MP3 baseava-se numa técnica chamada "codificação perceptiva"; certas alturas de som consideradas inaudíveis para a maioria das pessoas foram "eliminadas" da forma da onda digital, reduzindo muito o tamanho do arquivo. A Fraunhofer estimou que um arquivo codificado dessa maneira podia ser 12 vezes menor do que uma música num CD, sem qualquer perda de qualidade.

A tecnologia foi submetida ao Moving Picture Experts Group (MPEG), que fora incumbido pelo Escritório de Padrões Internacionais de encontrar um novo padrão para os arquivos digitais de música, e em 1991 surgiu o MPEG-3, ou MP3, sendo que o padrão recebeu a patente em 1996. Dois anos depois, a Fraunhofer começou a reforçar suas patentes e todos os codificadores e conversores de MP3 passaram a ter que pagar taxas de licença à empresa.

Outros formatos digitais de música logo surgiram, utilizando os avanços feitos pela Fraunhofer e aprimorando-os. Estes incluíam o Advanced Audio Codec (AAC), um formato de qualidade superior reconhecido oficialmente como um padrão internacional em 1997.

Embora o padrão tenha sido finalizado em 1997, os softwares que utilizam esses novos formatos ergonômicos foram aparecendo aos poucos. A Fraunhofer lançou o software para reprodutor de mídia no início dos anos 1990, mas foi um triste fracasso. O primeiro software reprodutor de música digital para PC popular foi o Winamp para Windows, gratuito e lançado em 1998. Mais ou menos nessa época, os primeiros aparelhos com áudio digital portáteis também apareceram no mercado.

O Rio PMP300, vendido a 200 dólares, era conhecido por parar de funcionar e [...] podia armazenar apenas oito músicas aproximadamente.

Os primeiros aparelhos de MP3 incluíam o MPMan, desenvolvido pela sul-coreana SaeHan Information Systems, e o Rio PMP300, produzido pela empresa californiana Diamond Multimedia. Esses modelos pioneiros despertaram um interesse considerável; porém, os primeiros a adotar os aparelhos de MP3 portáteis tiveram que lidar com vários defeitos evidentes.

Os aparelhos ou eram enormes e desajeitados, ou pequenos e praticamente inúteis; as interfaces eram complexas, difíceis de usar e, o que é crucial, o software que os acompanhava ou era inexistente ou muito inadequado. Isso não apenas deixava o aparelho de MP3 fora do alcance do leigo como significava que os usuários muitas vezes recorriam a serviços embrionários de compartilhamento de arquivos, como o Napster, fomentando o boom da pirataria que estava começando nessa época.

Cada aparelho tinha suas próprias deficiências; por exemplo, o Rio PMP300, vendido a 200 dólares, era conhecido por parar de funcionar e tinha apenas 34 megabytes de memória interna, o que significa que podia armazenar apenas oito músicas aproximadamente.

A empresa de tecnologia californiana Apple observou esses defeitos e começou a pensar em desenvolver um reprodutor de mídia portátil que melhorasse a qualidade e a capacidade dos aparelhos anteriores para levar os aparelhos de MP3 a um mercado mais amplo pela primeira vez. Começou trabalhando com a empresa de hardware PortalPlayer, em meados de 2001, para criar esse aparelho, que teria que ter um disco rígido para aumentar o número de músicas que podiam ser armazenadas e teria que funcionar de maneira parecida com o software de reprodutor de mídia iTunes, lançado para Mac alguns meses antes.

O projeto foi envolto em sigilo completo, e o então CEO e fundador da Apple, Steve Jobs, ficou conhecido por sua obsessão por ele, dedicando 100% de seu tempo ao desenvolvimento do aparelho. Os protótipos eram postos dentro de estojos plásticos seguros, do tamanho de caixas de sapato, com a tela e os botões em posições aleatórias para garantir que o verdadeiro design continuasse sendo um mistério.

Em 23 de outubro de 2001, a Apple anunciou o iminente lançamento do iPod. O primeiro iPod tinha um disco rígido de 5 megabites que lhe permitia guardar cerca de mil músicas, uma interface com o usuário despojada, com uma inovadora roda giratória para navegação, e capacidade de sincronizar com a linha dos computadores pessoais Mac, da própria Apple, por meio do iTunes.

O produto inicialmente foi recebido com certo ceticismo pela imprensa, que destacou o alto preço de varejo (cerca de 400 dólares), o fato de o aparelho funcionar apenas com Macs e a roda giratória. A roda era vista por alguns como um artifício desnecessário. Entretanto, o produto começou a ganhar popularidade, com usuários atraídos pelo design interessante e simples e pela facilidade de uso do aparelho, bem como pelo potencial de carregar com você uma biblioteca de música inteira. Apenas algumas semanas depois do lançamento europeu, em novembro, começaram a surgir as primeiras ferrramentas para sincronizar o iPod com um PC, um sinal da ampla procura latente pelo aparelho.

Observando isso, a Apple lançou em 2002 o iPod 2ª de geração, com compatibilidade para PCs com Windows e com uma roda giratória sensível ao toque, e não do tipo manual encontrada no aparelho da 1ª geração. Essas adaptações posteriores também acrescentaram uma capaci-

O iPod Classic – desenho simples e atraente.

Apple

dade maior e uma bateria com duração maior. Em 2003, foi lançado o iPod Mini, um versão menor do iPod comum, designado para enfrentar os sofisticados reprodutores de música com memória Flash com os quais o iPod estava concorrendo. Porém, o maior salto do iPod nesse período não foi uma característica de sua estrutura, mas a chegada da iTunes Music Store no verão de 2003. Integrada ao reprodutor de mídia de mesmo nome, a Music Store vendia faixas individuais para download a 99 centavos de dólar e discos por 10 dólares, dando aos usuários, de maneira legal, acesso a um mundo de música instantânea.

As adaptações posteriores do iPod acrescentaram suporte para vídeo e capacidade para até 160 gigabytes, e a Apple começou a focar na diversificação da linha do produto para além do modelo básico, oferecendo agora o aparelho nas versões Shuffle, Nano, Touch e Classic.

Impacto comercial

Um grupo de fabricantes de renome tentou derrubar a Apple de sua posição no topo do mercado de aparelhos de MP3, mas a maioria das tentativas foi inútil. Um dos maiores fracassos foi o Zune, uma linha de reprodutores de mídia digital da Microsoft que parecia imitar o iPod em vários aspectos cruciais, notadamente o formato retangular, a tela grande e a roda giratória. Em julho de 2010, descobriu-se que o iPod comandava 76% do mercado de MP3 nos Estados Unidos; o Zune tinha apenas 1%.

Enquanto o iPod estabeleceu preeminência no mercado de reprodutores de áudio digital, o iTunes se tornou a maior loja de música do mundo, ultrapassando o extraordinário marco de mais de 5 bilhões de compras de faixas musicais em junho de 2008. Em junho de 2010, o iTunes ocupava mais de 70% do mercado de downloads nos Estados Unidos e 28% das vendas de músicas em geral.

O iPod, o iTunes e seus rivais no mercado de aparelhos de MP3 serviram para transformar a indústria da música, criando uma nova relação com o usuário baseada em downloads digitais, e não em cópias físicas. Nos Estados Unidos, por exemplo, a venda de versões digitais de discos aumentou quase 17% em 2010, enquanto a venda de discos caiu. Essa tendência fortaleceu o crescimento dos sites de download, como o Napster e o eMusic; por outro lado, proclamou um período de ansiedade e reestruturação drástica para as lojas de música tradicionais.

Centenas de lojas de discos independentes tiveram que fechar, e mesmo os maiores nomes da indústria mostraram ser vulneráveis. Em maio de 2011, a gigante britânica HMV anunciou um plano de fechar 60 lojas ao longo de um período de 12 meses, em resposta à acentuada queda nas vendas; enquanto isso, as Virgin Megastores fecharam em vários países, incluindo Reino Unido, Estados Unidos, Espanha e Austrália.

O aparelho de MP3 também fomentou uma enorme indústria ilegal, fundamentada em pirataria. Em 2008, a Federação Internacional da Indústria Fonográfica estimou que 95% dos downloads de música eram ilícitos, e esse contrabando teve um papel significativo em prejuízos no faturamento da indústria de música em geral, que teve uma queda de 4,8% em 2010. Nos últimos meses, muitos artistas bem-sucedidos em discos têm sido pressionados a reduzir o preço de seus lançamentos para competir com sites que os compartilham gratuitamente.

O iPod, o iTunes e seus rivais no mercado de aparelhos de MP3 serviram para transformar a indústria da música.

O que aconteceu em seguida?

Depois de conquistar o mundo dos reprodutores de mídia portáteis e revolucionar a maneira como muitas pessoas baixam músicas, a Apple mudou seu foco. A empresa se voltou para o mercado de aparelhos portáteis em geral, a começar pelo lançamento do iPhone em junho de 2007 (abordado em outra parte deste livro). O iPhone combina as características do iPod com um telefone e uma câmera, e também tem tido um sucesso fenomenal, com as vendas passando de 100 milhões em junho de 2011.

Porém, mais recentemente as vendas do iPod começaram a estagnar. Na verdade, um relatório de abril de 2011 revelou que as vendas estavam caindo 17% a cada ano. Analistas da indústria acreditam que essa queda se deve em grande parte ao crescimento dos sites de *streaming*, como o Spotify, que permitem aos usuários ouvir uma música diretamente, sem precisar baixá-la ou comprá-la. Muitos também acreditam que a Apple, ao pôr o preço do iPhone no mesmo nível do preço do iPod, teve um papel crucial nos danos à popularidade do segundo; considerando todas as vantagens extras disponíveis no iPhone, é fácil entender por que alguém o preferiria ao iPod, pelo mesmo custo.

Agora que o Spotify chegou ao mercado americano e que os smartphones estão adquirindo novas funções o tempo todo, o iPod poderá enfrentar uma verdadeira batalha para manter seu domínio no mercado. Na verdade, o futuro do mercado de MP3 não é nada certo. Porém, não importa o que aconteça, poucos constestariam o papel crucial do MP3 de dar à indústria da música a forma que conhecemos hoje.

Anos **20**
00

49

Os 20% de tempo para inovação do Google

Quando: 2001

Onde: Estados Unidos

Por que: Os 20% de tempo para inovação facilitaram algumas das inovações mais revolucionárias do Google

Como: O Google percebeu que as ideias inteligentes vinham de baixo, e não do alto

Quem: Eric E. Schmidt, Larry Page e Sergey Brin

Fato: Nos cinco anos que se seguiram à nomeação de Schmidt como CEO, o número de funcionários do Google subiu de 5 mil para 9.400, e seu movimento de vendas foi de 3,2 bilhões de dólares para 23,7 bilhões de dólares

No início dos anos 1990, apesar de todos os avanços feitos por gurus da administração como Ken Blanchard, Spencer Johnson e Percy Barvenick, nenhuma das grandes organizações do mundo havia realmente resolvido o problema de como reter grandes talentos. Algumas empresas haviam começado a utilizar o conceito de "delegar poder", pelo qual funcionários são incentivados a se envolver em objetivos. Mas para muitos funcionários esse conceito não era suficiente; centenas de empresas estavam sofrendo porque simplesmente não conseguiam segurar seus maiores talentos.

O princípio de Pareto, cunhado pelo guru da administração Joseph M. Juran nos anos 1940, sugeria que 80% das ideias mais produtivas de uma empresa vinham de apenas 20% de seus funcionários. Reconhecendo isso, outras organizações – entre as quais The Timken Company – permitiram que grupos de desenvolvimento criassem entidades autônomas financiadas, mas não dirigidas, pela empresa como uma maneira de manter produtos e propriedade intelectual na casa. Porém, o Google levou o conceito de autonomia de funcionários a um novo patamar – e o processo começou com a nomeação de Eric Schmidt como CEO, em 2001.

Os antecedentes

Antes de chegar ao Google, em 2001, para atuar como mentor dos jovens Larry Page e Sergey Brin, Eric Schmidt não era muito conhecido fora do Vale do Silício. Mas suas ideias não convencionais agradaram a Brin e Page.

Schmidt argumentava que o caos era crucial para a cultura corporativa do Google – disse certa vez que "a essência da empresa é um pouco de desorganização, porque isso a permite ver o que vem em seguida". Partindo dessa premissa, ele criou a regra 70-20-10 do Google, em cujo cerne está o princípio dos 20% de tempo para inovação – todo mundo no Google, de Page e Brin ao mais inexperiente Noogler (funcionário do Google recém-contratado), deveria passar 70% de seu tempo de trabalho realizando tarefas centrais, 20% em "projetos relacionados aos negócios centrais" e 10% em novos projetos que não são necessariamente dedicados aos processos do dia a dia da empresa.

Quando Eric Schmidt (à esquerda) ingressou no Google como CEO, as inovações dentro da empresa criada por Sergey Brin (no centro) e Larry Page (à direita) floresceram.

Google

Shannon Deegan, diretor de operações de pessoas no Google, explica: "Você pode tirar 20% para trabalhar em qualquer coisa que ache legal. Se você acha que tem uma boa ideia, pode conseguir apoio de outras pessoas e talvez trabalhar um pouco mais nisso com elas." Há um lugar na intranet do Google onde essas ideias podem ser postadas para atrair a atenção crítica e a cooperação de colegas com habilidades suplementares. Porém, há alguns limites; Megan Smith, vice-presidente para desenvolvimento de novos negócios e gerente-geral da filantrópico Google.org, afirma: "Os 20% não estão ali para as pessoas poderem fazer somente suas coisas; foram criados para tornar a empresa e o mundo lugares melhores."

Como o Google funciona de baixo para cima, boas ideias técnicas não são concebidas num departamento específico, com recursos direcionados pela administração para que sejam desenvolvidas. A primeira tarefa é levar a ideia a colegas e convencê-los de que ela tem futuro. Essa postura é uma garantia contra erros técnicos, mas também significa que cabe ao *Googler* espalhar a ideia.

Ideias que parecem que vão ter impacto na maneira como a empresa é dirigida ou percebida por funcionários potenciais são então desenvolvidas dentro de um "grouplet". Este não tem nem orçamento nem poder de decisão, mas reúne indivíduos comprometidos com uma ideia e dispostos a trabalhar para convencer o resto da empresa a adotá-la. Em vez de resultar em um novo produto, muitas dessas ideias afetam a maneira como a empresa funciona dia a dia. Os ônibus fretados que levam os funcionários para a sede da empresa, em Mountain View, Califórnia, e os levam de volta são um exemplo disso, assim como os "Fixit Days", dias dedicados a um trabalho concentrado sobre um problema de engenharia, ou de administração das relações com os clientes, ou ainda de documentação, assim como tambem os dias de "testes". Estes propõem que engenheiros planejem testes automatizados juntamente com os produtos que eles criam e os disseminem, anuciando-os nos banheiros.

> "Os 20% não estão ali para as
> pessoas poderem fazer somente suas
> coisas; foram criados para tornar a
> empresa e o mundo lugares melhores."

Impacto comercial

Muitas das mais eficientes tecnologias relacionadas aos clientes tiveram sua origem nos 20% de tempo, incluindo o Gmail, o Google News, o Google Sky, o Google Art Project, o AdSense e o Orkut. Como 99% do faturamento do Google provêm da propaganda, cada aplicativo que aumenta o número de acessos a uma plataforma do Google contribui para o domínio da empresa no mercado, e os 20% de tempo asseguram que as ideias "legais" que nenhuma diretoria jamais aprovaria cheguem ao mercado rapidamente.

O Orkut – site de rede social desenvolvido nos 20% de tempo pelo engenheiro turco Orkut Büyükökten – cresceu e chegou a uma base de usuários de 120 milhões em 2008. A ideia do Google Sky foi levantada por um grupo com interesse em astronomia que disse: "Não seria legal se virássemos aquelas câmeras do Google Earth para o céu?" Trabalhando nos 20% de tempo, eles chegaram a um produto que permite aos usuários apontar seus telefones celulares para o céu e serem informados sobre quais são exatamente as estrelas que estão olhando.

O Gmail, considerado hoje a terceira maior plataforma de e-mail do mundo, com mais de 193 milhões de usuários todo mês, foi desenvolvido nos 20% de tempo por Paul Buchheit e um grupo de associados, originalmente como um sistema interno, e lançado publicamente em abril de 2004.

Considerando esses sucessos, seria de se esperar que outras empresas adotassem os 20% de tempo para inovação. Porém, na realidade, isso é impraticável para a maioria das firmas; companhias que não têm os recursos e o domínio do Google no mercado nem condições financeiras de dar essa liberdade a seus funcionários. Diversas empresas adotaram posturas progressistas semelhantes para inovação – por exemplo, o Facebook dá a seus engenheiros o controle completo sobre os projetos nos quais eles trabalham. Porém, o conceito dos 20% para inovação ainda não tem um uso comum no mundo dos negócios.

> **O Gmail, considerado hoje a terceira maior plataforma de e-mail do mundo, com mais de 193 milhões de usuários todo mês, foi desenvolvido nos 20% de tempo.**

O que aconteceu em seguida?

Quando se tornou maior, o Google achou mais difícil reter seus funcionários mais brilhantes ao enfrentar a bajulação de empresas "mais legais", como o Facebook. Em novembro de 2010, o Google aumentou em pelo menos 10% a remuneração na diretoria, como parte da "guerra por talentos" de Eric Schmidt; começou também a considerar a criação de uma incubadora interna, concebida como "20% de tempo em esteroides", para dar às pessoas a chance de dedicar todo o seu tempo à inovação.

Larry Page tornou-se CEO do Google em 2011 e Eric Schmidt assumiu o cargo de presidente-executivo. Schmidt tem usado seus próprios 20% de tempo para investigar como a tecnologia pode mudar o setor público e as relações internacionais.

50

O e-reader

Quando: 2007

Onde: Estados Unidos

Por que: O advento da tecnologia do e-reader está transformando a indústria editorial e acelerando o declínio das vendas de livros impressos

Como: O desenvolvimento de uma nova tecnologia para a tela dos e-readers levou à e-ink (tinta eletrônica), que mais tarde foi combinada à internet sem fio para criar um aparelho superior

Quem: E Ink Corporation e Amazon

Fato: O Kindle da primeira geração esgotou em cinco horas e meia

Os e-readers existem há mais de cinco anos, mas o interesse do consumidor era relativamente morno – até o advento do Kindle. Embora o e-reader da Amazon domine o mercado, há diversos outros proporcionando uma concorrência saudável, além de e-books oferecidos em computadores tablets.

O incrível crescimento da tecnologia do e-reader mostra o quanto ele é forte como conceito, ameaçando realmente substituir a mais antiga e mais durável forma de mídia da história.

Os antecedentes

Talvez o que há de mais impressionante nos e-readers seja o tempo que eles demoraram para se tornar uma alternativa à palavra impressa no mercado de massa. Com o boom tecnológico dos últimos vinte anos, temos visto a digitalização de mais ou menos quase tudo que podia ser digitalizado – da música à televisão. E agora o livro faz parte dessa revolução.

> Foi [...] uma pequena empresa de Massachusetts que finalmente tornou a revolução do e-book possível, ao superar o maior obstáculo de um aparelho de sucesso: a tela.

Até agora, o livro havia resistido. Isso, apesar de o texto ser sempre a primeira coisa mostrada numa tela de computador. Quando os computadores pessoais entraram em cena, no fim dos anos 1980, falou-se no fornecimento digital de livros à sua tela de computador – uma ideia impulsionada mais tarde, no início dos anos 2000, pelo escritor americano Stephen King, que cobrou de usuários a leitura de um romance, *A planta*, publicado em série na internet. Mas a ideia era impopular – os usuários ficavam confinados a seus computadores para ler o conteúdo e o monitor brilhante do computador provou ser desagradável para qualquer leitura demorada. King mais tarde abandonou o projeto.

Mais ou menos nessa época, os primeiros e-readers entraram em cena. Mas esses aparelhos iniciais – o RocketBook e o Softbook – tinham defeitos que significavam que eles nunca seriam considerados um desafio sério à palavra impressa. Os dispositivos volumosos e pesados ainda tinham telas de LCD iluminadas por trás para a leitura, o que causava os mesmos problemas de vista cansada que os computadores em geral – e isso com uma bateria que durava reles 2 horas, aproximadamente. Os leitores também tinham que estar conectados a um PC para receber o conteúdo, e a oferta de livros era pequena.

Foi, na verdade, uma pequena empresa de Massachusetts que finalmente tornou a revolução do e-book possível, ao superar o maior obstáculo a um aparelho de sucesso: a tela. A E Ink Corporation, fundada em 1997, foi pioneira ao lançar uma maneira completamente nova de exibir o texto: diferentemente do LCD, as telas não têm píxeis. São feitas de milhões de "microcápsulas" cheias de minúsculos pigmentos pretos e brancos respectivamente carregados positivamente e negativamente, flutuando num gel translúcido. Diferentes quantidades de cada um flutuam para o alto, dependendo da carga aplicada pelos eletrodos entre as cápsulas, exibindo preto, branco e diferentes matizes de cinza.

Esta era uma maneira significativamente melhor de exibir o texto. Páginas estáticas não precisam de eletricidade para serem exibidas, o que aumenta muito o tempo de duração da bateria dos aparelhos (elas só usam energia quando as páginas são viradas), e, o que é mais importante, a tela reflete a luz, em vez de emiti-la, criando uma experiência muito mais próxima da leitura de um livro de verdade.

O Kindle não foi o primeiro dispositivo a usar o visor de papel eletrônico da E Ink – um e-reader que utilizava papel eletrônico foi lançado no Japão no início de 2004, quando a Sony, juntamente com a Philips, lançou seu primeiro aparelho de leitura, o Librié. O Sony Reader veio em seguida, em 2006. Mas o Kindle geração I, lançado nos Estados Unidos em novembro de 2007, foi o primeiro a casar a tecnologia wi-fi com um visor de tinta eletrônica para criar um e-reader que não tinha necessidade alguma de um PC. Apesar de custar 400 dólares, o aparelho esgotou em cinco horas e meia.

O primeiro Kindle também coincidiu com o lançamento da Direct Publishing, um novo modelo de empresa que permitia a escritores independentes publicar suas obras diretamente na loja Kindle, ficando inicialmente com 35% do faturamento (depois de críticas, isso mais tarde aumentou para 70%, se o autor cumprisse certas condições).

Porém, o Kindle não se tornou imediatamente um nome familiar no mundo. O aparelho da geração I não foi lançado fora dos Estados Unidos, e rumores de que a Apple estava prestes a lançar um tablet criaram um burburinho em torno da previsão de que um aparelho multifuncional logo estaria disponível. Mas depois do bastante aguardado lançamento do iPad, em 2010, logo ficou claro que os leitores regulares estavam tendo com a tela em LCD o mesmo problema de vista cansada que tinham ao ler num computador, o que estimulou o interesse pelo Kindle, resistente à luz solar e com tela fosca. Dito isso, a Barnes & Noble lançou o Nook Colore e a Pandigital seu Novel Color eReader. Os aparelhos com LCD vendiam bem e tornavam imprecisos os limites entre tablets e e-readers.

Em fevereiro de 2009 foi lançado o Kindle geração II, com outra grande inovação: conectividade 3G grátis. Isso permitiu aos usuários começar a baixar livros diretamente, sem a necessidade de uma rede de internet sem fio pessoal. Em outubro de 2009, uma edição internacional do Kindle foi finalmente lançada fora dos Estados Unidos, depois de a Amazon chegar a um acordo com operadores de 3G em mais de cem países.

O Kindle geração III foi lançada em 2010, com uma tela de contraste maior, bateria com duração de mais de um mês e um design mais leve e menor. O Kindle Fire – uma versão com tela de toque, totalmente colorida e com wi-fi – foi anunciado em setembro de 2011 e teve centenas de milhares de pedidos antecipados, sendo vendido nos Estados Unidos a 199 dólares. Analistas preveem que este concorrerá com o iPad da Apple como e-reader e tablet num aparelho só.

Impacto comercial

Editoras de livros, particularmente nos Estados Unidos e no Reino Unido, perceberam que os e-readers precisam ser adotados, e hoje mais de quatro em cada cinco editoras de livros oferecem suas publicações em formatos digitais.

Por enquanto, o Kindle lidera o setor de e-reader com alguma vantagem, respondendo pela maior parte dos 12,8 milhões de aparelhos despachados em 2010, de acordo com a empresa de pesquisa International Data Corporation (IDC). Isso teve a ajuda de substanciais campanhas de propaganda convencionais. Além do Kindle, a Barnes & Noble, a Pandigital, a Hanyon e a Sony foram responsáveis por grande parte do crescimento do mercado de e-reader, que, segundo a IDC, teve um aumento de 325% em relação às 3 milhões de unidades distribuídas em 2009.

No 4º trimestre de 2010, a IMS Research afirmou que o Kindle obtivera uma fatia de 59% do mercado. Com o aparelho Nook, a Barnes & Noble respondia por mais 11%, tendo a Sony (5%), a BenQ (4%) e a Hanvon (4%) entre os principais concorrentes. Além disso, a IMS previu em abril de 2011 que a venda de e-readers aumentaria 120% em 2011, chegando a 26,2 milhões de unidades.

Editoras de livros, particularmente nos Estados Unidos e no Reino Unido, perceberam que os e-readers precisam ser adotados.

É claro que o Kindle se beneficia enormemente dos fatos de pertencer à maior loja on-line do mundo, a Amazon.com, e de ser promovido por ela, com um processo de compra quase perfeito para os usuários. A Barnes & Noble – o maior vendedor de livros do mundo – também está bem situada. A Sony por sua vez, raramente pode ser desconsiderada como potencia tecnológica. E a China representa uma oportunidade significativa para a Hanvon – forma reduzida do nome da empresa de tecnologia chinesa Hanwang Technology Co. Ltd. – e para os aparelhos da empresa taiwanesa BenQ.

A Amazon permanece reservada em relação às vendas do Kindle, mas estimou que mais de 500 mil aparelhos foram vendidos no primeiro ano. E algumas pessoas anônimas da empresa relataram que mais de 4 milhões de unidades foram vendidas em 2010.

Quanto à venda de e-books, a Forrester estimou em novembro de 2010 que o montante de venda destes em 2010 chegaria a 966 milhões de dólares. A empresa de análises previu que em 2015 esse valor chegaria a 3 bilhões de dólares. Esses números marcariam uma grande mudança nos hábitos de compra – e até mesmo o começo do fim da ubiquidade da palavra impressa.

O que aconteceu em seguida?

Para muitos consumidores, as ressalvas iniciais em relação aos livros eletrônicos claramente diminuiu, graças à evolução dos e-readers e do contínuo aumento da oferta de títulos. O Kindle Fire da Amazon pode armazenar 6 mil livros, ou 10 filmes, ou 80 mil aplicativos, ou 800 canções em seu disco rígido de 80GB. No Reino Unido, usuários de e-readers Kindle podem escolher entre mais de 1 milhão de títulos de livros. Enquanto isso, a Barnes & Noble, nos Estados Unidos, pode ostentar 2 milhões de títulos disponíveis a seus usuários de e-reader. Combinada a preços cada vez mais competitivos, a uma bateria de duração mais longa e a uma série de aparelhos mais leves e igualmente duráveis, a rápida propagação de títulos disponíveis sem dúvida está minando qualquer grande vantagem restante que o livro tem sobre seu primo digital.

A revolução do e-reader está apenas começando.

As capacidades de leitura e indexação dos aparelhos digitais também têm potencial para marcar a realização do conceito há muito tempo anunciado da comunicação sem papel em lugares como escritórios e instituições de ensino. A possibilidade de fazer anotações em páginas na tela também pode atrair os leitores a ler livros de estudos e documentos oficiais no aparelho, reduzindo potencialmente a grande quantidade de papel que caracteriza atualmente alguns setores, como o de direito.

Porém, essa revolução ainda não começou, já que o e-reader é adotado predominantemente como um aparelho de lazer. O modelo de publicação Kindle Direct também ameaça romper a antiga relação entre editoras e autores, dando mais liberdade (e mais lucro) a escritores ao reduzir a necessidade de editoras.

Para a publicação de uma obra em formato físico, é absolutamente necessário contar com uma editora para ter sucesso – esta fica com uma grande fatia dos direitos autorais, mas paga a impressão, a distribuição e a publicidade, essencial para o lançamento de qualquer livro. Os e-books podem ser reproduzidos infinitamente e o custo necessário para publicá-los é basicamente zero, o que significa que autores independentes podem contornar as editoras e ficar com uma proporção mais substancial dos direitos autorais para eles.

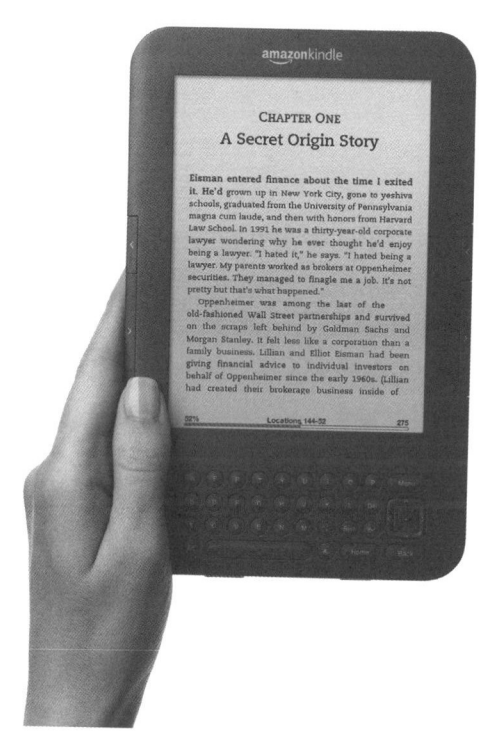

O Kindle, líder de mercado.
© 2010 Amazon.com, Inc ou seus afiliados

Mas não devemos subestimar a incrível durabilidade do livro tradicional. No mundo inteiro, o livro de papel ainda domina, e é feito mais ou menos da mesma forma desde a invenção da máquina de impressão, no ano de 1440. O livro de papel tem ainda vantagens sobre o Kindle que talvez nunca possam ser enfrentadas – nunca fica sem bateria e dá uma sensação de posse tangível que os e-readers nunca poderão realmente reproduzir.

Parece improvável que os pais comecem a ler histórias para seus filhos na hora de dormir num Kindle e abram mão do prazer de virar as páginas com eles, ou que livros de arte e design sejam substituídos numa mesa de centro pela tela de um e-reader. Além disso, para muitos leitores, compartilhar volumes muito apreciados com amigos e membros da família é uma parte crucial da experiência de ler. O que está claro, porém, é que a revolução do e-reader está apenas começando.

Este livro foi composto na tipologia Palatino LT Std,
em corpo 11/15,2, impresso em papel offset 75g/m²,
na Markgraph.